The European Eastern Partnership in EU External Governance

欧盟外部治理中的东部伙伴关系研究

宋黎磊◎著

时事出版社
北京

本书是2019年国家社科项目“欧亚互联互通‘瓶颈地带’的机制博弈与中国应对研究”（项目编号：19BGJ041）和2017年教育部社科青年课题“欧盟东部伙伴关系对中国‘一带一路’战略的影响研究”（项目编号：17YJCGJW008）的阶段性成果。

序　言

国际局势越来越复杂多变，不确定性、不稳定性大大加强。人类历史进入了一个新的重大剧变转折时期，欧洲当然无法置身其外。自从世纪之交以来，欧洲内外形势经受前所未有的大冲击大变动，尤其自欧盟东扩和2008年国际金融危机引发的欧洲主权债务危机和欧元危机之后，欧盟频现多重危机叠加，悲观、迷茫和焦虑的情绪弥漫。欧洲政界学界中甚至提出欧盟呈现“生存危机”。2019年法国总统马克龙认为欧洲正处于“悬崖边缘”。然而从另一角度审视，当前世界体系和国际秩序面临根本性变革，正处于空前罕见的关键性转型和重构关头，以中国为代表的新兴经济政治力量已在国际舞台上崛起，世界多极化战略态势已趋明朗，美、中、欧、俄的大极化力量已成为当代世界竞争博弈的重心。近年来中美对抗急剧升温恶化，更成为当代大国竞争博弈的聚焦点。在这样的国际格局和战略态势中，就欧洲的地缘政治而言，美俄欧三方博弈明争暗斗，纠缠不息，这使得欧盟加强欧洲地区的“欧洲化”，实现欧盟战略自主势在必要，愈益引人关注。欧盟在2003年发布的首份安全战略报告和2016年发布的《欧盟外交和安全政策的全球战略》，先后把周边外交政策和东部伙伴关系置于突出地位，这既显示了欧盟外交战略的新动向，也表明外部治理已成为欧盟全球战略的重要一环。正是在这样的国际大背景下，宋黎磊博士继2011年出版的专著《欧盟周边治理中的睦邻政策研究》，现今又写成《欧盟外部治理中的东部伙伴关系研究》新专著，对相关领域贡献了学术钻研的新鲜成果。

我认识宋黎磊博士已经有十多年了。早在2009年我应邀主持了她在复旦大学国际关系与公共事务学院的博士学位论文《欧盟睦邻政策研究》的答辩，当时宋黎磊对论文写作认真，思维敏捷，执着于学术的态度给我留下了深刻印象。答辩结束我就对她的博士论文指导老师陈志敏教授说，宋黎磊很有学术灵性，在业务上有发展前途。宋黎磊博士毕业后进入同济大学政治与国际关系学院从事欧盟的教学与科研工作。于是这些年里我和宋博士在上海欧洲学会组织的学术活动中有不少的相互交流，探讨欧洲形势和相关学术问题的机会。宋黎磊勤奋工作，潜心关注学术动态，她除了担负本科生班和研究生班“欧盟政治与经济”“欧盟与欧洲一体化研究”课程的教学工作外，自2013年起还连续指导欧洲研究方向的硕士研究生，她在《欧洲研究》《国际问题研究》等刊物发表科研论文，在中东欧这个历来是世界强权竞逐战略利益的研究领域，已经有相当的学术建树。最近得悉宋黎磊已经在同济大学晋升为教授并将担任博士生导师，成为“80后”中青年学者学术进步较快的佼佼者，可喜可贺。

呈现在读者面前的这本《欧盟外部治理中的东部伙伴关系研究》的专著，是宋博士近几年从学科理论和局势动态发展两个维度观察和思考相结合磨炼出的学术心得。欧盟“东部伙伴关系”是欧盟东扩战略的派生和延续，是欧盟消除欧洲分裂，促进欧洲融合，推动欧洲一体化，构造“大欧洲”战略又一新的外交战略部署。作者从这种“不平等非对称性

（伙伴）关系”烘托出欧盟十分重视加强自身地缘政治战略地位，通过这一侧面把欧美俄三方争夺欧洲发展主导权和影响力的竞争博弈生动而具体地揭示出来。

作者在书中着重从欧盟是规范性力量来剖析欧盟的战略思考和战略定位。书的第一章就理论性剖析“韧性力量”这一概念，提出欧盟将“韧性力量”作为其自身发展新的国际定位，尽管这在一定程度上反映了欧盟的“战略焦虑”和“战略觉醒”，然而宋博士尖锐地指出，欧盟规范性力量的“韧性转向”仍然是“旧瓶装新酒”，只不过将推广欧盟价值规范的合理性用“增强对象国的韧性”的理念加以包装而已，对局势发展的复杂多变很难解脱。

作者在分析欧盟治理（本书着重于外部治理）中重视突出欧盟对相关战略和政策的反思和调整。从东扩到睦邻再到东部伙伴关系这一战略变化和发展走向表明欧盟适时灵活变通的处置策略，旨在扩大欧盟自身的战略回旋空间。读者可以看到作者把欧盟推行“有原则的务实主义”作为其外交政策的操作原则剖析阐明得很是到位。作者明确指出，欧盟在“东部伙伴关系”计划实施进程中“实践并不成熟”，仍然试图扮演“引领者”“指导者”的角色，蓄意挤压俄罗斯的势力范围和多方利益，并不考虑这会对欧盟最大的邻国俄罗斯造成战略压力，如此这般“并没有给欧洲带来安全和稳定”，因此欧盟的东部伙伴关系计划“有战略冒进嫌疑”，“欧盟与俄罗斯关系的前景是黯淡的”。

为了更好地深化细化剖析欧盟的“东部伙伴关系”，本书用了三章的篇幅分别把东部伙伴关系对象国中的乌克兰、摩尔多瓦和亚美尼亚作为三个案例进行具体而细致入微的解析。由于欧盟东部伙伴关系对象国不是一个同质性的国家群体，宋博士本着“差异化”原则，对上述三个对象国进行了实地考察调研，实事求是地剖析三国和欧盟伙伴关系的亲疏差别以及三国各自追求的目标。通过丰富的资料按实际形成的与欧盟有差异的伙伴关系，分出层次，量身定制，阐明三类不同程度伙伴关系模式，从而把欧盟东部伙伴关系的复杂性和多样性剖析得相当清晰。这种认真深入的务实学术研究成果实属难得。

本书结尾，宋黎磊博士还就欧盟外部治理开展周边外交对于中国打造周边命运共同体的启示发表了看法。相信欧盟的经验和挫折，理念和实践会对中国开展周边睦邻友好合作外交工作有所借鉴。

一个“80后”的欧洲一体化研究的老学者，怀着喜悦的心情，拜读了一位“80后”年轻的欧洲研究学人的新著，是为序。

伍贻康

2020年8月于上海瑞南新苑书斋

目 录

CONTENTS

绪 论

第一节 论题选择

欧盟如何处理与周边国家的关系，为何从“扩大式欧洲化”转向“睦邻式欧洲化”的问题，笔者在 2011 年出版的专著《欧盟周边治理中的睦邻政策研究》中已经给予了回答。笔者的主要结论是欧盟希望将其规范施加于周边国家，但没有向对象国提供明确的入盟前景和强大的激励措施，欧盟难以在周边地区实现善治。2010 年以来西亚北非局势动荡和欧盟在南部周边地区的治理失效已经部分验证了笔者的观点。出于对欧盟周边外交的研究兴趣，笔者持续在两个维度上观察思考。一方面是经验维度，即对于欧盟在欧洲睦邻政策框架下，欧盟继续对东部周边对象国开展外部治理进程的观察；另一方面是理论维度，主要源于学界对欧盟这个特殊的国际行为体在周边地区上如何推进欧盟规范的争论和思考。基于上述思考，对于 2015 年以来欧盟睦邻政策的务实性调整，在本书中，笔者试图回答的研究问题是，欧盟在外部治理全面转向务实主义的态势下是否放弃了对外推广欧盟规范？

一、理论维度

欧盟长期以来被称为规范性力量，一向对推行价值观外交不遗余力。其核心基础是共同价值观，而外交的重要驱动力也是共同价值观。2009 年底生效的《里斯本条约》明确规定，联盟建立在维护人类尊严、自由、民主、平等、法治以及尊重人权（包括少数群体的权利）的价值观基础之上。欧盟及其成员国在价值观上也较为一致，在对外价值观上尤其如此。推动人权、民主与法治是欧盟外交政策的主要目标之一，也是欧盟作为价值观驱动的国际行为体的构成元素之一。

与其他国际行为体相比，欧盟将规范性原则更多地融入其对外政策中。[①] 欧盟总是强调价值观多于强调利益，未能在对外政策上界定出明确的利益，使之成为最为薄弱的政策环节。2016 年发布的《欧盟全球战略》[②] 中强调旨在通过建立合作伙伴的韧性（resilience）来稳定欧盟的邻国。这被视为欧盟规范的韧性转向，也触发了对欧盟的价值观外交与利益获取的再思考。

由于欧盟规范的韧性转向，欧盟开始更多强调利益和价值观并非是绝对、非此即彼的对立关系，而需要将平衡利益和价值观作为界定对外战略优先的核心问题。欧盟在 2016 年全球战略报告中提出的一个重要宗旨就是将价值观与利益等同起来，不仅指出欧盟的“利益与价值观齐头并进。我们有在全世界推广价值观的利益。同时，我们的基本价值观内嵌于我们的利益之中”，进一步用利益来总括其政策目的，将和平与安全、繁荣、民主和基于规则的全球秩序归为四大利益。欧盟全球战略认为，其价值观内嵌于利益之中，价值观即利益。通过价值观的落实来实现利益。

欧盟将作为地区权力的欧洲与作为全球权力的欧洲视为一种自内而外的延伸。沿着这个逻辑，欧盟承担的责任在发生变化，与外界联系的强度也在发生变化。在扩大了的周边地区，欧盟及其成员国应该准备好

① 对欧盟规范性力量或转型力量相关概念梳理请参见宋黎磊：《欧盟周边治理中的睦邻政策研究》，上海：上海人民出版社，2011 年版，第 9—19 页。

② “共同愿景，共同行动：一个更强大的欧洲”，《欧洲外交和安全政策全球战略》（European Union，“Shared Vision，Common Action：A Stronger Europe-A Global Strategy for the European Union’s Foreign and Security Policy”），June 2016，http：/ /europa. eu/globalstrategy/en/shared-vision-common-action-stronger-europe，last accessed on 29 June 2019. 书中简称为“欧盟全球战略”。

扮演全面的伙伴和安全提供者的角色。在周边更远地区或者全球舞台，欧盟根据不同议题发挥不同的作用。在实践中，欧盟受制于其有限资源、政治状况和地缘政治位置，周边地区会继续占据欧盟大部分注意力。欧盟在周边外交中强化韧性概念。全球战略文件中多次提到韧性，其中欧盟周边外交是最集中的部分。欧盟认识到应当在宏观的抽象价值观原则和日常决策的具体利益获取之间取得平衡，放弃促进周边地区转型的宏大计划，而致力于使周边地区的国家和社会更具韧性，提升当地政府与社会应对挑战的能力：开展社会治理，加强公民社会建设，减少这些国家的脆弱性，避免使其成为“失败国家”。

在增强周边国家韧性的具体目标的指引下，欧盟不再空谈价值观的重要性，而更清晰地界定什么是利益驱动的价值观，并提供指导，以更为精确、可替代的手段和策略来保护自己的价值观。① 欧盟应能超越成员国的视角而为整个联盟的共享利益主动发声，并慎重考虑自身在各国、各地区和次地区的所有利益，准确评估在追求利益时所拥有的资源和工具，界定优先战略，区分在何处能够追求利益、何处必须确保利益以及何处想要获得利益，在此基础上形成共同立场。② 基于上述思考，欧盟规范的韧性转向就成为笔者探讨欧盟价值观外交的理论起点。

二、经验维度

欧盟外部治理主要涵盖白俄罗斯、乌克兰、阿塞拜疆等 6 个苏联加盟共和国和埃及、叙利亚等北非及地中海地区的 10 个国家。欧盟 2016 年最新发布的《全球战略》指出：“欧盟地缘政治环境全面退化，更广泛的近邻地区变得更加不稳定和不安全。”欧盟现阶段同时面临东部和南部的安全挑战，东部乌克兰危机的持续效应使欧盟东进的大欧洲计划

---

① Richard Youngs, “Towards an EU Global Strategy-Consulting the Experts,” EUISS, April 2016, pp. 13 – 14.

② Jolyon Howorth and Vivien Schmidt, “Towards an EU Global Strategy-Consulting the Experts,” EUISS, April 2016, pp. 17 – 18.

停滞，只能与东部邻国暂时加强经济一体化层面的合作。南部由中东冲突，特别是叙利亚问题造成的难民潮导致欧洲大陆反移民情绪逐渐蔓延，与此同时，西亚北非的恐怖分子亦借地缘之便，向欧洲渗透。英、法、德等国都出现反移民势力上升，迫害移民事件日益频密，欧盟为自身塑造开放的国际形象破灭。

2015 年欧盟睦邻政策审查程序的启动与新的欧盟全球战略的筹备同时进行，欧盟全球战略中确定了联盟的安全、在东部和南部国家与社会的韧性、对冲突的综合管理、合作性地区秩序以及 21 世纪的全球治理五大对外行动优先目标，力图以一个更加可信、灵敏和整体的联盟来应对一个更加联动、对抗与复杂的世界。外部治理成为欧盟全球战略中的重要一环。针对乌克兰、北非等地区的安全挑战，欧盟对外行动署也发布了最新的欧盟邻国政策文件，开始对周边邻国的外交进行十余年来的第一次内向化调整。欧盟外部治理的内向化长期态势进一步引发笔者的观察兴趣。笔者在 2016 年先后访问了乌克兰、摩尔多瓦和亚美尼亚，通过对上述国家的调研了解欧盟外部治理在这些国家进展的成效。

笔者认为，欧盟外部治理已经出现了内向化态势并呈现三个转向：

1. 稳定期待取代转型期待。2004 年以来的欧盟邻国政策一直把向欧盟周边国家推广欧盟价值观放在首位。欧盟认为通过推广价值观促使邻国转型就是促进稳定，就可以创造一个“繁荣和睦邻友好”的周边区域。但时至今日，16 个邻国政策对象国只有少数的国家想效仿欧盟国家或者对欧盟的软实力持正面看法，可见该政策的失败。为吸取教训，新的邻国政策终于把欧盟与邻国的自由贸易与价值观念趋同二者脱钩。新政策基于欧盟对自己利益的关注，强调的是周边区域的稳定与安全、能源供应、经济发展、创造就业机会，重点是处理难民危机。

2. 由进攻政策转为防御政策。建立稳定、安全和繁荣的“周边友邦圈”是欧盟邻国政策最初的设想。欧盟利用其内部市场和人员流动性的吸引力和规制力，与周边国家执政阶层通过政治接触，促进周边区域国家的治理改革。但伴随欧盟对扩员进度的掌控和成本意识的增强，新政策在对待改善周边国家的治理能力的态度上相当消极，欧盟不仅没有对渴望融入欧洲一体化的乌克兰、格鲁吉亚、摩尔多瓦、突尼斯及摩洛哥等邻国提供新的入盟承诺，还削减了对周边国家新一轮的发展援助，新政策强调更加灵活处理各个邻国之间的差异，特别是欧盟要对那些对建立更密切的联系不感兴趣的邻国采取务实合作。

3. 欧盟不敢正面应对地缘政治的挑战，尤其不愿进一步恶化对俄关系。在应对南部危机方面，叙利亚问题造成的难民危机使得欧洲国家通过共同边境管控等措施来限制难民的流入，筑好“外墙”。但欧盟对消除难民潮和恐怖主义的来源应对消极，在影响西亚北非地区局势和打击“伊斯兰国”的军事行动方面跟从美国；不愿意考虑那些迫切需要的战略倡议，也不愿提供真正的政治领导力。在处理东部危机上，尽管目前欧盟与俄罗斯修复关系前景不明，其对俄罗斯的制裁措施继续持续，但欧盟总体上相信，尽力拉俄罗斯参加乌克兰问题的降温、和解，危机平稳落地才有更大机会。

基于欧盟外部治理的内向化态势，如何评估欧盟对周边国家转攻为守的收缩，欧盟是否能做到外部治理的务实性转向，成了本书实践层面思考的起点。通过三个案例研究发现：乌克兰是完全倒向欧盟，是欧盟外部治理激进推进的案例；摩尔多瓦是在欧盟和俄罗斯之间有所偏重，是欧盟外部治理踟蹰不前的案例；亚美尼亚则是在向欧盟靠近的路途上默默努力，可称之为外部治理沉默进展的案例。在欧盟“东部伙伴关系”计划中，欧盟对其政策工具基本上是一样，但是三国为什么会做出不同选择呢？笔者认为影响乌克兰、摩尔多瓦和亚美尼亚三国做出不同决策的主要的变量就是俄罗斯这一外部因素和三国的内部因素。

乌克兰在欧盟东部伙伴关系计划中显得尤为重要。乌克兰是欧洲除俄罗斯之外第二大的国家，被称为“欧洲谷仓”。同时，乌克兰地处欧盟与俄罗斯之间，有着重要的地缘战略地位。而乌克兰自 1991 年独立以来，一直希望加入欧盟。在欧洲睦邻政策的背景下，乌克兰也做了一些向欧盟靠近的国内改革，但是乌克兰一直徘徊在欧盟与俄罗斯之间，想要采取平衡的外交政策，乌克兰国内也一直有两种声音，向西和向东。直到 2013 年爆发的“乌克兰危机”将乌克兰推向了西方，乌克兰才设立专门的政府部门负责向欧盟靠拢的国内改革事宜。欧盟通过为乌克兰提供经济动力，吸引了在欧盟市场上有着巨大商业利益的金融寡头，激励他们共同推动了乌克兰自下而上倒向欧盟的改革。

2002 年摩尔多瓦就选择了东欧多数国家的道路，即在与俄罗斯维持一定程度合作的基础上，回归欧洲，融入西方。当年摩尔多瓦宣布把欧洲一体化作为国家对外战略的优先方向。但另外，摩尔多瓦出于地缘政治和安全的考虑，离不开俄罗斯，俄罗斯从其地区和全球战略角度出发，也放弃不了摩尔多瓦，双方在独联体多边合作框架内以及双边经贸领域和德涅斯特河地区冲突的“5 + 2”谈判机制进程中，仍须保持密切合作与联系。近年来，由于和摩尔多瓦同文化渊源的罗马尼亚顺利加入欧盟，因此对摩尔多瓦外交政策路线产生极大冲击，摩尔多瓦期望能依循罗马尼亚入盟方式加入欧盟、回归欧洲主流价值，视融入欧洲为优先方向，重视发展同欧美的关系，但是俄罗斯因素仍然是摩尔多瓦加入欧盟的主要干预变量。

亚美尼亚政府从来没有公开表示过加入欧盟的意愿，这与格鲁吉亚、摩尔多瓦等欧盟东部伙伴国家积极要求融入欧盟形成鲜明对比。但是亚美尼亚政府基于自身改革的意愿从 2009 年以来一直在接受欧盟外部治理的部分议程。尽管 2014 年 10 月亚美尼亚转而加入欧亚经济联盟，但是目前仍然在不触怒俄罗斯的情况下，与欧盟委员会开展谈判，就东部伙伴关系框架内共同感兴趣的领域继续合作。2017 年 11 月，亚美尼亚与欧盟签署了《全面加强伙伴关系协议》。通过欧盟与亚美尼亚互动的案例研究表明欧盟外部治理能力受到欧盟规则本身、对象国具体国情及外部干预力量这三者的制约。对象国参与欧盟外部治理态度往往成为了关键性因素。欧盟与亚美尼亚的合作轨迹体现了俄罗斯作为外部干预力量对欧盟东部伙伴关系计划的影响。

第二节　研究意义

一、理论意义

1. 对欧盟规范的再探究。对欧盟规范的思考其实可以远远追溯到历史上欧洲对国际规范的贡献。欧洲的贡献使主权和领土完整规则、当代主权观念和其他一些基本原则，在我们所称的欧洲国际社会时代得以完全确立。欧盟目前已经发展成为一种超国家和跨国家治理形式的混合体，并且欧盟主要是在以民主、法治、社会公正和人权等规范为基础的社会基本规则上发展起来的，因而欧盟超越了经济与安全共同体的层次，更是一个价值共同体。欧盟东部伙伴关系中蕴含着欧盟的规范性原则，通过该研究探究欧盟如何将价值观与利益等同起来，以实现规范的韧性转向，来理解推进欧盟东部伙伴关系的规范性模式。

2. 多层次治理理论的补充。研讨欧盟在东部周边地区如何以条件性为前提推进科层制治理向水平化的网络和市场治理转移，可弥补以往对该地区研究偏重安全与能源合作的传统。东部六国作为苏联加盟共和国，兼具转型国家和新兴经济体的特质，欧盟在“东部伙伴关系”计划实施进程中基于强大的经济实力和制度性引力，扮演着引领者、指示者的角色，分层次、有重点地推进与各伙伴国之间双边行动计划的最初设想，拉近欧盟同其东部邻国的政治关系并以此带动后者内外政策的变化。2015 年以来的欧盟邻国政策改革回应这些对象国的民间社会要求，强调应加强合作伙伴的所有权。2016 年《欧盟全球战略报告》中明确欧盟帮助周边国家增进“韧性”，欧盟也清晰地传达出“责任分摊”的信号，预示着一些责任将会由欧盟转移至地方性共同体，欧盟外部治理的主要特征也更鲜明地体现为以条件性为前提的科层制治理正逐渐转向水平化的网络化治理。

二、现实意义

1. 持续观察欧洲一体化的扩大政策转向问题。欧盟在兑现对巴尔干国家入盟承诺的同时，继续分层次、有重点地推进与东部邻国之间双边行动计划和多边层面合作，拉进同其东部邻国的政治关系并以此带动后者内外政策的变化，即“扩大的欧洲化”到“睦邻的欧洲化”问题。但是这一转向遭遇了诸多困境。欧盟东部伙伴国家对外都深陷大国博弈的战场，对内面临领导人交接、民主政治转型、民族冲突等多重矛盾，扩大可以证明欧盟地理上的合法性，但是如果欧盟不能处理好扩大进程转向周边睦邻的种种矛盾，那就会失去其合法性。欧盟仍然要通过扩大向睦邻的转向来应对东部周边邻国。目前看来，最大的挑战来自俄罗斯，但欧盟与俄罗斯的战略伙伴关系仍然缺乏包括能源战略、经济合作、政治对话之间的平衡机制。

2. 探究欧盟大周边战略重组的历史轨迹和未来前景。欧盟目前正在完善其大周边战略，从范围上看已将传统的东南两翼为重点的周边战略拓展为自西亚北非经中东延伸至俄罗斯、中亚的大周边来统筹经营。欧盟能否建立统一连贯的大周边战略，维持周边区域稳定和自身影响力，满足周边不同国家的需求和愿望，关乎欧盟作为全球主要力量之一的声誉和切身利益。欧盟大周边战略的核心之一是改善域内国家的治理能力，促进改革与民主，增强相关国家韧性。欧盟东部伙伴关系调整是欧盟目前大周边战略重构的重要组成部分，通过评估欧盟与欧盟东部伙伴现有合作机制及成效，把握欧盟周边外交的战略走向。

第三节 国内外研究现状

一、欧盟规范性力量

在国际关系研究领域内，关于欧盟作为一种规范性力量的思考发端很早。在1962年，卡尔就对于经济力量、军事力量和观念性力量进行了对比。1973年，迪歇纳同样对欧共体的政治行为模式和吸引力表示了关注，而规范性力量的含义也可以在1973年加尔东对民事力量观念进行批判的文章中找到，他认为“意识形态的力量就是观念的力量”，意识形态力量是有效力的，因为力量发起者的想法通过文化的媒介渗入和塑造了力量接收者的意志。他区分了力量的渠道（意识形态的力量、有报偿的力量、惩罚性力量）和力量的来源（资源性的力量和结构性的力量），他最重要的看法是，欧共体在力量来源方面更为强势，甚至超越了美国。[①] 顺着这一思路，2002年安·曼纳斯明确提出欧盟作为一种“规范性力量”（a normative power）的概念，并且概括了欧盟五项核心规范和四项次要规范。五项核心规范是和平、自由、民主、法制和人权，而四项次要规范是：社会团结、反歧视、可持续发展和善治。[②] 他在2006年重申欧盟作为一个规范性力量的行为模式，将其原有概念进一步发展，指出欧盟具有九项独特规范，包括可持续性和平（sustainable peace）、社会性的自由（social liberty）、一致性民主（consensual democracy）、相互联系的人权（associative human rights）、超国家的法制（supranational rule of law）、包含性的公平（inclusive equality）、社会团结（social solidarity）、可持续发展（sustainable development）、善治

① Galtung, J. The European Communty, “A Superpower in the Making,” London: Allen & Unwin 1973, p. 33.

② I. Manners, “Normative Power Europe: A Contradiction in Terms,” *Journal of Common Market Studies*, Vol. 40, No. 2, June 2002, pp. 235 – 258.

(good governance)。[①] 当然欧盟与其他西方国家在上述核心价值方面有许多是相同的，但与崇尚武力和自由市场经济的美国不同，欧盟更重视和平、法制、社会团结、反歧视、可持续发展与善治。[②] 以上九项价值和原则是欧盟模式所涵盖的基础和准则。他也怀疑如果欧盟继续在其对外政策中发展军事化，欧盟还能否保持规范性特征。[③] 继他之后，学术界掀起了对欧盟作为规范性力量概念的广泛与持久的争论，学者们争论不休之处：（1）民事力量与规范性力量的区别和联系。两位学者的一致看法是民事力量可以被视为一种特定的规范性力量。（2）欧盟并不是唯一出现的规范性力量，美国在二战之间和二战之后一度也是规范性力量，但是现在与欧盟的规范性渐行渐远。（3）作为规范性力量的欧盟是对欧洲行为模式建构一个极为重要的理论贡献，但这一概念还需继续深化。相较国外学术界的研究而言，国内有关"规范性力量欧洲"的讨论数量较少，主要集中于2010年前后，大多也集中在文献的梳理中。[④]

在实践维度，2003年的《欧洲战略报告》建立在欧盟成功扩大的经验基础上，肯定了规范性力量的概念，构建了一个欧盟内部广泛的认识：欧盟将成为未来世界秩序的模范，尽管不能提供成员国资格，欧盟通过支持和引导，其巨大的吸引力也能引导和加强周边邻国的欧洲化进程，走上自由民主和市场经济的转型之路，以此完成"自我"对"他者"的塑造。但十数年以来，欧盟周边动荡不断，其自身面临严重传统安全关切和非传统安全威胁。2016年《欧盟外交与安全政策全球战略》报告是欧盟在全球新形势下为应对日益严峻挑战而推出的，该报告将韧性（resilience）提升为其全球战略的主旨——欧盟的全球战略将着眼于构建和

① I. Manners, "The constitutive nature of values," *images and principles in the European Union*, pp. 32 – 38.

② 陈志敏、古斯塔夫·盖拉茨：《欧洲联盟对外政策一体化——不可能的使命?》，北京：时事出版社，2003年版，第324页。

③ I. Manners, "Normative power Europe: a contradiction in terms?" *Journal of Common Market Studies*, Vol. 40, No. 2, 2002, pp. 235 – 58; I. Manners, "Normative power Europe reconsidered: beyond the crossroads," *Journal of European Public Policy*, Vol. 13, No. 2, 2006, pp. 182 – 199.

④ 相关概念梳理请参见宋黎磊：《欧盟周边治理中的睦邻政策研究》，上海：上海人民出版社，2011年版，第9—19页。

平以及欧洲内部和周边国家社会的韧性。① 韧性力量概念的提出一定程度上是对规范性力量注入新的内涵，是对规范性力量的修正。本书的第一章中梳理了国际关系领域关于“韧性力量”的研究现有的成果。

二、欧盟外部治理

尽管“治理”在欧盟研究中无所不在，但是治理作为一个概念仍然模糊不清而且不够具体，更不用说将治理作为一种理论。而且，正如“治理视角”这个术语所表明的，有关欧盟治理研究所包括的著作，都呈现出对规范和经验分析视角下超越国家治理的共同兴趣。但可以认为，目前治理视角还没有与某种特殊的理论或研究方法相结合。② 国内学者的研究成果以伍贻康的文章为代表，他将欧盟治理界定为欧洲一些国家自主自愿地转让一部分主权给了欧共体/欧盟，遵循共同的规制聚合这些力量，所有成员国按“授权原则”和“辅助原则”共享聚合的主权，对于单个国家无法很好解决的问题和共同性事务，采取协调政策和制定共同政策的方式实行区域共同治理。另外，欧盟治理代表性文章和书籍往往将欧盟治理模式一般归入多元化、社团和网络结构。③ 但很少有人关注欧盟周边治理模式和外部政策的执行机制，此类论述也将欧盟治理定义为等级（一个中心决定）、非等级（没有具体的决策中心）和超等级的（几个决策中心的协调）。④

---

① 严骁骁：《韧性研究：对安全治理的批判性反思及其超越》，载《欧洲研究》，2017年第2期，第18—37页。

② 参见 Beate Kohler-Koch：《欧盟研究中的治理转向》，载《马克思主义与现实》，2007年第4期，第88—94页。

③ Wallace Helen, "An Institutional Anatomy and Five Policy Modes," in Wallace Helen, Wallace William, Pollack Mark A. eds., *Policy-Making in the European Union*, Oxford: Oxford University Press, 2006, pp. 49 – 90; Eising Rainer, Kohler-Koch Beate eds., *The Transformation of Governance in the European Union*, London: Routledge, 1999; Sandholz Wayne, Stone Sweet Alec, *European Integration and Supranational Governance*, Oxford: Oxford University Press, 1998.

④ Eising Rainer, Kohler-Koch Beate, eds., *The Transformation of Governance in the European Union*, London: Routledge, 1999; Joerges Christian and Neyer Jürgen, "Transforming strategic interaction into deliberative problem-solving: European comitology in the foodstuff sector," *Journal of European Public Policy*, No. 4, 1997, pp. 609 – 625.

与欧盟治理密切相关的概念是多层级治理，这最初是盖里·马克斯（Gary Marks）于1993年在对欧洲共同体的结构政策进行分析时提出的。随后，经过马克斯本人和里斯贝特·胡奇（Liesbet Hooghe）、贝阿特·科勒—科赫（Beate Kohler2Koch）、彼特斯和皮埃尔（G. B. Peters and J. Pierre）、艾德伽·葛兰德（Edgar Grande）、弗里茨·沙普夫（Fritz W. Scharpf）等多位学者的发展，多层级治理理论日臻完善。在这些学者的研究中，规范性研究大多集中于对欧洲联盟性质和构成的探讨，而实证经验研究则侧重于欧洲议会与重要的非政府组织（商业组织、大公司、环保组织等）在欧洲联盟利益分配中的作用。可以说自1993年盖里·马科斯将多层治理作为一种分析路径应用于对欧共体凝聚政策（cohesion policy）的研究[①]之后，多层治理作为欧盟独特的政治实践，在欧美学界已有不少成熟的学术著作对此进行专门论述，作为一种理论研究路径，它被广泛应用于欧洲一体化研究和国际关系研究。[②]

到目前为止，只有少数学者尝试采用治理的概念研究欧盟的扩大，福瑞斯（Friis）和穆非（Murphy）对欧盟东扩进行了令人信服的分析，欧盟的治理已经扩展到了那些想要成为欧盟候选国的国家。[③] 他们对欧盟作用于其扩大过程中的两种治理形式进行了区分：第一是软治理

① I an Bache and Matthew Flinders, eds. , *Multilevel Governance*, Oxford: Oxford University Press, 2004, p. 107.

② 相关英文专著参见 Liesbet Hooghe and Gary Marks, Multi-level Governance and European Integration, Lanham, MD: Rowman and Littlefield Publishers, 2001; I an Bache, The Politics of European Union Regional Policy: Multievel Governance or Flexible Gatekeeping? Sheffield: Sheffield Academic Press, 1998; Beate Kohler-Koch and Rainer Eising (Hrsg.), "The Transformation of Governance " in the European Union, London/New York: Routledge, 1999。

③ 相关文章参见吴志成、李客循：《欧洲联盟的多层级治理：理论及其模式分析》，载《欧洲研究》，2003年第6期，第100—113页；牛海彬：《欧盟治理的变量与困境》，载《现代国际关系》，2004年第7期，第26—32页；朱贵昌：《多层治理理论与欧洲一体化》，载《外交评论》，2006年第6期，第49—55页；郑春荣：《欧盟多层级治理体系中的德国利益集团》，载《德国研究》，2008年第2期，第11—16页；雷建锋：《多层治理：欧洲联盟正在成型的新型民主模式》，载《世界经济与政治》，2008年第2期，第60—68页；曾令良：《欧洲联盟治理结构的多元性及其对中国和平发展的影响》，载《欧洲研究》，2008年第3期，第1—17页；伍贻康：《欧盟软力量探析——欧盟治理模式的效应评价》，载《世界经济与政治》，2008年第7期，第24—31页。

(soft governance)，意指欧盟成员的行为要符合欧盟既有制度的限制性条件，而那些表现良好的候选国家就是吸收包括民主和法治在内的欧盟价值规范，这就促进了一种非正式的欧盟模式的传播。第二是硬治理(hard governance)，指通过协商促进体系的形成和对共同分享的目标的追求，即在治理体系的框架内正式的和以目标为导向的行为。

在欧盟治理的研究领域，分析和解释欧盟的政策规范在正式成员国之外适用范围的扩大得到更多关注，近年来欧盟外部治理的研究重点已经不再局限于巴尔干地区的欧盟候选国，而是分析哪种外部治理模式在欧盟处理与邻国关系时在政策范围内占主导地位，这些模式包括从外交安全政策领域到贸易、能源以及环境政策等不同领域的功效以及对推进西方式民主化进程的功效。当欧盟既有规则的一部分覆盖到欧盟周边国家时，欧盟外部治理（external governance/extended governance）就出现了。[①] 由于欧盟政策制定组织结构的开放性，规章制度的适用范围不断扩大，周边国家就可以产生参与部分欧盟规则的制定，或者是在规则适用的范围内讨价还价。尤其是那些横向的、参与性的且以过程为导向的政策制定，即“网络治理”模式管理下的地区。

三、欧盟“东部伙伴关系”计划

欧盟“东部伙伴关系”的文章以分析对白俄罗斯或乌克兰带来的影响的居多。首先，多数学者认为欧洲睦邻政策设想与愿意分享欧洲联盟的价值观念的周边国家建立更加紧密的联系。但是这一政策对于白俄罗斯与欧盟关系的改善不会有多大的帮助。其次，对于欧盟与乌克兰的关系，学者们评价较为积极，认为目前乌克兰没有希望融入欧盟，这减弱了欧盟对乌克兰的影响。但是“橙色革命”导致乌克兰现任领导人

① Sandra. Lavenex, “EU external governance in ‘wider Europe’,” *Journal of European Public Policy*, Vol. 11, No. 4, August 2004, p. 683; Sandra Lavenex, “EU external governance in ‘wider Europe’,” *Journal of European Public Policy*, Vol. 11, No. 4 August 2004, pp. 680 – 700; Jachtenfuchs, Markus, “The Governance Approach to European Integration,” *Journal of Common Maarket Studies*, Vol. 39, No. 2, 2001, pp. 245 – 264.

更加致力于欧洲共同价值观，欧洲睦邻政策和欧盟与乌克兰双边行动计划创造了更加积极和有效促进乌克兰民主进程的框架。欧盟推出睦邻政策可以被描述为一个市场和规范的一体化进程的新发展，但它最适用于有关国家能够和愿意接受欧盟既有成果不要求成员国身份。最后，对摩尔多瓦的影响的评论主要认为针对摩尔多瓦以解决德涅斯特河冲突，创造新的自由市场经济和调整外交政策为主。但俄罗斯是摩尔多瓦最大的贸易伙伴和摩尔多瓦面临俄罗斯对其继续实施经济制裁。地缘政治局势和内部的民主化进程使该国仍保持诸多不确定因素。继而，对评估欧洲睦邻政策在南高加索促进民主是在欧盟的条件性和社会机制框架内分析。睦邻政策在南高加索地区的效果将在很大程度上取决于欧盟如何成功地对南高加索地区国家实行分而治之。

欧盟周边战略的发展与调整一直是欧洲一体化近年来的关注热点之一，中国学者也在此问题上多见政策层面的研究，但缺乏对政策实际影响的实证研究与该政策在对象国不同影响效果的分析。参见朱晓中“从欧洲邻国政策到东方伙伴关系——欧盟东方政策的新视线”，赵怀普“欧盟对独联体政策的演变”等。欧美学者的研究更加细化，从不同伙伴国角度或者政策的某个具体部分分析的文章每年超过50篇，反映出学者们的普遍观点是在欧盟“东部伙伴关系”计划实施以来，双方在加强政治对话、增进经贸往来、促进司法和内政事务的合作与交流方面取得了一些成效，但蕴含欧盟治理理念的“东部伙伴关系”计划主要满足欧盟对周边的期待，而不考虑对俄罗斯造成的战略压力，因而“东部伙伴关系”计划并没有给欧洲带来安全和稳定。2013年年底欧盟推进与乌克兰双边合作的步骤激化了俄欧地缘政治博弈，乌克兰危机的持续效应使欧盟不得不对“东部伙伴关系”计划进行调整，但在没有更好选择的情况下，欧盟仍将“东部伙伴关系”计划作为外部治理的主要抓手而持续推进。

国别研究中系统阐述乌克兰、格鲁吉亚、摩尔多瓦、亚美尼亚、白俄罗斯和阿塞拜疆这六个欧盟东部伙伴关系对象国发展情况的研究日益增多，涉及这些国家历史、经济和社会发展，特别是在欧盟和俄罗斯与美国多重影响下，上述国家政治、经济和外交转型的研究。以孔寒冰的《东欧史》的主要观点为代表：苏东六国转型的使命尚未终结，其改革虽已度过“转型性衰退”，但面临着诸多新挑战，需要对过去20年的转型模式进行反思。东欧六国是一个“边缘—中心”矛盾体，在大国“夹缝”中求生存和发展的特性，一直没有改变。学者们认为，上述国家外交政策的摇摆态势仍将持续，2016年底欧盟出台对东部伙伴关系的调整，不仅没有对渴望融入欧洲一体化的乌克兰、格鲁吉亚、摩尔多瓦等邻国提供新的入盟承诺，还削减了对这些国家新一轮的发展援助，强调更加灵活处理各个邻国之间的差异，强调对那些对建立更密切的联系不感兴趣的邻国，如白俄罗斯等采取务实合作，这引起部分国家政要和民众的不满，亚美尼亚与摩尔多瓦出现重新倒向俄罗斯的态势。

第四节　研究方法

一、研究方法

谈到国际关系研究方法，首先需要解决的是怎样认识“世界”的问题。无论是进行国别研究、地区研究还是理论研究，研究者都会面对大量事实，面对着事实与观察、理论与解释、途径与范式等带根本性的哲学问题。对这些问题怎样看，决定着研究者选择方法的理念。国际关系专业学习中所涉及的各种“大理论”（grand theory），诸如现实主义、自由主义与建构主义，其争论就涉及到方法论的问题，特别是如何认识世界的哲学问题。例如，实证主义者的研究主要是基于对事实的观察，而后实证主义者（包括建构主义者）的研究则主要是基于对文本的诠释。这两者所具有的不同“世界观”，决定他们对事实属性有不同认识，对研究者与对象关系有不同的观念，并且对解释事实的理论有不同的建构。而笔者所进行的仍然是传统意义上的实证研究。

在哲学层次之下，研究者面对的是学科层次的方法。在这个层次，研究者往往有不同的偏好，可能倾向于案例研究法、定量分析法和形式模型法，也可能倾向于诠释法。这些方法虽然并非国际关系研究的专用方法，但构成了当前国际关系学科的主要方法。此外，国际关系研究者还可以采用各种不同的工具性方法，诸如分析综合法、历史研究法、文献分析法、系统研究法等。笔者在本书中主要采取三种研究工具性方法：

1. 文献分析法。文献分析法主要是以各种文献作为研究对象，包括内容分析、历史分析和文献统计等。进行内容分析，就是用“诠释”的方法正确地理解和解释文献中的话语；进行历史分析，就是用历史眼光解读不同时期的文献；进行文献统计，就是对文献本身或是文献中的特定用语进行统计学分析。就笔者研究来说，欧盟无论是最新的开会决议、机构工作报告、领导人的谈话，乃至之前的决议报告文件、欧盟的宣传品，都以数种模式展现在网络上，常见的是 PDF 或 WORD 格式，所以在本书中，针对欧盟方面的信息，大量采用网络资源，以弥补时间与空间的距离。笔者对欧盟与周边国家就安全、经济、人道主义等方面签订的多边以及双边外交政策文件资料进行内容分析多取自欧盟官方网站、著名研究机构学者文章、国内外期刊文章和相关书籍、官方的记录、图表等第一手资料，是本书研究的主轴，参考国外相关的欧盟研究机构又针对性地对欧盟的外部治理所做的研讨会与系列文章，从不同的面向分析外部治理的立意与缺失，以此作为进一步思考的基础。

2. 历史研究法。对欧盟外部治理历程的梳理，特别是乌克兰危机开始后，欧洲睦邻政策的修改调整的分析，虽然时间跨度短暂，但却发生了许多在欧盟发展历程中重大事件，皆让笔者从历史的脉络中一窥其中演变沿革。除了分析欧盟官方的历史性制度资料外，从收集到的多位学者撰写的相关资料，对欧盟历年以来的立场、做法转变逐一归纳，运用历史方法总结欧洲周边安全的经验和教训，从发展情形对政策的未来做出评估和展望，是本书取得重要线索和论证观点的方法。

3. 比较分析研究法。首先，笔者是对欧盟外部治理中三种不同方法进行全方位的定性比较，包括条件性为前提的科层制治理、水平化的网络化治理、松散的市场化治理。无论是欧盟秉持的理念，自身力量的运用，机构设置的不同，乃至欧盟成员国的反响都是笔者所涉及到的。其次，也比较欧盟的外部治理，逐步推进的多边和双边成效，借以说明欧盟实施外部治理所面临的困难。最后，对欧盟外部治理三个对象国政策的不同侧重进行对比研究，着重分析对乌克兰接受欧盟外部治理的内部因素、摩尔多瓦选择欧盟外部治理的现实困难、亚美尼亚平衡欧盟外部治理的现实选择，通过这些比较分析，有助于解释欧盟与周边邻国关系的基本现状。

二、研究范围

本书研究范围，以时间划分，开始时间严格上是 2004 年欧盟推出睦邻政策，结束时间则是到 2019 年年底，但主要的篇幅都集中在两个时间段：一是从 2004 年推出睦邻政策到这一政策实施到乌克兰危机爆发近 10 年的时间段；二是 2015 年以来对欧盟睦邻政策和东部伙伴关系进行调整的近 5 年。

研究对象。欧盟方面则是欧盟 27 个成员国上缴部分国家权限所组成的欧盟，包括成员国层面和欧盟层面。而欧盟周边治理对象国方面则主要针对东部伙伴对象国区域：白俄罗斯、乌克兰、摩尔多瓦、格鲁吉亚、亚美尼亚、阿塞拜疆。

第五节　研究架构

不少学者建议在做文献综述时可以用流程图的方式把各种重要观点梳理出来，标示出它们之间的关系。这样做既有利于说清楚各种观点，也有利于明确自己的研究问题的位置与重要性。①

欧盟外部治理问题中的欧盟规范的韧性转向

↓

欧盟外部治理重点转向：从条件性为前提的科层制治理（扩大政策对象国家）到水平化的网络化治理（睦邻政策对象国家）

↓

欧洲东部伙伴关系政策分析

↓

三个伙伴国的案例研究

↓

欧盟外部治理的困境和趋势

研究流程

第一章梳理了欧盟规范的“韧性转向”问题。2016 年《欧盟外交与安全政策全球战略》报告是欧盟在全球新形势下为应对日益严峻的挑战而推出的，它在相当程度上超越了 2003 年《欧洲战略报告》所设定的安全战略和外交理念，“韧性”提升为其全球战略的主旨之一，欧盟的全球战略将着眼于构建和平以及欧洲内部和周边国家社会的韧性。韧性概念是欧盟在遭遇内外困境的情况下，对规范性力量这一概念注入的新内涵。本章通过对韧性概念以及欧盟韧性力量的相关研究和现有文献进行梳理，从而加深对这一概念的认识与了解，并为相关学者继续关于欧盟新的全球战略定位的研究提供借鉴。笔者首先分析了国关学者对于韧性概念的研究五条路径。继而，笔者梳理了涉及韧性概念的欧盟多份政策文件。欧盟围绕“韧性”进行了具有清晰的目的性和针对性的对外政策调整，即反思和补救新自由主义价值观在政治实践应用中造成的问题和困境。韧性思维强调“个体以合适方式来管理自身的责任”是欧洲对外战略收缩的一个信号。一方面，欧盟规范对“韧性”的修正清楚的强调欧盟的自身利益，并将利益与规范等同；另一方面，对通过“韧性”这一概念，欧盟清晰地传达出“责任分摊”的信号，预示着一些责任将会由欧盟转移至地方性共同体。这能说明为何欧盟将外部治理

① ［美］约翰 · W. 克雷斯维尔：《研究设计与写作指导》，崔延强等译，重庆：重庆大学出版社，2007 年版，第 30—32 页。

的责任从扩大强调的科层治理转向睦邻强调的网络化治理。

第二章是关于欧盟规范实体化的外部治理模式的探讨。本章首先对欧盟外部治理的概念从治理到多层次治理进行了溯源，欧盟不仅是对欧盟新老成员国的公民，还对当前和未来的邻居具有确保其持续的社会凝聚力和经济活力的责任。这是欧盟在周边区域内维持安全与稳定的前提。欧盟对没有入盟前景的周边国家的治理称为“内部政策的外部扩展”。继而分析了欧盟外部治理三种治理模式：科层制、网络系统和市场模式。虽然“有效的多边主义”是欧盟推动全球治理的主要路径，但在欧盟外部治理中，欧盟仍然强调双边关系的首要性，特别重视与第三国公民社会的联系。本章重点评估了欧盟开展外部治理的成效，指出主要衡量标准是欧盟施加于其邻国的影响力是否足以推动各国进行国内政治改革。欧盟已经展示出它在邻国建立制度性秩序而不在同一时间内扩大成员国数量的能力，这种秩序与扩大的规范外化相比在不同部门中更分散化、区别化。现阶段，欧盟外部治理的主要特征体现为以条件性为前提的科层制治理正逐渐向水平化的网络化治理转移。也正是因为欧盟在其与周边国家关系中有限的谈判能力妨碍了科层制推广而青睐网络治理模式。

第三章首先指出外部治理模式既可以从“宏观层面”上分析欧盟与周边国家总的体制结构，如欧洲睦邻政策，也适用于从东部伙伴政策领域“中观层面”的研讨。欧盟规范实体化的方式是外部治理，那么欧盟“东部伙伴关系”计划是欧盟推进外部治理的主要区域之一。本章以欧盟规范实体化的视角，评析了2009年以来欧盟“东部伙伴关系”计划推进的情况和存在的问题。

第四章讨论了欧盟“东部伙伴关系”计划再调整的目标、措施与进展。欧盟自2015年以来对东部伙伴关系计划进行了一系列改革，以应对急剧恶化的周边环境和内部压力。2016年欧盟将东部伙伴关系视作为欧盟全球战略的重要组成内容，强调了东部伙伴关系计划的调整着重于实现欧盟邻国稳定性与“韧性”。本章将以欧盟外部治理趋近务实的视角，评析“东部伙伴关系”计划的再调整。

第五、六、七三章是本书所给出的东部伙伴关系对象国的三个案例：乌克兰是完全倒向欧盟，摩尔多瓦是在欧盟和俄罗斯之间有所偏重，亚美尼亚则是向欧盟靠近的路途上默默前进。在欧盟东部伙伴关系计划中，欧盟对这些国家的政策工具基本上是一样的。但是三国为什么做出不同选择呢？乌克兰从俄欧之间的平衡外交到全面转向欧洲一体化，欧盟的外部治理工具在其中到底扮演了怎样的推进角色？摩尔多瓦面临国内政治纷乱、领土争端与国家发展路线之争三大困境，而欧盟的外部治理对此三大发展困境产生了怎样的影响？亚美尼亚政府从来没有公开表示过加入欧盟的意愿，这与乌克兰、摩尔多瓦等欧盟东部伙伴国家积极要求融入欧盟形成鲜明对比。但是亚美尼亚政府基于自身改革的意愿从 2009 年以来一直在接受欧盟的外部治理。通过这三章的案例研究说明，欧盟外部治理能力受到欧盟规则本身、对象国具体国情及外部干预力量这三者的制约，影响三国做出不同决策的主要的变量就是以俄罗斯为代表的外部因素和三国内部因素。欧盟仍将坚持外部治理的务实性方面：落实已经签署的联系国协定和深入全面的自贸协定，向伙伴国提供坚定的政治支持和技术及经济援助，应对地区局势发展。

结论部分总结了欧盟规范性理念的实体化与外部治理进程，指出欧盟基于规范性力量的韧性转向对欧盟治理进行反思与调整，但欧盟规范的韧性转向仍然是“旧瓶装新酒”。欧盟东部伙伴关系政策中的一个悖论始终存在，“东部伙伴关系”计划中蕴含着欧盟的规范性原则，促进这些东部邻国走向欧盟期望的欧洲经济一体化轨道是这一政策工具的重要目标，东部邻国朝着这个方向努力势必动摇俄罗斯对其的影响力。欧盟迫使这些国家在自己与俄罗斯之间做出选择，上述国家已经签署联系协定，把加入欧盟作为长期目标。因而，欧盟与俄罗斯关系的前景是黯淡的，这些行动者之间的合作将是困难的。尽管如此，欧盟没有其他更好的政策选择。在推进欧盟机制建设和克服成员国分歧的愿景下，欧盟仍将“东部伙伴关系”计划作为稳定其东部边界的一个重要环节而持续推进。

第一章

欧盟规范的概念化与“韧性转向”

在理论维度，“规范性力量”是国际关系理论学者伊恩·曼纳斯在2000年提出的概念。这一论述延续了国际关系理论领域有关理性主义和理想主义之间的争论，主要理论来源是英国学派。曼纳斯认为，在欧盟研究中应引入英国学派的核心概念（国际体系和国际社会），建立欧盟体系与欧盟社会的概念。曼纳斯就反复强调，欧盟作为规范性力量时，是与美国完全不同的行为体。“规范性力量”主要内涵是“塑造规范概念的能力”，不再以物质力量为手段，而以观念为核心。曼纳斯认为，欧盟是不同于以往任何形式的国际行为体，在国际社会中的地位和作用是规范性力量，既区别于以经济手段为基础的民事力量，又区别于以军事手段为基础的军事力量，因此被称为“规范性力量欧洲”。曼纳斯提出了五个核心规范即和平、自由、民主、法治、尊重人权以及四个次级规范即社会团结、反歧视、可持续发展与善治。这些规范以后都反映在欧盟条约中，在哥本哈根标准中得到了充分体现，成为指导欧盟对外政策的指导理念。“规范性力量”这一概念一经提出，立刻引发了许多国际关系领域学者广泛而深入的讨论。相较国外学界的研究而言，国内有关“规范性力量欧洲”的讨论数量较少，主要集中于2010年前后，大多也集中在文献的梳理中。[①]

① 相关概念梳理请参见宋黎磊：《欧盟周边治理中的睦邻政策研究》，上海：上海人民出版社，2011年版，第9—19页。

在实践维度，2003 年的《欧洲战略报告》建立在欧盟成功扩大的经验基础上，肯定了规范性力量的概念，构建了一个欧盟内部广泛的认识：欧盟将成为未来世界秩序的模范，尽管不能提供成员国资格，欧盟通过支持和引导，其巨大的吸引力也能引导和加强周边邻国的欧洲化进程，走上自由民主和市场经济的转型之路，以此完成“自我”对“他者”的塑造。但十数年以来，欧盟周边动荡不断，其自身面临严重传统安全关切和非传统安全威胁。2016 年《欧盟外交与安全政策全球战略》报告是欧盟在全球新形势下为应对日益严峻挑战而推出的，它在相当程度上超越了 2003 年《欧洲战略报告》所设定的安全战略和外交理念，代表了面对周边安全形势的迅速恶化，欧盟正大力调整周边政策。新政策放弃了曾经的价值导向、方法单一、聚焦治理转型的周边政策框架，转而推动利益导向、灵活区别以及优先稳定的周边政策，从主动输出价值观向被动防御和止损转变。在全文中 34 处提到“韧性”（resilience）一词，甚至直接将“韧性”提升为其全球战略的主旨——欧盟的全球战略将着眼于构建和平以及欧洲内部和周边国家社会的韧性。[①] 韧性一词的相关表述超过了人权（31 次）、民主（23 次）。在笔者看来，韧性力量概念的提出一定程度上是对规范性力量注入新的内涵，是对规范性力量的修正。

在国际关系领域，关于“韧性力量”的研究，西方学者取得了诸多成果。而在欧盟的《欧盟外交与安全政策的全球战略》报告中，多次谈及了“韧性”一词，反映出面对内部和外部的多重挑战，欧盟已经不满足对规范性力量的追求，而是强调要建立韧性力量，并将韧性作为欧盟这一国际角色行为体的新的定位。其中，欧盟将“韧性力量”定义为“承受并从内部和外部的危机中恢复并进行国家和社会改革的能力”。韧性概念的提出其实是欧盟在遭遇内外困境的情况下，对规范性力量这一概念注入的新内涵。这份欧盟战略报告中，欧盟试图用“打造韧性”来推行“有原则的务实主义”作为其外交政策的新操作原则，

① 严骁骁：《韧性研究：对安全治理的批判性反思及其超越》，载《欧洲研究》，2017 年第 2 期，第 18—37 页。

这一务实转向标志着欧盟将其重心放在自身的建设和对周边国家韧性的推进上，也标志着欧盟开始反思一直以来推广的普世价值观外交。在本章中，笔者尝试通过对规范性力量和韧性研究的相关综述来分析欧盟所面临的挑战以及其做出的调整。而在欧盟的发展过程中，欧盟限于对规范性力量的追求，而是更加强调欧盟作为一种韧性力量的建设。因此，通过对韧性概念以及欧盟韧性力量的相关研究和现有文献进行梳理，从而加深对这一概念的认识与了解，并为相关学者继续关于欧盟新的全球战略定位的研究提供借鉴。

第一节　对规范的再概念化：韧性力量

2013 年 1 月，《时代周刊》宣布“韧性”为 2013 年“环境流行语”。然而，“韧性”不仅仅是一个流行词汇。事实上，近年来，作为反映研究对象和系统的连续性和适应性变化的专业术语，“韧性力量”得到了政治家、决策者、企业管理者等的认可与支持，并在学术界引起了广泛的兴趣。正如阿尔梅多姆（Almedom）等作者所说，韧性现在是“我们动荡的、不可预测的、变革性的 21 世纪的常年关键词”。[①]

“韧性”这一概念起源于行为科学，20 世纪 70 年代得以在生态学理论和实践上应用和发展，而这要归功于生态学家克劳福德·霍林（Crawford S. Holling）对韧性概念介绍的开创性文章。在他看来，韧性力量意味着系统在风险变得明显后应付意外危险的能力，即能够吸收变化和干扰，并学会通过重组和变革来恢复的能力，以此确保基本上保持相同的功能、结构、身份和反馈。[②] 在环境管理和减少灾害风险中，该

① Almedom A M, O'Byrne D and Jerneck, A, "Principles of Epistemological Accountability with Methodological Implications for Measuring, Assessing, and Profiling Human Resilience," *Ecology and Society*, Vol. 20, No. 3, 2015, p. 9.

② Holling C S, "Resilience and Stability of Ecological Systems," *Annual Review of Ecology and Systematics*, Vol. 4, No. 1, 1973, pp. 1 - 23.

概念用于理解和评估社区可以在多大程度上应对极端自然事件，例如地震、龙卷风、洪水或干旱。工程师、运输专家或建筑师的观点集中在结构和基础设施恢复的适应性和快速性上。自此以后，韧性力量成为了众多学科领域的研究对象，如经济学、数学、工程、医学、环境科学、心理学、教育学、地理学、管理学、社会学、哲学、政治学等学科。其中，弗里德里希·奥古斯特·冯·哈耶克（Friedrich August von Hayek）所提出的复杂系统理论，以市场作为复杂生态系统的概念，将韧性一词引入到了社会科学领域。①

随后，社会科学领域的众多学者开展了韧性力量的相关研究，发表了大量学术论文和成果，进一步丰富和拓展了韧性的概念和内涵。心理学最先引入了“有韧性的个体”这一概念，韧性被描述为个体在重大危难和困境中展现出的积极适应的行为模式。此后又出现了“生态韧性”“社会韧性”“经济韧性”等概念，这些概念都侧重于韧性这一属性和适应力。例如，有学者将社会生态韧性定义为系统能够吸收干扰、自我组织以及建立和提高学习和适应能力的程度，并指出，在社会生态系统中，这些能力的实现是通过生态过程与制度形式、结构的功能，以及推动环境价值创造的相互竞争形式的话语动力间的相互作用而产生的。②

也有学者引入了农村韧性力量的概念，指出农村地区可以被认为是一个与生态基础相互作用和依赖的社会生态系统，其生存除其他外，还取决于其与自然资源系统的相互关系，并与环境及其自然资源共同形成一个整体的复杂的适应性系统。③ 部分学者强调，韧性力量在于“系统地、广泛地、组织地、结构地和个人地加强主观和物质安排，以便能够更好地预测和承受复杂世界中的动乱和冲击，而不发生崩溃，并能在必

① Walker J and Cooper M, “Genealogies of Resilience: From Systems Ecology to the Political Economy of Crisis Adaptation,” *Security Dialogue*, Vol. 42, No. 2, 2011, pp. 143 - 160.

② Walker B, Holling C S, Carpenter S R and Kinzig A, “Resilience, Adaptability and Transformability in Social-ecological Systems,” *Ecology and Society* , Vol. 9, No. 2, 2004, pp. 3438 - 3447.

③ Heijman, W. , Hagelaar, G. and Heide, M. v. d. , “Rural Resilience as a New Development Concept,” *General Information*, 2007, p. 383.

要时重建”。[①]

因此，韧性力量可以用一种简单化和激进的措辞来描述，即一种对创伤或灾难性事件及其后果做出反应的特殊能力，就像什么都没有发生过一样。有学者指出，韧性力量可以看作是一个过程，在这个过程中，一个实体，即个体、社区或组织，在面对严重的破坏、爆发或随机的环境影响，甚至生死存亡的威胁时仍然能够保持基本的功能，能够衡量一个系统的持久性及其吸收变化和干扰的能力。[②] 而根据帕特·奥马利（PatO’Malley）的说法，“韧性”是一种想象中的技术，目的是使主体能够应对一般的不确定性，而不是“特定的威胁”，这表明其他的威胁可能是由个别主体或地方社区以外的机构来预防的。[③] 马雷·考夫曼（Mareile Kaufmann）等人则认为韧性治理的核心是将“责任重新分配给社会成员，他们成为自己的‘安全防卫机器’”。[④] 布拉德·埃文斯（Brad Evans）和朱利安·里德（Julian Reid）则断言，“韧性所宣扬的是，即认为我们自己可以抵御危险，既不可能也是愚蠢的，相反，我们必须过一种长期暴露于地方性危险之中的生活。”[⑤]

图1—1总结了过去50年来对韧性的思考方式的演变。该顺序不一定是按时间顺序排列的：相反，它反映了韧性概念在不同学科中发展的主要步骤和对韧性概念的批评。结果表明，随着韧性的概念扩展到许多学科中，它已经收集了更多的元素并增加了更多的复杂性。由于韧性是一个具有多个重要方面的多维现象，因此本书旨在促进跨领域的共识，并将韧性力量纳入政策思考中。该框架的设计考虑到了这一长期发展过

① Lentzos F and Rose N，“Governing Insecurity：Contingency Planning，Protection，Resistance，” *Economy and Society*，Vol. 38，No. 2，2009，pp. 230 – 254.

② Allen C R，Gunderson L H and Holling C S，*Foundations of Ecological Resilience*，Washington-Covelo-London：Island Press，2010，pp. 3 – 18.

③ O’Malley P，“Resilient subjects：Uncertainty，warfare and liberalism，” *Economy and Society*，Vol. 39，No. 2，2009，pp. 488 – 509.

④ Dunn Cavelty M，Kaufmann M，Kristensen K S，“Resilience and（in）security：Practices，subjects，Temporalities”，*Security Dialogue*，Vol. 46，No. 1，2015，pp. 3 – 14.

⑤ Evans B and Reid J，“Dangerously exposed：The life and death of the resilient subject，” *Resilience：International Policies，Practices and Discourses*，Vol. 1，No. 2，2013，p. 95.

程中的所有关键要素，并充分体现了每个参与者对系统的贡献。①

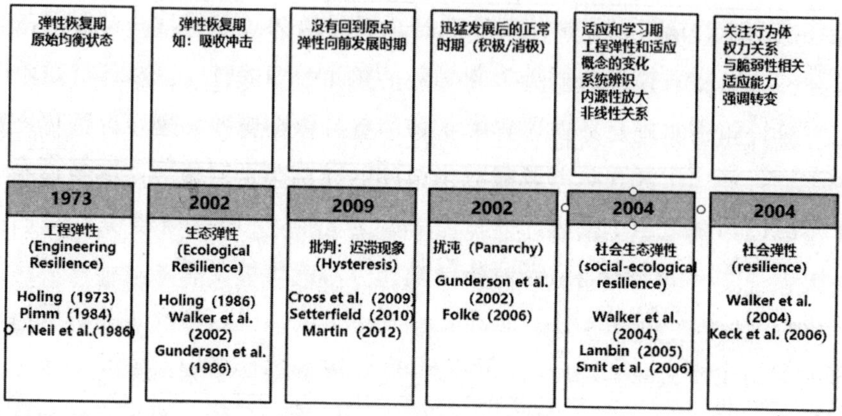

图 1—1　对韧性的思考方式的演变

在国际关系领域，虽然对于韧性概念的研究要远远晚于其他学科，但同样取得了丰硕的成果。国际关系学者对于韧性概念的研究，主要集中为五条路径。

首先，学者们将韧性与全球治理联系起来，强调了在全球化浪潮的背景中，源于新自由主义危机之下从安全治理到全球治理的范式转换。经济自由化影响下的韧性②、全球化和劳动力市场改革中的韧性③、改革公共服务变化中的韧性④、主权的侵蚀（或缺乏）中的韧性。⑤ 马雷·考夫曼（Mareile Kaufmann）建议重视对自组织的研究，作为更广泛的治理网络系统的一部分。在这个系统中，变革始于地方，而“全

① Manca et al.（2017）offers a more detailed review.

② Ross Schneider, Ben, “Economic Liberalization and Corporate Governance: The Resilience of Business Groups in Latin,” *Comparative Politics*, Vol. 40, No. 4, 2008, pp. 379 – 397.

③ Yan Kong, Tat, “Globalization and Labour Market Reform: Patterns of Response in Northeast Asia,” *British Journal of Political Science*, Vol. 36, No. 2, 2006, pp. 359 – 383.

④ Clark David, “Neoliberalism and Public Service Reform: Canada in Comparative Perspective,” *Canadian Journal of Political Science*, Vol. 35, No. 4, 2002, pp. 771 – 793.

⑤ Ansell, Christopher K., and Steven Weber, “Organizing International Politics: Sovereignty and Open Systems,” *International Political Science Review*, Vol. 20, No. 1, 2002, pp. 73 – 93.

球”则为其提供支持和规则。[①] 此外，学者们还强调了独裁政权对民主压力的韧性[②]以及民族主义在区域主义面前的韧性。[③] 有学者谈到了如何从美国社会资本的明显侵蚀看英国社会资本的韧性[④]，还有学者则指出了福利国家在面对新自由主义带来的挑战时所体现的韧性。[⑤] 在这里，韧性代表着某一机构、社会规范或某种类似现象的持久性。韧性代表着从专注于已知威胁和预防的逻辑转向新的治理逻辑，后者强调复杂性和不确定性。韧性要求为未知的风险做好准备，学会适应和灵活性，以应对冲击，而不是完全消除不确定性。韧性承认不确定性和复杂性是当代状况，但强调内部能力是解决这些问题的方法。以这种方式理解，韧性可以定义为“社会所具有的应对危机的内部能力，而不是外部提供援助，资源或政策解决方案”。需要指出的是，这些研究为强调韧性在世界政治中的重要性提供了具有高度信度和效度的证据，但遗憾的是相关学者对韧性概念的内涵和理论化程度还处在较低水平。韧性被引入全球治理主要是应对气候变化、自然灾害、恐怖主义、劳动力市场改革等全球问题，关注地方或社区在面对外生或内生冲击时的调整过程。韧性概念早期侧重于粮食安全、人道主义危机等，之后迅速扩展到更为广泛的政策领域。

其次，学者们将韧性概念引入到了国际关系研究中的子领域，如国际发展、人道主义援助和防灾救灾等。一些学者强调了韧性对于陷入战争、冲突和长期暴力中的个人和社区的积极影响。[⑥] 事实上，目前联合

① Mareile Kaufmann, “Emergent Self-Organization in Emergencies: Resilience Rationalities in Interconnected Societies,” *Resilience*, Vol. 1, Issue 1, 2013, pp. 53 – 68.

② Byman, Daniel, and Jennifer Lind, “Pyongyang's Survival Strategy: Tools of Authoritarian Control in North Korea,” *International Security*, Vol. 35, No. 1, 2010, pp. 44 – 74.

③ Dieckhoff, Alain, and Christophe Jaffrelot, “The Resilience of Nationalism in the Face of Localism and Globalization,” *Critique International*, Vol. 23, No. 2, 2004, pp. 28 – 139.

④ Hall, Peter A, “Social Capital in Britain,” *British Journal of Political Science*, Vol. 29, No. 3, 1999, pp. 417 – 461.

⑤ Pierson, Paul, “The New Politics of the Welfare State,” *World Politics*, Vol. 48, No. 2, 1996, pp. 143 – 179.

⑥ Goldstein, Bruce E., Ed., *Collaborative Resilience: Moving Through Crisis to Opportunity*, Cambridge, MA: MIT Press, 2011.

国与若干国际组织和非政府组织，已经将韧性作为一项新的组织原则，强调韧性的发展对于防止人类遭受不可接受的痛苦和减少国际应急行动的代价至关重要。最近国际社会将韧性作为关键因素的一系列举措包括："2005—2015 年联合国兵库行动框架"（The UN Hyogo Framework for Action 2005 -2015）、"政府间气候变化专门委员会特别报告"（The Intergovernmental Panel on Climate Change Special Report，2012 年）、"联合国开发计划署关于人的韧性的报告"（The United Nations Development Programme on Human Resilience，2011 年）、"政府间发展管理局区域灾害复原能力和可持续性平台"（The Intergovernmental Authority on Development Regional Disaster Resilience and Sustainability Platform，2013 年）、"全球韧性联盟区域路线图"（The Global Alliance for Resilience Regional Roadmap，2012 年）、"英国国际发展部'确定对灾难的韧性力量'的方案文件"（The UK Department of International Development Program Maticpaper "Defining Disaster Resilience"，2011 年）、"美援署韧性议程和全球抗灾联盟韧性"（The USAID Resilience Agenda and Global Alliance for Resilience，2011 年）、"瑞士发展与合作机构的'韧性项目'"（The Swiss Agency for Development and Cooperation "Resilience Project"，2011 年）和瑞典国际发展合作署最近的报告（The Swedish International Development Cooperation Agency Recent Report，2012 年）。Post Carbon Institute 是一个非营利组织，致力于帮助世界摆脱化石燃料的影响，并建立可持续的、有韧性的社区，该组织也有一个名为"韧性"的计划。①

第三，在国际关系学界中，学者关于韧性力量的研究主要围绕恐怖主义和反恐研究进行。近年来，国家特别是在社区和地方一级加强了预防恐怖主义的努力，而紧急管理基础设施已成为若干政府的首要优先事项。② 政府的倡议、白皮书和关于韧性的关键安全声明比比皆是。例如，在英国，韧性是最新的"国家安全战略"（National Security Strate-

① https://www.resilience.org/.

② Kaufmann, Mareile., "Emergent Self-Organisation in Emergencies: Resilience Nationals in Interconnected Societies," *Resilience: International Policies, Practices and Discourses*, Vol. 1, No. 1, 2013, pp. 53 -68.

gy，2010 年）的一个关键组成部分，在该战略中，人们认为，要想在一个充满不确定性的时代建设一个强大的英国，就需要制定“政府的整体方针”。这一方法的核心支柱之一是在面对恐怖主义的情况下发展国内的韧性力量。加拿大政府也有类似的语言，提倡“全政府”方针（“Whole of Government” Approaches）和“韧性”（Domestic Resilience）。2011 年 6 月，加拿大政府宣布设立卡尼什卡项目（Kanishka Project），这是一项为期五年、耗资 1000 万美元的倡议，旨在更好地了解打击恐怖主义和暴力极端主义的有效政策和方案，其中“集体动力和韧性”是项目三大中心主题之一。加拿大政府力求在其公民中发展“以防止进一步伤害的方式对煽动性行动和事件做出反应”的能力，并在可能的情况下“更好地”管理未来出现类似的压力源。[①] 此外，“韧性力量”现已成为美国（2010 年）、法国（2008 年、2013 年）、荷兰（2010 年）、澳大利亚（2011 年）主要安全声明的一部分。

第四，越来越多的国际关系学者试图通过韧性与新自由主义的关系来理解韧性，为此提出了许多论点。有学者从对新自由主义作为一个开放的融合过程的理解出发，对新自由主义给社会、经济和政治生活带来的后果进行了全面的评估，并探讨社区、社会团体和国家在面对新自由主义所引发的挑战时如何维持他们的福祉。其中，他们运用了社会韧性的概念来指“在一个组织、阶级、种族群体、社区或国家中团结在一起的人在面临挑战时维持和提高其福祉的能力”，从而对社会韧性进行了广义的概念化，以涵盖社会应对各种挑战的能力。[②] 还有学者则强调了新自由主义可以促进韧性，从而“阻止我们设想自己能够自由地决定自己的生活方式、不受他人约束的能力，这既是一种国家一直努力希望达到的状态，对我们自己来说也是一种潜在的风险”。[③] 也有学者指出，

① Bourbeau, Philippe, “Resilience and International Politics: Premises, Debates, Agenda,” *International Studies Review*, Vol. 17, No. 3, 2015, pp. 374 – 395.

② Hall, Peter A., and Michele Lamont, Eds, *CSocial Resilience in the Neoliberal Era*, Cambridge: Cambridge University Press, 2013.

③ Evans, Brad, and Julian Reid, “Dangerously Exposed: The Life and Death of the Resilient Subject,” *Resilience: International Policies*, Practices and Discourses, Vol. 1, No. 2, 2013, pp. 1 – 16.

伴随着新自由主义的危机，对“自由和平论”和西方干预主义提出了质疑。新自由主义危机之下从安全治理到全球治理的范式正在转换。[①]安全治理出现了从自由国际主义到后干涉主义的韧性范式转换。韧性是行为体所具有的从负面冲击中恢复和保持正常功能的能力，即从采取人道主义干涉挑战国家主权到以人为中心的方式转变，人类安全框架与人道主义干涉被区分开来，在后干涉主义的韧性范式中，重点是预防而不是干涉，是赋权而不是保护，针对的是弱势群体而不是受害者。这意味着非西方主体的代理人被置于安全实践的中心，在安全话语中占据主导地位，替代了原本以西方机构及其责任为主的观念。西方不再有责任保障、推进民主化和发展非西方世界，责任落在了主权国家的边界之内。

也有学者认为韧性成为新自由主义治理模式的延伸。韧性以适应、伙伴关系、自力更生和个人责任为重点，延续了新自由主义治理模式。韧性凭借其适应性、商业化的主旨，以及分散的自治单元的想法，与新自由主义巧妙地结合，既体现在“自由”市场的公正性，又体现在其不愿意在一个复杂和相互依存的体系中致力于中央规划。[②]实际上，韧性的指涉对象相对模糊，制度化水平较低，旨在维持新自由主义社会经济规范和结构的行为模式。其目的并不是保护个人和社区免受直接危害，而是通过将公民主体构建为“适应市场固有不安全感”的“企业家和消费者”，以自下而上的方式自组织应对，从而为新自由主义资本主义的延续创造条件。这些动态与新自由主义的韧性思维所倡导的观点相呼应，例如，市场的复杂性使得金融危机只能通过“本地知识”来管理，并且只能在“事件发生后”即危机爆发后进行管理。很显然，金融危机后的新自由主义的发展主要特征表现在“韧性”应对上，风

① Roger Mac Ginty & Oliver P Richmond, “The Local Turn in Peace Building: A Critical Agenda for Peace”, *Third World Quarterly*, Vol. 34, Issue 5, 2013, pp. 763 – 783.

② Olaf Corry, “From Defense to Resilience: Environmental Security beyond Neo-liberalism”, *International Political Sociology*, Vol. 8, 2014, pp. 256 – 274.

险转移至公众，依靠个人韧性来应对挑战。[1]

第五，相关学者在研究韧性力量的过程中，提出了更为广泛的观点，认为对韧性力量及其与当代世界政治关系的任何广泛评估都必须超越某些国家政府应用韧性的手段。其中，学者们主要阐述和探讨了三个有关韧性的相关命题及研究方法，即韧性力量有黑暗和光明的一面[2]，韧性力量的应用是依情况而定的，韧性力量是一个社会历史信息、动态和多样化的过程。

综上所述，尽管大量的学者对韧性力量这一概念有所论及，从生态的可持续性到政治的适用性等方面利用一系列案例对其进行验证，但它其实质和内涵仍然存疑。首先，由于概念、定义的多样性，在不同的学科领域、理论和实践中，“韧性”一词往往造成了认知上的混乱。其次，韧性力量与系统的稳定性和稳健性、对无法预测的后果和意外后果的准备以及由动态、不稳定和有时动荡的环境所产生的回旋效应有关，因此韧性力量的概念内涵的界定需要依据其所处的系统与环境，而非简单的抽象描述。最后，虽然一些学者初步提到了韧性力量所具有的弊端，但大多数政治家和学者还是倾向于把韧性力量视为社会、政治或经济生活的一个理想特征。这是由于这些研究所采用的韧性概念是基于心理学中发展出来，因此表现出一种先验的规范偏见，即认为干扰（或冲击）本质上是消极的，韧性是关于积极适应的。而在心理学领域中，人们经常利用韧性来讨论一个人在遭受性虐待或严重心理创伤后采取的一系列行动，在这些情况下“韧性”无疑是一种积极的适应，因此需要加以促进。然而，当韧性这一概念运用于国际关系领域中，应该对其保持更加谨慎和批判的态度，避免先入为主的偏见。已经有学者讨论韧性概念中政治主体性缺失问题，基于增强韧性的治理不是以目标来启动的过程，而是一种被动反应，消除了自由的可能性，丧失了政治行动潜力。韧性发挥作用的基础是将世界问题降至关乎个体行为和决策的生命

① Luca Mavelli, “Resilience Beyond Neoliberalism? Mystique of Complexity, Financial Crises, and the Reproduction of Neoliberal Life”, *Resilience*, Vol. 7, No. 3, 2019, pp. 224 – 239.

② Bourbeau, Philippe, “Resiliencism: Premises and Promises in Securitization Research,” *Resilience: International Policies, Practices and Discourses*, Vol. 1, No. 1, 2013, pp. 3 – 17.

政治层面，对于个人来说，“自由”和“选择”是完全被削弱的。有了对脆弱个体的韧性训练和旨在推动人们做出正确选择的程序，这个世界就不再被理解为“由可理解和转变的外部结构构成”，而是或多或少地由个体应对风险的合理方式所构成。① 这就导致，“我们对可能发生的事情感到焦虑，但是我们的回应必须是韧性训练而不是政治斗争”，在某种意义上，韧性及其所坚持的主张代表着对政治主体性的放弃，这是对政治力量发挥作用的否定。② 现实中，韧性的许多限制与社会群体的技能无关，而与影响贫困、公平、资源分配和意识形态等问题的权力的不对称性有关。从这个意义上讲，贫穷、社会正义和公平一直是韧性和变革能力辩论的焦点，即风险、成本和收益如何在一个社会中分配，这些问题决定了社会阶层的韧性。在这种意义上，韧性是一种保守的概念，用来保持现有的身份、结构和功能。③ 因此韧性所强调的积极倾向虽然在心理学领域是有意义的，但重要的是，我们对世界政治中韧性的理解保持规范开放，避免任何这样的分析性封闭。此外，当前对于韧性力量的研究中，多数学者将其视为一个二元概念，要么全有，要么没有，忽视了对于其类别和衡量标准的研究，不利于理解当代社会世界的复杂性中的韧性力量。

第二节　欧盟规范的“韧性转向”

近年来，在欧洲主要国家对外战略报告和国家安全报告中，“韧性”一词成为阐述国家安全战略或安全目标的核心词汇，其概念在这些

① David Chandler, “Resilience and the Autotelic Subject: Toward a Critique of the Societalization of Security”, *International Political Sociology*, Vol. 7, Issue 2, 2013, pp. 210 – 226.

② Mark Duffield, “Total War as Environmental Terror: Linking Liberalism, Resilience, and the Bunker”, *South Atlantic Quarterly*, Vol. 110, No. 3, 2011, pp. 757 – 769.

③ Cindy Alexandra Córdoba Vargas, Sonia Hortúa Romero and Tomás León Sicard, “Key Points of Resilience to Climate Change: A Necessary Debate from Agroecological Systems”, *Climate and Development*, 2019, pp. 1 – 11.

文本中被反复提及。在欧盟的《欧盟外交与安全政策全球战略》报告中，欧盟官方共有34处提及“韧性力量”一词，并将“韧性”定义为“承受并从内部和外部的危机中恢复并进行国家和社会改革的能力”①，强调欧盟的外交与安全政策要更加关注社会韧性力量的建设，指出“从东部延伸至中亚并向南到达非洲中部建构有韧性的国家与社会是我们公民的利益之所在。具有民主特色、信任制度、促进可持续发展的有韧性社会位于有韧性国家之心。”② 对比此前国际政治领域韧性的概念，即用来形容全球化时代主权观念具有的顽强生命力或是国家安全信条的坚韧性。欧盟提出的韧性概念显然是对韧性和规范性力量两种概念的融合。它把韧性说成是“一个涵盖所有个人和整个社会的广泛概念”，其特征是“民主，对机构和可持续发展的信任以及改革的能力”。

该报告中关于“韧性”的概念有两个主要的方面：一是基于将韧性与脆弱性相结合，这里的韧性是指国家或社会成功地适应逆境，创伤和威胁的能力；二是将韧性视为一系列现有政策和措施的新标签，这里的韧性力量主要是指欧盟在其周边国家和地区的软实力。因此，它主要涉及一个长期的政治问题：如何与欧盟周围欠发达，安全程度较低的国家打交道？这种以社会生态导向的思维方式强调维持多样性，而不断学习和控制缓慢变化的思想非常适合于外交政策。欧盟的《全球战略》已将“东部和南部国家与社会韧性”设定为欧盟全球战略五个最重要的目标之一。此外在所有层次上对抵御能力的支持也是新的《欧洲发展共识》的组成部分。2017年，委员会和高级代表发表了关于韧性的联合报告。③

事实上，欧盟的《全球战略》并不是第一个提到韧性力量的欧盟

---

① The European External Action Service, “Shared Vision, Common Action: A Stronger Europe—A Global Strategy for the European Union's Foreign and Security Policy”, http: //eeas. europa. eu/top_ stories/pdf/eugs_ review_ web. pdf.

② 叶江：《试析欧盟安全战略的新变化——基于对欧盟2003与2016安全战略报告的比较》，载《学界观察》，2017年第2期，第22页。

③ Joint Communication from the High Representative and the Commission to the European Parliament and the Council, “*A Strategic Approach to Resilience in the EU's external action*,” Jon (2017) 21 final, 7. 6. 2017.

文件。早在2012年，“韧性”概念就已经正式进入欧盟议程，成为欧盟人道主义和发展政策的一部分。“韧性”不仅仅被视为应对灾害（尤其是人道主义灾难）的一种反应，也是一项应对危机的长期系统性解决方案。在外部治理上，它允许欧盟干预和协调外部人道主义与发展议程，提供解决方案，介入国家政策和规划。这种想法逐渐使欧盟发展了所谓的“韧性范式”，包括欧盟不断扩大的“专业知识”组合、良好的实践倡议以及监测和评价方法。“韧性”作为一个术语被定义为“一个实体承受、适应和快速从压力和冲击中恢复的能力”，它依赖于两个维度：一是“一个实体的内在力量……为了更好地抵御压力和冲击；二是“这个实体从冲击中迅速反弹的能力”。“韧性”被定义为“个人，家庭，社区，国家或地区承受，适应并快速从压力和冲击中恢复的能力”。欧盟委员会认为，增强韧性可以“通过增强实体的实力，或减少冲击的强度，或两者兼而有之”。欧盟坚信自身有能力控制、管理和预防灾难的发生。韧性范式建立在三个核心操作原则之上：首先，面对外部不可控性，欧盟有能力向国家和个人提供最合适的治理架构和利益相关者能力要求方面的建议，以增强其适应能力。其次，欧盟强调这些由外部技术转化而来的能力即“地方所有权”，韧性能力只能自下而上建立，欧盟应对危机的出发点是……坚定承认伙伴国家的主导作用。最后，欧盟坚持使用自身的“健全的方法”来监测和评估，以改善应对措施和未来治理。为确保有效性，欧盟将建立一个框架来衡量其对韧性的影响和结果。[①] 欧盟将韧性视为一项共同规划的长期努力，以支持面临风险的民众抵御、应对和适应风险。在这份政策文件中，“韧性”的内外二元性具有明确的区分，主要体现在两个方面：其一，个人、家庭、社区等实体更好地抵御压力和冲击的内在力量，以及从冲击中迅速恢复的能力。其二，增强一个实体的“韧性”意味着欧盟建立治理机制，帮助实体发展“内部”重要基础设施，以降低各种影响的强度。同样，“加强韧性的关键在于人道主义援助和发展援助的相互作用”，着重优先考

① The EU Approach to Resilience-Learning from Food Security Crises-COM (2012) 586, 2012, p. 12.

虑治理的外部方面，而没有提到实体本身及其“固有特征”。但是，同一份文件还坚持认为，不断增长的“韧性”应该是自下而上的，但不是让这个实体自由地采取它认为适当的行动，而是通过将外部政策纳入国家计划，加强韧性的行动需要以欧盟风险和脆弱性评估的合理方法为基础。①

迄今为止，欧盟委员会具有引领性作用的韧性力量计划包括支持非洲之角的韧性力量计划（Supporting Horn of African Resilience）和萨赫勒韧性力量倡议全球联盟（l'Alliance Globale pour l'Initiative Résilience Sahel）。此外，欧盟已纳入韧性力量的主要文件还包括《2012年欧盟韧性力量办法》（The 2012 EU Approach to Resilience），该办法借鉴了欧盟在非洲之角和萨赫勒地区的经验；2013年《欧盟危机易发国家韧性力量行动计划》（The 2013 EU Action Plan for Resilience in Crisis Prone Countries），强调“国家拥有和领导”的韧性本质和“以人为本的方法”，进一步扩大欧盟韧性模式的规定，“欧盟应将对国家韧性方法的发展和实施的支持纳入国家发展计划”。其目的是制定“建立韧性的共同评估、战略和实施计划”和“进一步行动的必要证据”。“行动计划认识到欧盟已经将韧性纳入许多国家项目”，以及“欧盟干预……已经将抗风险能力作为受援国的核心政策重点”；“政府和国际合作伙伴需要对韧性目标有一个共同的理解”；“支持韧性的方法和工具应包括欧盟的程序和机制，包括欧盟委员会、欧洲对外行动署（European External Action Service，EEAS）、欧盟代表团以及所有利益相关者监督、建立证据基础并从最佳实践中学习”；“将为所有伙伴编制和组织实施欧盟韧性方法的指南和培训”。随后设立了欧盟韧性力量年度论坛（The Annual EU Resilience Forum）。《2014年欧盟韧性力量标志》（The EU's 2014 Resilience Marker），其中评估了由欧盟委员会欧洲公民保护和人道主义援助行动总干事（ECHO）资助的项目在多大程度上将韧性力量考虑纳入其中。韧性发展战略被进一步整合为“纲要”，包括案例研究和

① The EU Approach to Resilience-Learning from Food Security Crises-COM（2012）586, 2012, p. 12.

规划工具，以帮助合作伙伴为其韧性目标制定一致的议程。① 作为“韧性制造者”（resilience maker），欧盟向伙伴国家提供如何建立其适应能力的手册。②

在《2013—2020 年抵御能力行动计划》（Council Conclusions and the Resilience Action Plan 2013 - 2020）中清楚表明，这一理念已在人道主义和发展社区中使用了多年，最近在能源和气候领域，安全和国防领域得到应用。此外，欧盟议会认为韧性力量是指个人、家庭、社区、国家或地区抵御、适应以及迅速从干旱、暴力、冲突或自然灾害等压力和冲击中恢复的能力，并以《欧盟委员会关于韧性力量的新交流计划》（The Commission's New Resilience Communication Outlines）为例，介绍了欧盟如何通过十个步骤来提高世界上最弱势群体的韧性力量和降低其脆弱性。这些步骤包括支持在容易发生灾害的国家制定国家韧性力量战略、灾害管理计划和有效的预警系统，以及通过与保险业合作提出风险管理的创新方法，其目标是利用这些倡议和其他倡议所取得的经验，确保欧盟的支持帮助脆弱的合作社区不仅能在灾难中生存，而且能够更好地应对灾害，并成功地恢复。③ 欧盟网络和信息安全局（ENISA）网站有一个单独的部分专门介绍韧性和 CIIP 计划。④ 欧盟有非政府的组织——“韧性顾问”网络（The Resilience Advisors Network），它有自己的“欧洲韧性社会网络”。⑤ 该网络由 30 多位顶级韧性和民防专家组成。此外“经济韧性倡议”也是欧洲投资银行的倡议之一。⑥ 2015 年，韧性扩展至欧盟外交政策领域，特别关注周边地区。修订后的欧盟邻国政策是最早将韧性建设作为外交政策目标的文件之一，与以往一样，该

---

① Wagner，Wolfgang，and R. Anholt，“Resilience as the EU Global Strategy's new leitmotif：pragmatic，problematic or promising?” *Contemporary Security Policy*，Vol. 37，No. 3，2016，pp. 414 - 430.

② European Commission，“EU Resilience Compendium：Saving Lives and Livelihoods，” 2015.

③ European Parliament，“Eu Approach To Resilience：Learning from food crises”，2012，pp. 1 - 5，Print.

④ https：//resilience. enisa. europa. eu/.

⑤ http：//resilienceadvisors. eu/.

⑥ http：//www. eib. org/projects/initiatives/resilience-initiative/index.

文件展示了欧盟的韧性模式，为周边国家制定措施，提供具体方法来加强欧盟伙伴国面对外部压力的韧性，以及做出选择的能力。①

欧盟的全球战略使“韧性”概念更进一步。学者们也积极对这一概念予以评论和回应。有学者指出，韧性力量被认为是欧盟作为一个国际组织的能力，即建立和加强为破坏作准备的能力，以便从过去的危机和失败中恢复活力。② 还有学者认为，“韧性”已成为欧盟全球战略的主题，它是过度雄心勃勃的自由和平主义与建设和稳定之间的中间地带，由它产生的全球战略是一种实用主义的原则。③ 探讨韧性对欧盟外交政策意义在于：一味以自由民主来推进邻国治理只能适得其反，外部干预只能自下而上地促进这些做法，而不是向自由主义和平方法那样寻求强加普遍的蓝图。韧性可以提供一个超越自由和平的自下而上的构建和平的方法。④ 韧性讨论也可以为欧盟外部治理中推广规范带来更多合法性，外部干预先于地方能动性。虽然韧性侧重个体应对逆境的内部能力，但更加重视外部干预以帮助做出更具韧性的反应。这其中的基本假设，是一个系统只有服从外部治理，才能发展韧性，而外部治理有助于内部获得知识和资源，帮助其恢复和转型，从而降低未来的风险。⑤ 他们指出，以“韧性”为内核的全球战略的提出是为了追求三个目标：一是强调韧性与规范性力量在欧盟内外都是紧密联系在一起，并且同欧盟一直以来推行的人权、民主、自由等观念息息相关。二是强调欧盟国家要建立自身包容、繁荣、安全的社会。三是用韧性所倡导的实用性原则来处理与周边和其他区域的关系。他们还认为韧性概念的提出标志着欧盟开始反思以往规范性力量传播民主、法治、人权的做法，并关注富

---

① European Commission, “Review of the European Neighborhood Policy,” 2015.

② A Gruszczak, Building Resilience, “the Role of EU Intelligence Community,” 2015, http://www.uaces.org/documents/papers/1501/Gruszczak.pdf.

③ Wolfgang Wagner and Rosanne Anholt, “Resilience as the EU Global Strategy's new leitmotif: pragmatic, problematic or promising?” *Contemporary Security Policy*, Vol. 37, No. 3, 2016, pp. 414 – 430.

④ Ana E. Juncos, “Resilience As the New EU Foreign Policy Paradigm: a Pragmatist Turn,” *European Security*, Vol. 26, No. 1, 2017, pp. 1 – 18.

⑤ Elena A. Korosteleva, “Reclaiming Resilience Back: A Local Turn in EU External Governance,” *Contemporary Security Policy*, 2019, pp. 1 – 22.

有期望性和有效性的解决方案而不是单单关注于价值观本身。他们认为欧盟的“2016年全球战略”与其2003年的“全球战略”之间的一个显著区别是韧性力量作为一种新的主题普遍存在。在他看来，韧性在雄心勃勃的自由和平建设和缺乏雄心的稳定之间提供了一个中间地带，将欧盟的注意力重新转向了地方资源和实践，其模糊性足以让每个人都能接受。尽管韧性力量重新定义风险和危机的方式存在固有的风险，但它的附加价值在于它作为召集概念、向国际组织开放新的思维和工作方式以及为参与提供共同基础的力量。① 有学者简明地总结了两个欧盟发展韧性力量的关键目标，即在发展政策和人道主义援助政策之间建立一致性，以及在不同层面上建立不同行为者之间的一致性，进而概述了如何通过治理的概念来有效地看待监测、审查、协商和交流、与民间社会、非政府组织和政府的接触以及建立网络等这些关键主题，强调了欧洲在地方、国家和国际组织联系进程的促进者作用。其中，作者指出如果欧盟仅仅将韧性计划视为表面工程，也就是说，仅仅将其作为旨在改善人口健康、福利福祉以及加强安全设施重新设计的项目的话，这样的韧性力量不会是一种成功的做法，而韧性必须在社会关系中发挥作用，并提出了欧盟韧性力量运用的特殊技术和战术。② 大卫·钱德勒（David Chandler）指出，尽管2016年欧盟全球战略和其他国际政策文件中将韧性概念复杂性视为对当前安全的挑战，但将增强社会韧性视为安全解决方案值得质疑。首先，这一预设很少考虑到资源枯竭以及社会和经济边缘化的结构性原因，这使得社区和社会更容易受到冲击和干扰。其次，基于对“社会韧性”的能力建设的政策干预措施往往给那些已经处于边缘地位的民众增加适应成本，并不能消除危机的结构性根源。③

然而，国内鲜有关于欧盟韧性力量的研究成果，其仍处于起步阶

① Wagner, Wolfgang, and R. Anholt, “Resilience as the EU Global Strategy's new leitmotif: pragmatic, problematic or promising?” *Contemporary Security Policy*, Vol. 37, No. 3, 2016, pp. 414 - 430.

② Joseph, Jonathan, “The EU in the Horn of Africa: Building Resilience as a Distant Form of Governance,” *Jcms Journal of Common Market Studies*, Vol. 53, No. 68, 2014, pp. 285 - 301.

③ David Chandler, “Security Through Societal Resilience: Contemporary Challenges in the Anthropocene,” *Contemporary Security Policy*, 2019, pp. 1 - 20.

段。其中，杨海峰在分析《欧盟的全球战略》时将“resilience”译为“复原力”，认为该词不仅指一个国家和社会具有经受住打击的韧劲，而且具有能恢复甚至改革发展能力的含义。[①] 一个有复原力的国家是一个安全的国家，而安全是繁荣与民主的基石。反之亦然。为了维护可持续安全，欧盟不仅将支持国家机构，还将支持整个社会。与可持续发展目标一样，复原力是一个更宽泛的概念，包括了所有个人和整个社会。一个有复原力的社会处于一个有复原力的国家的核心，并具有民主、对制度的信任和可持续发展等特点。

叶江通过2003年和2016年欧盟战略报告的对比中指出，与2003年的《欧盟安全战略》相比，欧盟不再将在其周边乃至全球范围强行推进民主化作为欧洲安全战略的重要目标，而是强调通过在其周边推进建构具有韧性的国家与社会，用综合性的手段应对国际冲突与危机，以及拓展区域合作。这显然意味着欧盟意识到只有帮助促进欧盟外部的世界，尤其是欧盟周边各国更有韧性——具有应对自然和人类社会各种挑战的能力，并在遭遇破坏时具有强大的恢复能力，才能促进欧盟外部乃至内部稳定，从而保障欧盟的安全。[②]

严骁骁从安全治理的角度出发，强调“韧性”一般是指行为体在面对内部或外部的震荡时所体现的适应能力，如果将这一概念应用于安全治理，则意味着从被治理对象本身寻找可供使用的资源以运用于治理实践。[③] 他指出，韧性研究的话语建构主要围绕两个主题：第一，新的安全逻辑；第二，新的安全治理模式。关于新的安全逻辑，他认为当代安全威胁成因的复杂性、威胁形态的多样性以及活动规律的难以预测性使人类正在步入一个全球性的风险社会——“未知性和非有意而为之的结果成为左右历史和社会发展的主要力量”。[④] 韧性的安全逻辑就是帮

① 杨海峰：《有原则的务实主义——欧盟外交与安全政策的全球战略评析》，载《欧洲研究》，2016年第5期，第24页。

② 叶江：《试析欧盟安全战略的新变化——基于对欧盟2003与2016安全战略报告的比较》，载《学界观察》，2017年第2期，第22页。

③ 严骁骁：《韧性研究：对安全治理的批判性反思及其超越》，载《国际政治经济评论》，2017年第2期，第18—37页。

④ 同上。

助我们来应对安全的不确定性，换句话说，强调人类对安全问题的认知应当从如何克服、战胜安全威胁转变为人类如何与不确定的安全威胁相处。关于新的安全治理模式，他认为韧性概念在某种程度上是对现有安全治理的批判性反思：它提供了新颖的概念联系和知识形式，并呼吁形成学科间的认知共识与囊括更多不同种类行为体的新型治理模式。①

孙灿认为，“韧性”是一个宽泛的概念，韧性国家与社会要突出民主、制度信任和可持续发展，这要求欧盟着重考虑以下四项政策：一是扩大政策。欧盟可靠的扩大政策需要继续坚持清楚、严格和公正的入盟程序，同时欧盟需要为这些候选国提供可见的利益和福祉。二是邻政。欧盟将继续在东部和南部边界执行睦邻政策，支持相关国家执行包括深化和全面的自由贸易区在内的联系协定，关注它们的脆弱面。三是周边政策。欧盟将推进量身定制的政策以支持包容和负责任的治理，注重可持续发展，深化与公民社会的合作以及推进能源开放和可再生资源的利用。四是移民政策。一方面要阻止非法流动并保障遣返更为有效，另一方面要确保正常的人口流动畅通，这意味着欧盟需要加强和落实现行的移民法律，改善流通渠道。②

洪邮生从2016年欧盟对外战略报告的五大重点出发，指出这五大重点从表面上看是规定欧盟今后对外行为的主要方向和任务，但它们之间具有内在的逻辑关系。从地理空间上看，五大重点大体上层次清晰，形成了一个以欧洲为中心的同心圆：欧洲的安全处于内圈，向外依次是周边及其邻近区域的治理和危机应对、地区秩序，最外层是全球治理。这种安排恰恰是欧盟所面临挑战的轻重缓急之真实反映。③ 因为欧洲的安全是欧洲人安身立命之本，他们最为担心的是欧洲自身的安全受到威胁，而对欧洲至关重要的利益的外部威胁又主要来自周边及其邻近地区

① 严骁骁：《韧性研究：对安全治理的批判性反思及其超越》，载《国际政治经济评论》，2017年第2期，第18—37页。

② 孙灿：《欧盟外交与安全政策的全球战略》，载《国际研究参考》，2016年第8期，第36—40页。

③ 洪邮生、李峰：《变局中的全球治理与多边主义的重塑——新形势下中欧合作的机遇和挑战》，载《欧洲研究》，2018年第1期，第57—76页。

的失序或危机，至于地区秩序和全球治理，则是其可以进行战略收缩的范围。韧性的提出符合欧盟自身的需要，是其面对挑战的反应。

作为欧洲的一种战略转型，欧盟围绕“韧性”进行了具有清晰的目的性和针对性的对外政策调整，即反思和补救新自由主义价值观在政治实践应用中造成的问题和困境。韧性的提出代表了下一阶段发展的重点目标将是正视一体化建设中出现的发展差异性，不断完善、修补以及调整现行的制度。在加速推动一体化进程几乎不可能的情况下，欧盟和欧洲各国在短期之内可能没有更多的精力来关注域外事务，而是优先解决好其内部的发展问题。从某种程度上来看，韧性研究或韧性思维强调“个体以合适方式来管理自身的责任”是欧洲对外战略收缩的一个信号。通过“韧性”这一概念，欧盟清晰地传达出“责任分摊”的信号，预示着一些责任将会由欧盟转移至地方性共同体，这是欧洲针对自身境遇而不得不做出的发展战略调整。① 另外，欧盟在对外活动中积极地向国际社会推广其所定义的自由、民主、人权等价值规范，韧性研究的兴起说明欧洲人开始反思这种价值观外交。大多数国内学者正是从这个角度切入韧性的相关研究，分析它对欧盟对外政策的影响以及具体而言对华政策的影响。

综上所述，在欧盟从规范性力量向韧性力量的概念修正中，不论是欧盟的官方文件，还是相关学界学者的研究中，都对韧性力量这一概念进行了诠释和介绍。然而，对于欧盟所希望达成的韧性力量的内涵和实质的解释仍处于语篇不详的程度，缺乏具有足够解释力和权威性的概念界定。而且韧性力量作为一个主观性概念，存在难以测量的问题，因此欧盟虽采取了多种措施促进其韧性力量的发展，但其实际所取得的效果仍然存疑。同时，对照欧盟相关官方政策有关韧性的讨论，会发现其话语中充斥着矛盾。一方面，欧盟委员会认为“地方”是通过“内在力量”来提高韧性，而欧盟将充当指导者、合作伙伴和促进者；另一方面，委员会明确主张通过“指令性治理和健全的政策解决办法”，将干

① 严骁骁：《韧性研究：对安全治理的批判性反思及其超越》，《欧洲研究》2017 年第 2 期，第 36 页。

预措施置于“地方”之前，作为一种所谓的韧性增长的自我参照系统，来处理外部问题。韧性陷入两种误区，要么试图掩盖危机，要么成为新自由主义治理的延伸，两种模式都倾向于否定地方的能动性。如果把韧性理解为一个长期的能力发展的自组织过程，那么，作为自我参照的治理，韧性不能从外部进行设计，而只能由内而外拓展，这需要在社会内部进行，而不是通过外部干预。欧盟似乎已经意识到地方韧性建设必须经历尝试，甚至失败，但仍未调整政策实践。① 此外，国内学者对于这一概念仍处于解读阶段，对于“resilience”这一词汇的翻译存在多种形式，反映了对于这一概念的不同认识，且关于欧盟韧性力量的批判性思考远远不足，没有紧跟欧盟发展的最新动向，不利于对于欧盟新的发展定位研究的进一步开展。

第三节　欧盟规范的实践领域

一、欧盟韧性力量提出的现实背景

近年来，韧性研究在欧洲国际关系学界的兴起，被称为规范性力量研究的“韧性转向”。一直以来，欧盟对其自身一体化所取得的巨大成就充满了自信，规范性力量正是旨在通过这种自信来对周边的国家产生吸引。但是从 2003 年到 2016 年，内生性的危机和外部的威胁导致欧洲学者借助韧性这一概念来反思自由主义治理模式的弊端，试图为西方国家在国家脆弱性治理问题上提供新的选择路径。西方国际关系学界围绕“韧性”的话语建构具有清晰的目的性和针对性，本质上是反思和补救新自由主义价值观在政治实践应用中造成的问题和困境。

笔者认为欧盟提出的规范性力量自实行以来对内是一种对新自由主

① Elena A. Korosteleva, “Reclaiming Resilience Back: A Local Turn in EU External Governance,” *Contemporary Security Policy*, 2019, pp. 1 - 22.

义价值观和政治秩序的观念塑造，对外则是以其为指导原则的外交方针。但这种内外的塑造都遇到了一系列难以解决的现实威胁。在对外方面，首先是乌克兰危机的爆发，导致俄罗斯认为冷战结束以后欧洲安全机制没有调整，仍以遏制俄罗斯为目的。欧盟的对外政策越过了俄罗斯利益的红线，引发了其强烈的不满。乌克兰危机和克里米亚事件揭示了欧俄之间面临难以弥合的认知差距和现实的“安全困境”。其次，西亚北非局势动荡加剧欧盟非传统安全威胁。西亚北非地区一直是欧盟的后院，由于地缘上的接近，该地区的任何动荡与冲突都直接威胁到欧盟的安全。西亚北非局势动荡之后，欧盟对形势做出了错误的判断，完全改变过去的地区政策，积极主动甚至不惜动用武力来支持所谓的“民主进程”。外力干预，加上中东、北非地区自身存在的叙以、叙黎之间的边界冲突和错综复杂的族群、种群和分离主义力量，西亚北非自局势动荡以来，原有的“政治生态”完全被打破，各种恐怖主义、极端力量，尤其是“伊斯兰国”的崛起，西亚北非完全陷入乱局，直接冲击欧盟的南部周边。再次，欧盟面临的恐怖主义威胁急剧上升，欧洲人民的人身和财产安全受到直接的威胁，面临来自在叙利亚和伊拉克境内参加“圣战”的恐怖分子的回流。当前面临的恐怖主义威胁具有任意性、内生性、分散性、跨国性以及网络化特征，大大增加了预防难度，涉恐人群还出现了年轻化的趋势。[①] 最后，欧盟面临严重的非法移民和难民危机。西亚北非局势动荡不仅给欧洲带来安全威胁，也引发了中东地区的人道主义灾难，增加了欧盟南部周边应对非法移民和难民的压力。经地中海进入欧洲的非法移民和难民总数超过百万，不仅对欧洲内部安全构成冲击，也撕裂了欧盟的团结，对欧洲一体化的根基《申根协定》直接构成威胁。此外，大量难民涌入后所产生的社会危机和认同危机，也使得欧洲人重新思考自身的规范性价值观能否对他者产生吸引。

在内部方面，欧盟自身的认同也产生了危机。首先，希腊债务危机

① 金玲：《欧盟周边政策新调整：利益优先取代价值导向》，载《当代世界》，2016 年第 6 期，第 28—30 页。

使得一直以来所掩盖的欧盟内部东西方的分歧广大化，甚至出现了“双速欧洲”的口号。欧盟东部国家渴望得到长期的输血，而西部的国家不愿放弃统一的欧盟所带来的巨大的国际影响力。其次，英国退欧。作为一种规范性力量，欧盟一致企图通过自身的建设吸引周边的国家，但是英国退欧事件的发生使得周边国家看到欧盟内部并不像它们宣称的那样美好。最后，意大利修宪公投等一系列欧洲内部危机接踵而至。这反映出欧盟制度设计缺陷使其无法更好地满足成员国的利益诉求，导致了区域一体化与国家追求自我利益之间的失衡。欧盟的民众也开始对这种自由主义的价值观产生怀疑，可以看到在“人权”和“面包”之间，更多的人选择“面包”。民粹主义因而获得了极大的发展，甚至获得了国家的政权。这种人民利益的需求直接反映到了政治统治的层面。

二、欧盟韧性力量的实践领域

（一）政治安全领域

欧盟韧性力量的建设重点在于政治安全领域，维护其自身的安全是欧盟发展韧性力量的根本性原因。其中，罗德里克·佩斯（Roderick Pace）讨论了小国家，特别是微型国家的脆弱性和韧性，指出微型国家虽然有内在的或偶然的脆弱性，但它们可以通过遵循旨在增强其韧性的政策以及加强在国际全球体系中的战略地位来克服其脆弱性，进而概述了欧盟如何通过为这些国家提供更多的机会来处理社会、经济、环境问题，从经济和安全政治两个方面“扩大”其内部的韧性力量。[①] 沃克·尼尔（Walker Neil）指出主权在欧盟中具有很强的韧性力量，在确保和表达国家本身以及与国家有关的思想方面发挥着重要的作用，且之所以强调主权问题的韧性力量中心性，是因为欧盟长期的“主权剩余”与围绕欧盟合法性辩论的核心主题是紧密相连的。[②] 阿图尔·格鲁兹扎克

① Roderick Pace, “Malta and EU Membership: Overcoming ‘Vulnerabilities’, Strengthening ‘Resilience’,” *Journal of European Integration*, Vol. 28, No. 1, 2006, pp. 33 – 49.

② Walker Neil, “Surface and Depth: The EU's Resilient Sovereignty Question,” *Social Science Electronic*, Vol. 131, No. 3, 2010, pp. 674 – 684.

（Artur Gruszczak）将韧性力量视为欧洲联盟作为安全共同体的目标和特点之一，强调由于韧性力量是由态势感知、准备、风险评估和预期所决定的，情报工作注定要成为国家或安全团体组织活动的核心和不可或缺的形式。因此，面对威胁和危险，欧盟内部的安全、稳定和秩序面临挑战，欧盟及其成员国越来越需要加强应变能力和准备，并发展其联合情报能力，将韧性力量建设和危机管理能力作为欧盟安全治理的主要机制。[①] 卡里科·贡卡洛（Carriço Gonçalo）描述了全球化对于网络空间所产生了一系列威胁，评估了欧盟在网络空间的立场，并提供了欧盟潜在政策的未来方向，强调欧盟可以通过建立一个欧盟网络司令部来提高其网络防御能力和范围，该司令部将集中协调网络空间的作战能力，以求发展网络强权和攻击性力量。[②] 安娜·E. 宏科斯（Ana E. Juncos）指出在概念上，韧性范式借鉴了欧盟已有的做法，如全面的方法或有效的多边主义，并将它们统一起来。这种方法的核心是实用主义和灵活性，主要包括以下要素：地方所有权、能力建设与伙伴关系、全面性与联合（comprehensiveness and a joint approach）方法。[③]

（二）经济领域

2008 年金融危机以及随后的欧债危机等经济危机的频繁发生，对欧盟成员国的经济等造成重大打击，也使得欧盟对于在经济领域的韧性力量建设尤为看重，大批学者也从如何建设欧盟经济上的韧性力量展开了讨论，大量学术成果由此产生。荷兰技术评估指导委员会的《欧洲粮食系统对灾害的韧性力量报告》基于全球粮食系统对灾害的韧性力量的多年研究，围绕欧洲的粮食安全问题进行了风险分析，指出欧洲粮食系统具有较强的韧性，全球化既不会在很大程度上进一步促进区域专业

① A Gruszczak, “Building Resilience: the Role of EU Intelligence Community,” Paper to the UACES 45th Annual Conference, Bilbao, 6 – 9 September 2015.

② Carriço, Gonçalo, “Strengthening the EU's resilience in the virtual domain,” *European View*, Vol. 16, No. 2, 2017, pp. 331 – 331.

③ Ana E. Juncos, “Resilience As the New EU Foreign Policy Paradigm: a Pragmatist Turn,” *European Security*, Vol. 26, No. 1, 2017, pp. 1 – 18.

化，至少2020年之前也不会导致欧洲食品体系对灾难的抵抗能力下降。[①] 有学者基于一份关于欧洲区域在2004—2008年和2008—2012年期间行业进入水平的研究比较报告，采用了一个优化的分析框架来研究欧洲的产业韧性，并评估其经济能够在多大程度上发展受2008年全球经济危机影响的工业专业化的能力。其中，韧性区域被定义为在冲击后表现出较高的进入水平甚至提高其进入水平的区域，相关和不相关的品种都对区域韧性力量有积极的影响，尤其是在冲击后知识密集型产业的进入。[②] 还有学者指出，2008年经济危机对27个欧盟国家产出的影响明显不同，进而试图通过对欧盟国家先前存在的脆弱性和韧性力量的衡量之间的差异，来解释欧盟国家的不同产出绩效和经济表现。[③] 奥拉夫·科里（Olaf Corry）认为韧性的重点在于适应性和应对能力，它使人们关注新自由主义的生态和社会局限，并聚焦于提升国家权力和社会能力来规范经济活动，[④] 国内学者方面，张健指出，希腊危机的柳暗花明充分展现了欧元区和欧盟的抗压性和韧性：一是欧元区仍有团结在一起的强大政治意愿；二是欧盟和欧元区在主权债务危机期间建立的应对机制行之有效，经受了市场检验；三是德国主导的财政紧缩与结构性改革政策再次得到确认。[⑤] 许素文和张晓栋则强调了虽无法在当前的经济危机中独善其身，但欧盟电信领域表现出了相当的“韧性”，运营商现金流相对充裕，企业负债率也相对较低，整个行业抵御经济衰退的能力

---

① Bindraban P S, Burger C P J, Quistwessel P M F, et al. “Resilience of the European food system to calamities: report for the Steering Committee Technology Assessment of the Ministry of Agriculture, Nature and Food Quality, The Netherlands,” *Behavioral Sciences & the Law*, Vol. 24, No. 1, 2008, pp. 103 – 112.

② Xiao, J., R. Boschma, and M. Andersson, “Resilience in the European Union: The effect of the 2008 crisis on the ability of regions in Europe to develop new industrial specializations,” *Evolutionary Economic Geography*, Vol. 27, No. 1, 2018, pp. 15 – 47.

③ Kondor, Karin and K. Staehr, “The impact of the global financial crisis on output performance across the European Union: vulnerability and resilience,” *Bank of Estonia Working Papers*, Vol. 13, No. 1, 2011, p. 3.

④ Olaf Corry, “From Defense to Resilience: Environmental Security beyond Neo-liberalism”, *International Political Sociology*, Vol. 8, 2014, pp. 256 – 274.

⑤ 张健：《从希腊危机看欧洲一体化前景》，载《现代国际关系》，2015年第9期，第43页。

明显强于其他行业。[①]

（三）社会领域

在社会领域方面，欧盟韧性力量的应用覆盖了一个更广泛的议程，即将社会生态韧性与欧盟社会治理相结合，强调了社会韧性能力的加强以维护欧盟内部的稳定。有学者指出欧盟的农村地区占该领土的90%，农村人口约占其总人口的50%，强调了发展农村韧性力量的重要性，并描述了欧盟农村地区如何受到外部冲击的影响，以及它如何通过韧性影响系统动态。所谓农村韧性力量是指农村地区适应不断变化的外部环境的能力，其方式是维持令人满意的生活水平，同时应付其固有的生态、经济和社会脆弱性。[②] 还有学者提出了韧性力量治理的概念，通过分析欧洲人权法院（ECTHR）的环境案件，阐述了法律在社会生态系统治理中的作用，并进一步指出欧洲人权法院通过鼓励成员国在公众参与的环境下进行韧性力量管理和政策制定，从而有助于韧性治理，进而强调《欧洲人权公约》的环境案例法是社会生态系统治理的重要学习场所，它将环境变化的知识和经验置于讨论社会行为者的相对权利、义务和责任的背景下，促进真理和正义在不同尺度上的相互适应进化。[③]

三、增强欧盟外部行动韧性的战略方法

（一）制定雄心勃勃的政策框架

过去几年中，欧盟为应对不断变化的全球环境做出了巨大努力，以重塑其外部政策框架。这个新框架包括多边目标，例如《2030 年可持续发展议程》《巴黎气候变化协定》《仙台减少灾害风险框架》（Sendai

---

① 许素文、张晓栋：《欧盟电信业：危机中展现韧性》，载《人民邮电》，2009 年 4 月 29 日，第 7 版。

② Schouten M A H，Heide CMVD，Heijman WJM，“Resilience of social-ecological systems in European rural areas：theory and prospects，” Seminar，December，Belgrade，Serbia European Association of Agricultural Economists，2009.

③ West，Simon P，and L. Schultz，“Learning for resilience in the European Court of Human Rights：adjudication as an adaptive governance practice，” *Ecology & Society*，Vol. 20，No. 1，2015，p. 31.

Framework for Disaster Risk Reduction and the Commitments to Action）以及在世界人道主义峰会上采取的行动承诺，以及欧盟自己对《千年发展目标》进行的主要审查。欧洲邻国政策，与非洲、加勒比和太平洋国家的关系，《欧洲发展共识》以及为欧盟的安全与防御政策建立新的雄心。《罗马宣言》再次确认了欧盟在全球舞台上发挥更大作用的承诺。欧盟对其东部和南部邻国特别强调增加其韧性力量。这反映了欧盟睦邻政策的特殊政治承诺。

（二）认识更具挑战性的全球挑战和风险格局

在当今世界中，变革的步伐越来越快，对国家、社会、社区和个人的压力越来越大，欧盟将推进这一议程。以前所未有的全球化步伐为标志的压力包括：人口、气候变化、环境或移民挑战，超出了单个国家的力量来应对；经济冲击；由于体制薄弱和治理不善导致的社会凝聚力下降；冲突、暴力极端主义，以及外部力量破坏已知对手的行为。尊重人权和基本自由的压力不断。而且，还有大量未得到满足的人道主义和发展需求。欧洲广大地区的长期脆弱性加剧了这些压力的影响。它阻碍了整个地区的发展，并有可能溢出国界。

（三）增强应变能力以维持进步

欧盟旨在通过加强以下方面，增强欧盟韧性力量并实现并维持上述欧盟外部行动的宏伟目标。

国家、社会、社区和个人对政治、经济、环境、人口或社会压力的适应性，以维持实现国家发展目标的进展；

国家的能力在建立，维持或恢复其核心职能以及基本的社会和政治凝聚力的巨大压力下，以确保尊重民主、法治、人权和基本权利并促进包容性的方式长期的安全与进步；

社会、社区和个人以和平、稳定的方式管理机会和风险，并在面临巨大压力时建立，维持或恢复生计的能力。

根据欧盟的全球战略，和平与安全与可持续和包容性发展，对全球规范和基于规则的国际体系的尊重密不可分。促进这一议程仍然是欧盟对外行动的核心。但是，全球战略也认识到，欧盟及其成员国承受着许多结构性压力，这些压力会考验其伙伴国家的韧性并暴露其脆弱性。因此，它将保护欧盟确定为未来的关键任务。建立更具韧性的邻居是应对措施的一部分。但是，在欧盟承担着比以往更大的责任来为其公民的安全做出贡献的时候，包括通过欧盟共同安全与防务政策（CSDP）在内的欧盟外部政策也可以发挥直接作用。这就需要更好地发现外部压力和威胁，并有适当的机制来确保采取适当的政治对策。

在解决外部非国家行为者的问题时，欧盟在安全联盟上的工作也将韧性作为其方法的核心。根据2015年4月的《欧洲安全议程》，欧洲委员会将重点放在了两个广泛的支柱上：打击恐怖主义和有组织犯罪，以及加强联盟的防御和增强抵御能力。欧盟对防御能力采取了一种转型方法，旨在保护权利，建立政治参与，促进可持续发展与安全。欧盟的目标是使国家和社会能够抵制适应，恢复和应对冲击和危机（如果发生的话）。如欧盟在抵御危机方面采取的多种方法得到了很好的体现。欧盟对乌克兰改革进程的财政支持，包括打击腐败，改善其公共行政和司法以及支持民间社会，都增强了乌克兰的防御能力。

现在的挑战是将欧盟政策的内部和外部安全因素结合在一起，从而相互加强，有效提高外部各方的强制性行动成本，并使欧盟能够预见并尽早采取应对措施承受其他压力。

欧盟将继续在这方面进行六项具体工作：1. 对混合威胁的抵御能力；2. 网络安全；3. 战略沟通；4. 反恐怖主义和暴力极端主义；5. 加强关键运输基础设施的安全；6. 进一步发展与北约和欧安组织的合作。

正如欧盟全球战略指出的那样，要恢复韧性，没有单一的方法。应变能力将因地区、国家和社区而异：应变能力取决于具体情况。因此，欧盟旨在通过一种更深层次的方法来开发更好的风险信息分析和监控方法，即探索国家、社会和社区的力量，从共同愿景到共同行动，以及脆弱性、更广泛的方法，以解决不同领域的脆弱性部门。欧盟还考虑了外部韧性如何在混合威胁、网络安全、战略通信和反恐等领域影响欧盟自身的韧性。特别是早期预警之后必须采取早期行动。欧盟以通过与成员国合作确保对脆弱性（包括新出现的暴力冲突及其预防）进行及时和联合的政治/外交对策，从而提高抵御力。抵御能力是欧盟计划和融资工具的重点，特别是与政治参与、社会经济发展、气候变化与环境保护、移民和强迫流离失所有关的能力。利用从欧盟增强自身抗灾力的工作中汲取的经验教训，例如在关键基础设施、就业、能源、气候适应、卫生和研究等领域，促进与伙伴国家的部门的政策对话。它预见将加强与国际伙伴，特别是联合国和其他国际组织正在进行的抗灾能力联合工作。

在日益增加的复杂性和不确定性的背景下，欧盟2015年以来将韧性引入欧盟周边外交领域。2016年，“韧性”成为欧盟全球战略的一部分，强调需要一种新的更加务实的方法。但对照欧盟的文件和具体行动，可以发现，而是试图在价值观推广和实用主义之间找到一条中间道路。韧性作为一个目标并没有取代规范性议程，和平、民主、权利和发展仍然是欧盟邻国政策的核心目标。为了实现这些目标，欧盟还必须继续促进周边国家的政治、经济、社会和制度变革。

本章小结

总的来说，对于韧性概念的研究，西方学界从不同领域出发，不断拓宽和丰富韧性这一概念的内涵和外延，为进一步理解社会现实、解决社会存在的问题提供了全新的视角。而欧盟将韧性力量作为其自身发展的新的国际定位，更是引发了学者对这一概念以及欧盟对其实践状况的热烈讨论。可以说，欧盟对于韧性力量的强调，既是其面对外在压力和内部合法性危机的被迫选择，也是欧盟认清了新的国际格局和成员国国内政治结构后的主动调整。

韧性概念的提出其实是欧盟在遭遇内外困境的情况下，对欧盟的规范注入的新内涵。本质上看，民事力量欧洲—规范性力量欧洲—韧性力量欧洲是一脉相承的。这一思想标志着欧盟将其重心放在自身的建设和对周边国家韧性的推进上。也代表着欧盟开始反思一直以来推广的规范性外交。如上述学者们所分析的那样，欧盟试图用“打造韧性”来推行“有原则的务实主义”作为其外交政策的新操作原则，这一务实转向为其超越“自由和平论”而走向更具自下而上的建设和平道路提供了一次机遇。

因此，加强对欧盟韧性力量相关概念和应用范围的了解，有助于明确欧盟未来的发展方向，对于中国如何发展与欧盟的关系同样具有重要的借鉴意义。然而，由于这一概念是“引进”的，且时间较短，不可避免地会存在理解和应用上的偏差，因此国际关系学者们如何强化这一概念在国际关系研究中的适用性和特殊性，还需要加强努力。

第二章
欧盟规范的实体化：欧盟的外部治理

欧盟外部治理是欧盟规范的实体化，欧盟开展外部治理的成效如何，主要衡量标准是欧盟施加于其邻国的影响力是否足以推动各国进行国内政治改革。虽然“有效的多边主义”是欧盟推动全球治理的主要路径，但在欧盟外部治理中，欧盟仍然强调双边关系的首要性，特别重视与第三国公民社会的联系。欧盟不仅是对欧盟新老成员国的公民，还对当前和未来的邻居具有确保其持续的社会凝聚力和经济活力的责任。这是欧盟在周边区域内维持安全与稳定的前提。欧盟已经展示出它在邻国建立制度性秩序而不在同一时间内扩大成员国数量的能力，这种秩序与扩大的规范外化相比在不同部门中更分散化、区别化。现阶段，欧盟外部治理的主要特征体现为以条件性为前提的科层制治理正逐渐向水平化的网络化治理转移。

第一节　欧盟外部治理的概念：从治理到多层次治理溯源

自从20世纪90年代以来，欧洲一体化研究逐渐摆脱了联邦主义、邦联主义以及功能主义之间的范式之争，开始从治理这种更为综合的视角切入来解析欧盟内部一体化建设的复杂特征。在欧美学界已有不少成熟的学术著作对此进行了专门论述。[①] 作为一个概念，治理主要是用来描述或分析一个特定的社会（国家、国际社会或区域社会）或特定的实体（如国际组织、公司、法人团体等）的统治或管理模式。[②]“治理”这个词来源于与“政府”相反的概念，反映了一个更宽泛的从干预到合作的状态转化。[③] 比起“政府”，“治理”更强调“合作”，因为这意味着一个规则体系的存在。[④] 换言之，治理是通过具体制度模式发挥作用，属于水平层面而非科层制层面，注重的是过程而非结果，强调的是自愿性手段而非法律义务。因此，其特征体现了极大的包容性，即为涉

---

① 相关权威性专著可参见 Liesbet Hooghe and Gary Marks, *Multi-level Governance and European Integration*, Lanham, MD, Rowman and Littlefield Publishers, 2001; I an Bache, *The Politics of European Union Regional Policy: Multievel Governance or Flexible Gatekeeping?* Sheffield Academic Press, 1998; Beate Kohler-Koch and Rainer Eising (Hrsg.), *The Transformation of Governance in the European Union*, London/New York: Routledge, 1999; Sandholz Wayne, Stone Sweet Alec, *European Integration and Supranational Governance*, Oxford, Oxford Univ. Press. 1998; Joerges Christian and Neyer Jürgen, "Transforming strategic interaction into deliberative problem-solving: European comitology in the foodstuff sector," *Journal of European Public Policy*, No. 4, 1997, pp. 609 - 625。国内的相关研究尚处于对这一研究路径与政治实践的描述介绍阶段，相关专著尚显缺乏。国内学者主要将欧盟治理界定为欧洲一些国家自主自愿地转让一部分主权给予欧共体/欧盟，遵循共同的规制聚合这些力量，所有成员国按“授权原则”和“辅助原则”共享聚合的主权，对于单个国家无法很好解决的问题和共同性事务，采取协调政策和制定共同政策的方式实行区域共同治理。相关文章参见：吴志成、李客循：“欧洲联盟的多层级治理：理论及其模式分析”，载《欧洲研究》，2003 年第 6 期，第 100—113 页；牛海彬：“欧盟治理的变量与困境”，载《现代国际关系》，2004 年第 7 期，第 26—32 页；朱贵昌：“多层治理理论与欧洲一体化”，载《外交评论》，2006 年第 6 期，第 49—55 页；郑春荣：“欧盟多层级治理体系中的德国利益集团”，载《德国研究》，2008 年第 2 期，第 11—16 页；雷建锋：“多层治理：欧洲联盟正在成型的新型民主模式”，载《世界经济与政治》，2008 年第 2 期，第 60—68 页；曾令良：“欧洲联盟治理结构的多元性及其对中国和平发展的影响”，载《欧洲研究》，2008 年第 3 期，第 1—17 页；伍贻康：“欧盟软力量探析——欧盟治理模式的效应评价”，载《世界经济与政治》，2008 年第 7 期，第 24—31 页。

② David Levi-Faur, "Regulation & Regulatory Governance," in David Levi-Faur, Handbook on the Politics of Regulation, Edward Elgar, Cheltenham, 2011, pp. 1 - 20.

③ M. Jachtenfuchs, "The governance approach to European integration," *Journal of Common Market Studies*, Vol. 39, 2001, pp. 221 - 222.

④ S. Lavenex, "EU external governance in 'Wider Europe'," *Journal of European Public Policy*, Vol. 11, No. 4, 2004, p. 682.

及的利益相关者以及在诸多领域的私营部门提供了开放式论坛。其中的关键是政治操纵的主体和客体之间的区别消失了。鉴于国际关系中缺乏全球性的公共制度，在世界政府缺失的背景下，学者们引用治理这一术语使国际层面政治秩序概念化。[①] 国际关系中的治理涉及多种行为体（政府间的、公私合营的、民营的、国际的），产生的政策反映了一定程度的合法化（包括软性法条）和社会化（指共识），这推翻了无政府状态前提下政治秩序缺失的假设。因此国际关系领域内的治理就是国际舞台上的行为体基于具有集体约束力的协议而相互配合的行为机制化。[②]

目前，在欧盟研究领域，对欧盟作为一个治理体系的分析已经成为一种重要的研究路径。在理论角度，欧盟的制度性合作的网络渠道，被学者们归纳为欧盟独具特色的治理形式——多层次治理（Multilevel Governance）。这最初是由盖里·马克斯（Gary Marks）于 1992 年在对欧洲共同体的结构政策进行分析时提出的，他将多层治理作为一种分析路径应用于对欧共体凝聚政策（cohesion policy）的研究。随着欧洲一体化不断深入，欧盟成员国中央政府向次国家地区下放权力，民族国家治理方式转变，市民社会发展，欧盟多层次治理体制逐渐形成。[③] 此类论述也将欧盟治理定义为等级（一个中心决定）、非等级（没有具体的决策中心）和超等级的（几个决策中心的协调），也可以说是一个“决策权可以在不同层级之间共同分享的政体”，即多层级政体。[④] 具体的

---

① J. Rosenau, "Governance, order and change in world politics," in J. Rosenau and E., O. Czempiel (eds), Governance without Government, Order and Change in World Politics, Cambridge: Cambridge University Press, 1992, pp. 1 – 29.

② John Gerard Ruggie, "Global Governance and 'New Governance Theory': Lessons from Business and Human Rights," *Global Governance: A Review of Multilateralism and International Organizations*: January-March 2014, Vol. 20, No. 1, pp. 5 – 17.

③ I an Bache and Matthew Flinders, eds., *Multilevel Governance*, Oxford: Oxford University Press, 2004, p. 107.

④ Joerges Christian and Neyer Jürgen, "Transforming strategic interaction into deliberative problem-solving: European comitology in the foodstuff sector," *Journal of European Public Policy*, No. 4, 1997, pp. 609 – 625.

决策情况视决策过程的不同阶段而有所不同。① 欧盟治理也可以视为在以地域划分的不同层级上，相互独立而又相互依存的诸多行为体之间所形成的通过持续协商、审议和执行等方式做出有约束力的决策的过程，这些行为体中没有一个拥有专断的决策能力，它们之间也不存在固定的政治等级关系。② 在这些学者的研究中，规范性研究大多集中于对欧洲联盟性质和构成的探讨，强调了“软实力”的重要性，通过如正式的和非正式的网络政策和机构等可替代的论坛弱化了决策的合法化形式。③ 而实证经验研究则侧重于欧洲议会与重要的非政府组织（商业组织、大公司、环保组织等）在欧盟利益分配中的作用。贝娅特·科勒—科赫认为这体现着欧盟治理在朝着“网络治理”（network governance）的方向发展。④ 正如前欧盟委员会主席普罗迪在欧洲议会的报告中所言：“我认为我们不得不放弃辅助性原则（subsidiary principle）指导下的等级竞争思想，而转向一种网络安排考虑，即政策的酝酿、提议、执行和监督由不同层次的治理共同完成。”⑤ 欧盟治理并没有一个核心的权威，而是由一系列复杂和多层次的规则和规范构成，受到结构性和规范性的支配，注重对作为其身份和行为基础的共同价值的强调。

从欧洲一体化的历史进程看，首先是20世纪50年代形成的煤钢共同体，随后是原子能共同体和经济共同体这样一种有限的超国家机构的政策领域，再发展到涵盖经济范畴以外的社会政策、政治安全乃至内政

① L. Hooghe and G. Marks, *MultiLevel Governance and European Integration*, Lanham: Rowman & Littlefield, 2001, pp. 12 – 13.

② Eugénia da Conceição-Heldt and Sophie Meunier, “Speaking with a single voice: internal cohesiveness and external effectiveness of the EU in global governance,” *Journal of European Public Policy*, Volume 21, Issue 7, 2014, pp. 961 – 962.

③ A. Héritier, “New modes of governance in Europe: policy-making without legislating?” in A. Héritier, ed., Common Goods: Reinventing European and International Governance, Lanham, MD.: Rowman & Littlefield, 2002, pp. 185 – 187.

④ Beate Kohler-Koch and Rainer Eising (Hrsg.), *The Transformation of Governance in the European Union*. London/New York: Routledge, 1999, pp. 14 – 35.

⑤ European Commission Working Group, Multi-Level Governance: Linking and Networking the Various Regional and Local Levels, European Commission, 2001.

和司法等广泛领域。而伴随着合作范围的扩展，其合作内容也逐渐深入，呈现网络化发展的特点，目前已经形成了全方位的制度合作网络。2001 年《欧盟治理白皮书》发表，将欧盟新的治理形式作为欧盟委员会四大战略要点之一。根据欧盟委员会的解释，“治理”是在欧洲层面影响力量运作的规则、过程和实践。从欧洲一体化的角度出发，治理的总体目标是团结欧洲民众，在开放、参与、责任、高效、团结等原则指导下，制定尊重各民族国家、地区行为模式的规则和程序，发展欧盟与欧洲公民社会的关系。① 多层的结构使得欧盟获得了一种单一体制国家所没有的能力：通过这种结构，欧盟将具有多种对外交流的推动力，并且可能达到单一体制国家难以企及的外交深度和广度，可能与合作伙伴展开广泛而深入的交流与合作。这样欧盟就形成了在超国家行为体（supra-national entity）、国家行为体（national entity）和次国家行为体（sub-national entity）（包括成员国地方和地区政府及市民社会）共同参与欧盟公共事务的新型政治实践。②

当欧盟既有规则的一部分覆盖到欧盟周边国家时，欧盟外部治理（external governance/extended governance）就出现了。③ 观察者质疑欧盟在一个更为广大的欧洲内部的责任，运用外部治理理论研讨欧盟施加于其邻国的影响力是否足以推动各国进行国内政治改革。欧盟外部治理的概念是在国际关系和比较政治的辩论中产生的，意味着高度制度化和跨越欧盟边界的一系列共同规则的存在。④ 由于欧盟政策制定组织结构的开放性，规章制度的适用范围不断扩大，周边国家就可以产生参与部分欧盟规则的制定，或者是在规则适用的范围内讨价还价。尤其是那些横

① Commission of the European Communities, “European Governance: A White Paper, Brussels,” 2001, p. 110.

② G. P. E. Walzenbach Introduction: The Ambiguity of Multi-level Governance in G. P. E. Walzenbach ed, European Governance: Policy Making between Politicization and Control, Ashgate Publishing Limited, 2006, p. 1.

③ S. Lavenex, “EU external governance in ‘wider Europe’,” *Journal of European Public Policy*, Vol. 11, No. 4, 2004, p. 683.

④ Jachtenfuchs, Markus, “The Governance Approach to European Integration,” *Journal of Common Maarket Studies*, Vol. 39, No. 2, 2001, pp. 245 – 264.

向的，参与性的且以过程为导向的政策制定，即“网络治理”模式管理下的地区。

作为一个强有力的地区性行为体和作为一种规范性力量，欧盟从成立之初就怀有将其规范和价值超越边界，推广欧盟的成功经验，超越地区性力量，对欧盟周边进行整合进而达到外部区域“欧洲化”（Europeanization）的使命感。欧盟价值观输出的使命感体现在其外部治理中就是对于半内部国家（semi-insiders）的扩大政策以及半外部国家（semi-outsiders）的睦邻政策。半内部国家是指入盟候选国家和潜在入盟国家：签署《欧洲联系国协定》（European Association Agreement，AAS）的土耳其、黑山、马其顿和受联系与稳定进程（The Stabilization and Association Process，SAP）规制的阿尔巴尼亚、波黑、塞尔维亚；半外部国家主要指欧盟的睦邻政策国家（European Neighborhood Policy Countries，ENP Countries）：其中包括东部伙伴关系政策对象国：白俄罗斯、乌克兰、摩尔多瓦、格鲁吉亚、亚美尼亚、阿塞拜疆；地中海伙伴关系对象国：叙利亚、黎巴嫩、约旦、以色列、巴勒斯坦民族权力机构、埃及、利比亚、突尼斯、阿尔及利亚与摩洛哥。①

欧盟从法理角度也对此明确规定，《欧洲联盟条约》第八条第一款：“欧盟应与其邻国发展特殊关系，以建立以联盟为价值观的基础，以建立在合作基础上的紧密的和平关系为特征的睦邻繁荣区域。”② 该条款为欧盟开展对周边国家的外交活动提供了明确的指导方向。在此基础上，条约明确了进一步的实施意见，即联盟可以与有关国家签订特别协议。此类协议可以包括互惠的权利和义务，以及共同采取行动的可能性。同时条约还要求对签署的协议进行定期磋商。条约的指导方向与具体实施措施，为欧盟与周边第三国关系提供了可行路径和规则要求，也为欧盟外部治理的实施提供了法律基础和

① Kristi Raik, “The EU as a Regional Power: Extended Governance and Historical Responsibility,” in Hartmut Mayer and Henri Vogt, eds., *A Responsible Europe? Ethical Foundations of EU External Affairs*, London: Palgrave Macmillan, 2006, pp. 69 – 70.

② Treaty of Lisbon, https://eur-lex.europa.eu/legalcontent/EN/TXT/?uri=OJ:C:2007:306:TOC.

行动条件。

欧盟外部治理中的扩大方式具有的一些决定性要件：首先是入盟申请国必须是功能性国家或者具有“国家性”特征，不能是面临分裂的国家或者从国际法考量根本算不上一个国家（比如，某些种族群体），能设法在入盟前培育“国家性”，这是与欧盟谈判的前提；其次是欧盟施加条件限制具有一定的封闭性，即入盟申请国面临非此即彼的选择，要么接受欧盟的强制性干预要求，要么放弃，一些学者称这种办法为“胡萝卜加大棒政策”。这种表述实际上就是指肯定性条件限制和否定性条件限制，有时候也叫前置性条件和后置性条件，而最具代表性的表述是肯定性条件限制和否定性条件限制。其具体含义是：“如果一个国家（通常是指要加入欧盟的）履行了欧盟预先规定要求，就会给予这个国家相关甚至是额外的利益；如果一个国家违反了欧盟制定的政治和法律标准，那么现在正在享受的利益将会被中止或者收回。”① 因为欧盟作为一个民主稳定器（democracy stabilizer）的意义会因为无限制的扩大而失去动力。欧盟扩大政策虽然不会改变，但是时间和速度将会有调整。因此，在运用扩大这一外部治理工具时，欧盟虽没有停滞不前，但也变得极为谨慎。鉴于欧盟内部整合和其行动能力的诸多困境，和欧盟东扩后的复杂的安全环境，欧盟 2004 年推出了欧洲睦邻政策（European Neighborhood policy），将其对半外部国家的治理作为外部治理的重点，即以欧盟条件性为前提，通过推广价值与规范来影响和塑造周边国家，实现从“扩大式欧洲化”到“睦邻式欧洲化”的重心转移。

欧盟的外部治理不是要在扩张与深化（wider vs. deeper）之间做出一个单一选择，而是要继续依靠欧洲睦邻政策这一可行的路径，对没有

① 很多西方学者在提到欧盟东扩政策的时候都提到“胡萝卜加大棒政策”（Carrot and Stick），Christian Pippan，“The Rocky Road to Europe：The EU’s Stabilisation and Association Process for the Western Balkans and the Principle of Conditionality，” *European Foreign Affairs Review*，No.9，2004，p. 244。

入盟前景的周边国家进行“内部政策的外部扩展”。[①] 让欧盟的扩张和深化都能并行不悖。欧盟近期的扩大不能作为推延深化的借口，而深化欧盟功能的愿望也不能作为阻挡新的候选国加入的理由。欧洲睦邻政策其宗旨是想要促进欧盟邻国经济繁荣、政治稳定和地区安全。和扩大政策一样，睦邻政策运用所谓的积极条件性，即以各种形式的奖励和福利来促进和鼓励周边国家的改革进程，促使周边国家向欧盟提倡的制度和规范靠拢。当周边国家履行其承诺，加强法治，民主和尊重人权，促进以市场为导向的经济改革，在关键外交政策目标，如反恐怖主义和不扩散大规模杀伤性武器方面与欧盟合作。

① 融超国家治理和政府间治理于一体的外部治理模式作为欧盟独特的政治实践，在20世纪90年代欧盟东扩开始后得到广泛关注，随着治理理论的发展成熟，欧美学界已有部分学术论著对此进行专门阐发。参见 L. Friis and A. Murphy, “The European Union and Central and Eastern Europe: governance and boundaries,” *Journal of Common Market Studies*, Vol. 37, No. 2, 1999, pp. 211 – 232; M. S. , Filtenborg, S. Canzle and E. Johansson, “An alternative theoretical approach to EU foreign policy ‘Network governance’ and the case of the Northern Dimension initiative,” *Cooperation and Conflict*, Vol. 37, No. 4, 2002, pp. 387 – 407; A. Myrjord, “Governance beyond the Union: EU boundaries in the Barents Euro-Arctic region,” *European Foreign Affairs Review*, Vol. 8, No. 2, 2003, pp. 239 – 257; Sandra Lavenex, “EU external governance in ‘wider Europe’,” *Journal of European Public Policy*, Vol. 11, No. 4, 2004, pp. 680 – 700; Benita Ferrero Waldner, The European Neighbourhood Policy: The EU's Newest Foreign Policy Instrument European Foreign Affairs Review 11, 2006, pp. 140 – 152; Michael W. Bauer, Christoph Knill, Diana Pitschel, Differential Europeanization in Eastern Europe: The Impact of Diverse EU Regulatory Governance Patterns, *Journal of European Integration*, Volume 29, Issue 4, 2007, pp. 405 – 423; Sandra Lavenex, “A governance perspective on the European neighbourhood policy: integration beyond conditionality?” *Journal of European Public Policy*, Volume 15, Issue 6, 2008, pp. 938 – 955; Sandra Lavenex, EU rules beyond EU borders: theorizing external governance in European politics, *Journal of European Public Policy*, Volume 16, Issue 6, 2009, pp. 791 – 812; Julia Langbein, “European Union Governance towards the Eastern Neigbourhood: Transcending or Redrawing Europe's East-West Divide?” *Journal of Common Market Studies*, Volume 52, Issue 1, January 2014, pp. 157 – 174; Gergana Noutcheva, “Institutional Governance of European Neighbourhood Policy in the Wake of the Arab Spring,” *Journal of European Integration*, Volume 37, Issue 1, 2015, pp. 19 – 36。

第二节　欧盟外部治理的路径：三种治理模式

在欧盟扩大的背景下，鉴于大量政策的转变和对非成员国的接纳，对欧盟周边进行整合进而达到外部区域“欧洲化”的过程中，欧洲治理规则在内容，有效性以及组织环境上较少改变（过渡时期除外），将治理的概念运用到欧盟东扩背景下强调“条件性治理”的优势，即欧盟规范在地理，领土上的扩张主要是在候选国有条件的承诺下完成的。[①] 其他“欧洲化模式”如社会学习，经验学习仅仅在入盟的过程中起到相对较小的作用。[②] 2004 年的大规模东扩结束后，现在周边国家加入欧盟的可能性降低了，欧盟条件性随之失去其优势，外部治理和欧洲化的其他机制和条件性的更新被更多关注，即分析和解释欧盟的政策规范在正式成员国之外适用范围的扩大。目前关于欧盟外部治理模式的文献，研究重点已经不再局限于申请加入欧盟的候选国了。[③] 学者们仔细地分析了欧盟与其西、东、南部邻邦之间关系中出现的不同的外部治理模式，这些模式分析了外交安全政策领域到贸易、能源以及环境政策等不同领域的功效以及对推进西方式民主化进程的功效。[④] 外部治理模式

---

① F. Schimmelfennig and U. Sedelmeier, “Governance by conditionality: EU rule transfer to the candidate countries of Central and Eastern Europe,” *Journal of European Public Policy*, Vol. 11, No. 4, 2004, pp. 661 – 679.

② F. Schimmelfennig and U. Sedelmeier, *The Europeanization of Central and Eastern Europe*, Ithaca, NY: Cornell University Press, 2005.

③ S. Lavenex and E. Uc¸arer, “The external dimension of Europeanization,” *Cooperation & Conflict*, Vol. 39, No. 4, 2004, pp. 417 – 443.

④ L. Friis and A. Murphy, “The European Union and Central and Eastern Europe: governance and boundaries,” *Journal of Common Marked Studies*, Vol. 37, No. 2, 1999, pp. 211 – 232; H. Grabbe, *The EU's Transformative Power: Europeanization Through Conditionality in Central and Eastern Europe*, Basingstoke: Palgrave Macmillan, 1999; F. Schimmelfennig and U. Sedelmeier, *The Europeanization of Central and Eastern Europe*, Ithaca, NY: Cornell University Press, 2005.

从科层制包括第三国对预定的和法律上的约束项（通常是通过条件性的使用）的适应发展到了“多层次治理”，即采用更多的横向网络治理和交流模式。在这种模式下，欧盟规范以更具有参与性的方式扩张发展。

目前哪一种外部治理模式在欧盟处理与邻国关系时在政策范围内占主导地位？将政治体系下的理想的治理类型与欧盟的外部治理经验结合可以区分三种基本的治理形式：科层制、网络系统和市场治理模式（参见表2—1）。外部治理模式既可以从“宏观层面”上分析欧盟与周边国家总的体制结构，如欧洲睦邻政策，或者适用于从东部伙伴政策领域或欧盟地中海伙伴关系计划等“中观层面”的研讨。①

表2—1　欧盟外部治理的三种模式

	行为体系统排列	制度化	规则扩张机制
科层治理模式	垂直的： 主导和从属关系	严格的、正式的	和谐
网络治理模式	水平的：正式的 平等伙伴关系	中等严格的、 正式和非正式的	协商
市场治理模式	水平的：正式的 平等伙伴关系	松散的、非正式的	竞争

一、科层治理模式

当行为体之间存在统治和从属的正式关系时，科层治理（Hierarchical governance）就产生了。科层治理是以和集体约束力的相联系的规则和排斥性条款为基础的。在现代国家，这个功能是通过立法发挥作用的，这些规则的定义是权威的、可执行的，一旦遭到违背，违背方可能受到制裁。统治的制度化和规则的权威性都得到了“被统治者”的隐

① Gjovalin Macaj and Kalypso Nicolaïdis, “Beyond ‘one voice’? Global Europe’s engagement with its own diversity,” Volume 21, Issue 7, 2014, pp. 1067 – 1083.

含默许。[①] 统治者与被统治者之间的垂直关系暗示了这种影响力是以非对称的方式发挥作用的。在不同领域层面，科层治理描述了一种操纵性的指导模式，这种模式是以正式而明确的规则为基础的，且这些规则是没有商量余地，具有法律约束力的，同时是由统治者实施的。

在欧盟一方，科层制与政策制定中传统的“共同体方式”紧密相连。这种治理模式基于超国家组织的存在，且超国家组织致力于制定合法化的超国家法律，并由欧洲法院批准和执行。尽管欧盟通过有效多数与成员国在政策制定上进行竞争，且欧共体法的规定本质很接近科层治理模式。在行业层面，科层制治理涉及到欧洲法规中对明确可执行的超国家法的高度综合。科层制是描述优势方和从属方的一种关系：其中一方单方面扩大了其管制的边界，作为欧盟扩大政治中外部治理主要方式之一，这种模式主要表现出与“传统治理”或“政府”相关的特性。[②] 在某种意义上说这是分等级的，科层制治理通过垂直指挥的过程来运作，在其中，欧盟向入盟候选国家转移预先决定的，没有经过协商的规则，同时欧盟通过定期监督机制确保对象国的服从并以此实现垂直控制的过程。涉及的主要行为体包括超国家组织与政治的、高层次的第三国家代表。虽然本质上描绘了权力不对称和激励机制存在的景象，但是这种互动模式也预示着高度的内部共同体化，具有很强的超国家层面的欧盟，既有法规的存在，以及欧盟—第三国家关系的对外制度化。

在欧盟对外关系的层面上，科层制这一术语必须受到进一步的限定。从形式上看，非成员国对欧盟保留完整的主权。然而从非正式的角度看，外部治理的某些形式与科层制体系是很接近的，且通过立法渐渐入侵第三国自治权。虽然欧盟睦邻政策就其本身而言，与西方邻国之间缺少一定程度内在的法律形式化的联系。但是从经济角度看，规则扩张的结构所包括的明确的规则与正式的程序，监督和制裁的存在与层次结构是相关的，作为外部激励机制，包括自上而下的政策性转移模式。对

① S. Lavenex and N. Wichmann, “The external governance of EU internal security,” *Journal of European Integration*, Vol. 31, No. 1, 2009, pp. 83 – 84.

② H. Grabbe, *The EU's Transformative Power*: *Europeanization Through Conditionality in Central and Eastern Europe*, Basingstoke and New York: Palgrave Macmillan, 2005, pp. 25 – 26.

于条件性条款的有效运用也是必要的先决条件。[①] 有学者提到了欧盟外部影响力的固化形式，他们把它称作“强制性影响”（compulsory impact）或“顺从性影响”（compliance）。[②] 在实践中，欧盟特别是在针对中东欧地区的扩大进程中，超越边界的治理塑造了其邻国的价值和身份。[③] 扩大政策一直是欧盟用以扩展其安全与民主空间的最有效和最主要的工具，极大地促进了欧洲的和平与繁荣，也是欧盟运用软实力的成功范例。欧盟依靠自身强大的经济实力和优越的价值与制度，用严格的条件性约束和塑造了周边的候选国，强制和诱导这些国家心甘情愿地顺从和适应自己的价值观和科层制外部治理模式。

二、网络治理模式

相对于科层结构，网络治理（network governance）结构描绘了一种关系，在这种关系中行为体在形式上是平等的。在制度层面各行为体有平等的权利，任何一方都不能在未经另一方同意的情况下约束对方。但这并不排除权力不对称的可能性。科层体系通常致力于制定具有约束力和权威性的法律，而网络结构通常会基于双方协议产生较少的约束手段，会规定互动程序的模式而不是规定最终的政策解决方案。有时，网络结构也被称为“协商制度”，其中的利益冲突不是通过法律和审判来解决，而是在交涉或辩论的基础上通过谈判和自愿协议解决。[④]

在欧盟，网络治理已经对共同体的决策方法构成了挑战，尤其是在那些由于缺少协调性而不能把立法权让渡给欧盟的政策领域。这种“决

① F. Schimmelfennig and U. Sedelmeier, *The Europeanization of Central and Eastern Europe*, Ithaca, NY: Cornell University Press, 2005, pp. 664 - 665.

② M. Bauer, C. Knill and D. Pitschel, “Differential Europeanization in Eastern Europe: the impact of diverse EU regulatory governance patterns,” *Journal of European Integration*, Vol. 29, No. 4, 2007, p. 405.

③ Schimmelfennig, Frank, *The EU, NATO and the Integration of Europe: Rules and Rhetoric*, Cambridge: Cambridge University Press, 2003, p. 270.

④ Peter Nedergaard and Mads Dagnis Jensen, “The anatomy of Intergroups-network governance in the political engine room of the European Parliament,” *Policy Studies*, Volume 35, Issue 2, 2014, pp. 192 - 209.

策不立法”的形式只是松散地耦合到联盟的正式立法机构上，且分散于部门性的专门管理机构中，如代理机构，委员会或政策组织。这些网络结构的构成通常是基于各个方面的专业知识，而不是政治立场，构成此类网络治理的除了包括来自各成员国的公务员，还包括私营部门或其他国际组织。

当我们将网络治理模式运用到欧盟的对外关系中去时，网络治理体现了强有力的制度化和持续协调的态势。这里的规则扩张是通过国家间规则的协商实现的，而不是通过“自上而下”实施欧盟法律法规的途径。① 网络治理同样体现在欧洲睦邻政策中。涉及行动计划的细化，对进程进行评估，尝试在小组委员会的框架和部门专家参加欧盟的机构和项目的可能性下建立部门专家之间稳定的沟通。但是，网络治理更富有成果的层次是在部门层次。在该层次，欧盟内部网络治理已经有一部分扩展到包括第三国代表在内的阶段了。

欧盟外部治理的重要特点是努力加强其周边地区的政治稳定和经济发展，积极预防冲突。因而欧盟不断对外输出一体化模式的规范和原则。② 欧盟创立了一个建立在双边国际协定基础之上的发达的网络。自1995 年以来，与周边国家达成的协定都包含这样的规则：如果该国不尊重人权和民主原则，则签订的国际协定往往就会中止。欧盟建立了若干为第三国提供财政支持的项目。比如，为地中海国家和地区设立的欧盟地中海合作计划（MEDA），项目的设计是为了支持地中海区域的邻国经济发展、加强民主与法制、建设市民社会、保持媒体独立和性别平等。尽管有声音要反对欧盟国际行为模式在周边国家的简单复制，但是这一模式本身就是在通过一体化的结构，引入共同的目标将规范性的方式和利益相联系，来达成一个更加完善的秩序并且取得更好的外部治理效果以及彰显一种新的网络治理化模式。

以周边国家的自愿为基础和进程为导向，网络系统为基于社会化，

---

① A. Magen, “The acquis Communautaire as an instrument of EU external influence,” *European Journal of Law Reform*, Vol. 9, No. 3, 2007, p. 365.

② ［比利时］尤利·德沃伊斯特、门镜著，门镜译：《欧洲一体化进程——欧盟的决策和对外关系》，北京：中国人民大学出版社，2007 年版，第 91 页。

以社会学习和交流为基础的影响机制提供了有利环境，网络治理的进程，如协商过程，共同所有权和互动密度有可能提高规则的合法性，因而有利于规则的扩展。这使得激励机制的规模与监督和惩罚的公信力形成对比，从而作为在科层背景下规则扩展的条件。更重要的是，在科层治理模式中，欧盟的规则为治理提供了一个固定的制度模板。但需要了解的是第三国是否以及在何种程度上接受欧盟的规则。相比之下，网络治理给谈判各方更多的回旋余地，可以在其他的共同规则，如国际规则，或新的联合谈判规则的基础上进行。

结合较新的治理文献与体制分析方法来看，已成型的理论模式认为，欧盟网络治理模式可以延伸到欧洲睦邻政策对象国，在那里利益趋同和执法问题较少。呼应（新）功能假设，这是最有可能在技术领域进行功能性合作的情况。然而，网络治理的要求很高。特别是它以一定程度的非集权化，资源和公民社会权利为前提，而这些在欧洲睦邻政策对象国难以实现。相反，在政治化或“高层政治”下，可以期望欧盟通过更多的等级手段和制约条款来寻求影响力。然而，由于缺乏强有力的影响力，它仍然可能采取默认的网络治理模式。在这两种情况下，当任何欧盟邻国缺乏治理能力，或当网络被用来弥补影响力的缺乏时，不对称的影响力普遍存在，从而导致了欧盟与邻国间关系的不平等现象。

这种区别就是欧盟政治秩序中各种界限的分化，特别是所谓的“合法”与“制度”的界限之间的关系。[①] 合法（这里指监管）的边界是指欧盟规则或政策对非成员国的监管范围扩大，而制度（这里指组织）的边界是指在欧盟决策组织中纳入非成员国。网络治理的概念描绘了平衡性、参与性、灵活和包容性的治理框架结构，这与垂直、官僚主义的科层制治理概念形成鲜明对比。虽然在科层制一体化模式下，制度上的一体化会是“正式成员的代名词”，网络治理的推进和政策制定机构的功能化，为中央立法机构下的制度包容带来了新的机遇。[②] 相对于有条

① M. Smith, "The European Union and a changing Europe: establishing the boundaries of order," *Journal of Common Market Studies*, Vol. 34, No. 1, 1996, pp. 5 – 28.

② Martino Maggetti, " The Politics of Network Governance in Europe: The Case of Energy Regulation," *West European Politics*, Volume 37, Issue 3, 2014, pp. 497 – 500.

件地转移预定的合法欧洲法规，这仅仅能扩大欧盟的监管边界。而网络治理作为一种面向过程的决策模式，相当于施加影响的结构模式，因为它允许在原则上同时延伸管理和组织边界。

三、市场治理模式

市场模式（market governance）是外部治理的第三个基本模式。市场治理模式的成效是形式上自主的行为体之间竞争的结果，而不是科层体系下协商或网络层级协调的结果。虽然政治学文献通常并不把市场作为治理的一种形式，因为它们缺乏总的规则制度，而这又是政治制度的特征。但是，竞争有时作为政治市场互动的制度化形式被包含在新的治理方法中。

欧盟坚持认为，制度化的市场治理模式以相互认可原则为典型形式，至少在运用它的单一市场原则中是这样的。相互认可解放了监管的动力，即根据消费者的需求，最有竞争力的产品和服务将获胜。这可能会导致以生产和服务标准为基础的规则产生类似立法的效果。① 但是作为竞争压力的结果，监管调整也可能发生在缺少相互认可的制度化情况下。

在外部领域，相互认可的原则已经通过单一市场法规逐步扩展到欧盟的周边邻国。欧盟东部伙伴关系计划（European Eastern Partnership，EEP）是欧盟规范对象化的主要对象。2009 年 5 月起欧盟与乌克兰、摩尔多瓦、白俄罗斯、亚美尼亚、阿塞拜疆和格鲁吉亚这六个东部邻国现有合作工具“欧洲睦邻政策”（European Neighborhood Policy，ENP）基础上的“深化和加强版”。欧盟旨在通过在政治、经济、社会等各领域逐一对六个东部邻国进行“欧洲化改造”的漫长进程。在政策层面就是欧盟将与这些国家建立自由贸易区，让东部邻国进入欧盟单一市

① Ilona M. Otto，Veronika Chobotova，“Opportunities and constraints of adopting market governance in protected areas in Central and Eastern Europe，” *International Journal of Comments*，Vol. 7，No. 1，2013，pp. 34 – 57.

场，在理论层面就是将欧盟规范实体化，通过检验欧盟施加于其邻国的影响力是否足以推动各国进行国内政治改革来评估其外部治理的成效。

欧盟规则对于接受和顺从它们的周边国家来说，既可以产生积极的影响，又可以产生消极的影响。因为忽视或违背它们将加重（机会）成本。这种外部治理明显是由欧盟内部市场和竞争策略导致的：有兴趣加入欧盟市场的企业需要遵循欧盟的规则。这符合竞争性治理模式。[①] 可能会影响社会行为体（如公司和商业协会）和政府（诱导其改变规则和政策从而与欧盟一致）。最后，欧盟本身以及它的一体化进程和策略也可能为周边地区、国家和社会行为体提供一种模式，这种模式被认为适合解决他们的问题。这种间接的影响被称为“经验学习”“特意模仿”“使其影响”，并可能适用于政府以及非国家行为体。[②]

第三节 欧盟外部治理特征：基于国际关系理论的解释

当周边国家或国际组织与欧盟的相互依存度较高，或适应欧盟模式满足周边国家或国际组织的利益，那么外部治理模式就会逐渐形成。由于欧盟对外行动的依据通常是欧盟既有法规（European Aquirare），而欧洲价值观的持续宪法化和传统国内政治领域如环境，竞争或移民政策的深入一体化都在迅速拓展出欧盟外部治理的维度，这是针对非欧盟正

① M. Bauer, C. Knill and D. Pitschel, “Differential Europeanization in Eastern Europe: the impact of diverse EU regulatory governance patterns,” *Journal of European Integration*, Vol. 29, No. 4, 2007, pp. 405 – 406.

② T. Diez, S. Stetter and M. Albert, “The European Union and border conflicts: the transformative power of integration,” *International Organization*, Vol. 60, No. 3, 2006, p. 573.

式成员的内部规则和政策的延伸，也是外部治理概念的重点。①

一、新自由制度主义的解释

从制度主义的角度来看，欧盟外部治理模式通常是由既有的欧盟体系塑造的。欧盟既有体系为欧盟政策、规则和治理方式的外化提供了模板，也给出了治理效果的条件性。因此，根据制度主义的解释，我们期望外部治理的模式能反映决策的内部结构，即欧盟在处理与周边国家关系中到底选择了哪一种治理模式，是科层制、网络治理还是市场模式？要么作为一个高度不确定政策环境下的效仿模式，或者是已经充分的内化为自身的发展模式。从更加理性的制度主义角度来看，这可能代表了对现有问题的最佳解决方案，又或者欧盟可能只是在法律上有义务向周边国家推行他们的体制结构（反之则采取制裁）。

外部治理的有效性可能也被视为对于现有的欧盟机构的依赖程度。一般制度主义的假设认为治理效果会随着法制化或合法化而增强。一方面，欧盟规则越明确，越有约束力，越能强制执行，他们就越有可能被欧盟边界外的区域采纳和实施。② 这使得科层制的治理模式最有可能导致欧盟规则的有效转移，因为此模式下的规则通常比在网络和市场模式下的规则更有可能合法化。强有力的监督和制裁促进了规则采纳和规则应用。另一方面，外部治理的有效性会随着所讨论的规则在国际上的合法化而增强。一项欧盟的规则在欧盟内部越是得到支持和遵守，它越容易与欧盟外的国际规则接轨，而且第三国越有可能接受它作为谈判的基础，越有可能采纳和应用该规则。③

总之，制度主义的解释证明了欧盟外部治理的模式和有效性取决于

① S. Lavenex, D. Lehmkuhl and N. Wichmann, "Modes of external governance: a cross-national and cross-sectoral comparison," *Journal of European Public Policy*, Vol. 16, No. 6, 2009, pp. 813 - 833.

② K. W. Abbott, R. O. Keohane, A. Moravcsik, A. - M. Slaughter and D. Snidal, "The concept of 'legalization'," *International Organization*, Vol. 54, No. 3, 2000, pp. 401 - 402.

③ F. Schimmelfennig and U. Sedelmeier, *The Europeanization of Central and Eastern Europe*, Ithaca, NY: Cornell University Press, 2005, p. 19.

现有欧盟机制本身。因此，欧盟外部治理产生了三个基于制度主义假设：（1）外部治理的模式遵循内部治理的模式。（2）外部治理的有效性随下列因素增强：规则合法化；规则的正统性。（3）外部治理的科层制模式是最有效的治理模式。

二、现实主义权力政治的解释

基于现实主义权力政治的解释表明，外部治理是由下列因素决定的，包括欧盟的权力、欧盟与第三国的相互依赖关系，以及在全球范围内与“治理供应者”（governance providers）的竞争，全球层面竞争者主要有美国和俄罗斯，还有联合国或布雷顿森林体系下的国际组织，他们都在对外输出规范。现实主义观点认为，欧盟外部治理的模式并不符合欧盟内部的体制结构，而和权力与相互依存的外部结构相一致。科层治理模式要求欧盟周边国家不仅要非常依赖欧盟，而且不能依赖其他可供选择的治理供应者——就像欧盟东扩时欧盟候选国别无选择那样。如果没有这种高度不对称的相互依赖性支持，欧盟将无法对周边国家实行科层治理。市场治理的前提是有效的市场一体化，而不是依靠一个占主导地位、集中治理的供应者。由此在市场治理的模式下，国家之间相互依赖程度较高且对称。相比之下，网络治理则体现了对称的权力关系和中等程度的相互依赖。当然，如果没有相互依赖则不能产生治理要求。网络治理中制度化的沟通协调机制弥补了主导性权力（要求建立科层制来输出规范）的缺失和市场一体化需求（对于通过竞争来输出规范是必需的）。

从这个角度来看，权力与相互依赖也促进了外部治理的有效性。无论是邻国基于合作目的选择了欧盟规则（而不是其他规则），还是后来在国内采纳并运用这些规则，这都取决于欧盟与邻国讨价还价的能力。根据以权力为基础的解释，入盟谈判就是体现欧盟谈判能力的典型体现。在入盟进程中，欧盟提供了一个非常有力的激励措施。与此同时，候选国通常更加依赖欧盟，渴望加入共同体，反之亦然。这将欧盟推到这样的位置，在该位置上，它可以要求欧盟现有法规的完全转移。因此，入盟谈判以候选国快速并大规模采用欧盟规则为特点。在欧盟扩大之外，欧盟与周边国家讨价还价的谈判能力很弱，且针对不同国家采用不同措施。基于权力的解释可以对外部治理的效果做出同样的预测。制度主义和以权力为基础的解释都认为科层治理模式是最有效的一种，但是他们各自的理由是不同的。制度主义将有效性归功于高度法制化（以及合法性），以权力为基础的解释认为占优势的欧盟强权是科层治理最有效的原因。

总之，以权力为基础的解释表明，欧盟外部治理的模式和有效性随欧盟与第三国之间权力与相互依赖的国际结构的变化而变化。因此，欧盟外部治理产生了三个基于现实主义的假设：（1）外部治理模式随权力与相互依赖的结构变化而变化：高度不对称的相互依赖有利于产生科层治理模式；高度对称的相互依赖性有利于产生市场治理模式；中等程度（包括对称和非对称）的相互依赖有利于产生网络治理模式。（2）外部治理的有效性随治理供应者的能力增强而增强。（3）科层治理是最有效的一种外部治理模式。

三、基于国内制度结构的解释

第三种解释认为欧盟的外部治理模式和有效性取决于邻国的国内格局。对于采纳何种治理模式，应寻求国内政治和国际治理在体制结构方面的类似之处或相容之处。就这点而言，这种解释与国际制度学者对于欧盟内部和外部治理模式的假设相似。正如制度主义学者假设的那样，一方面，科层制治理需要法治（rule of law）体系的作用力以及强有力的行政贯彻和执行能力。而市场治理离不开经济的高度自由。相应地，网络治理以去中心化和国家结构中不同的领域为前提，在这种结构下专家和利益相关者可以参与治理；另一方面，治理对象国家的行为体更能够接受与他们国内体制结构相一致的外部治理模式。因此，欧盟外部治理模式被视为“常规”且合理的。

周边国家的国内格局也会以相似的方式影响欧盟外部治理的有效性。首先，如果欧盟的相关规定与周边国家国内的法律、传统以及惯例融合得很好，那么他们将很容易被选取、采纳和应用。其次，就是被称作周边国家国内制度的“欧盟兼容性”（EU compatibility）。[①] 周边国家越是在国家类型、社会以及行政管理方面与欧盟成员国、欧洲多层次体系相似，那么就与欧盟的规定契合度越高。在这种情况下，经济和行政自治以及开放政策将推进他们对欧盟规则的选择与采纳，并且他们也将通过强有力的内部治理能力推进欧盟规则的实施。与涉及候选国参与欧洲一体化进程的观察所述一致，我们也能预测欧盟外部治理的有效性会随反对派的增多而下降，他们认为采纳并执行欧盟规则的治理成本将会大幅增加。[②]

简言之，从国内格局的角度来解释，我们可以认为欧盟外部治理的模式和有效性并非受到国际体制和权力的影响而是取决于与第三国国家体制与欧盟的融合度。基于国内结构的解释，我们可以给出两条假设：（1）欧盟外部治理模式取决于第三国的国内治理模式。（2）影响外部治理有效性增强的因素是：与欧盟规则的相似性；欧盟与第三国国内体制的契合度；各种反对者数量的减少。

总之，三种国际关系理论对欧盟外部治理模式的解释各有侧重，无论如何在强调体制、权力以及国内结构对于欧盟外部治理的解释的同时，当然不排除体制、权力以及国内结构之间的相互作用。欧盟作用于其扩大过程中的两种治理形式进行了区分：第一是软治理（soft governance），意指欧盟成员的行为要符合欧盟既有制度的限制性条件，而那些表现良好的候选国家就是吸收包括民主和法治在内的欧盟价值规范，这就促进了一种非正式的欧盟模式的传播。第二是硬治理（hard govern-

① E Drieskens, “The compatibility of internal and external reform,” in Edith Drieskens, Louise G. van Schaik eds, The EU and Effective Multilateralism: Internal and External Reform Practices, Routledge 2014, pp. 186－187.

② F. Schimmelfennig and U. Sedelmeier, “Governance by conditionality: EU rule transfer to the candidate countries of Central and Eastern Europe,” *Journal of European Public Policy*, Vol. 11, No. 4, 2004, pp. 664－665.

ance），指通过协商促进体系的形成和对共同分享的目标的追求，即在治理体系的框架内正式的和以目标为导向的行为。①

与科层制治理模式相比，欧盟网络治理模式具有三种不同功能（见表2—2）：一是信息网络主要用于在欧盟和对象国之间传播政策的相关知识和促进行动；二是执行网络主要侧重于加强国家监管机构间的合作，以此实施并执行现有法律和规则，无论这些法律和规则是国家的、国际的还是欧盟层面的。当增加更多的合作执行结构到单方面的决策结构中时，这些网络可以更多地补充科层制互动模式；三是监管网络是网络治理中最强大的，因为他们有一个隐含或明确的法律授权，并着眼于在特定的政策领域制定共同的规则和标准。在目前为止，因为它们是包容和自愿的，这些多层次网络是区域一体化的最优选择。超越欧盟边界的网络治理包括其管理和组织边界的同步扩张。网络治理具有注重进

表2—2　欧盟外部治理的模式——基于国际关系理论的解释

<table>
<tr><th colspan="2">治理模式</th><th>工具</th><th>机制</th><th>行为体</th><th>边界变化</th></tr>
<tr><td colspan="2">科层制治理</td><td>欧共体和欧盟法律，明确要求，制约条件，监督</td><td>转移政策</td><td>超国家的欧盟机构和委员会以及第三国家</td><td>只有监管边界改变</td></tr>
<tr><td rowspan="3">网络治理</td><td>信息网络</td><td>自愿的工具，面向过程的：数据，信息，最佳实践</td><td rowspan="3">协商</td><td rowspan="3">多层次和多中心的跨政府和跨国家的，包括机构、国际组织、公共和私人行为体</td><td>监管和组织边界非常温和的改变</td></tr>
<tr><td>执行网络</td><td>包括信息网络的工具+可操作的，合作，能力构建</td><td>监管和组织边界温和的改变</td></tr>
<tr><td>监管网络</td><td>包括信息网络的工具+基准的采用，通用标准</td><td>监管和组织边界强有力的改变</td></tr>
</table>

① F. Schimmelfennig and U. Sedelmeier, "Governance by conditionality: EU rule transfer to the Candidate Countries of Central and Eastern Europe," *Journal of European Public Policy*, Vol. 11, No. 4, 2004, pp. 661 – 679.

程、水平化、包容性的属性，允许规范和规则的扩展伴随着决策过程和实践的开放式参与。治理安排的包容性进一步表明，这些通常会采取“多层次”结构的行为体，可能不仅涉及国家，而且涉及次国家、超国家和国际行为体，以及非国家行为体。网络治理的组成可能会导致合作的非政治化，因为参与者是专家和在专业问题领域的技术官僚，而不是代表一个国家的国家利益的人。由于省略了立法领域及其机构（理事会、议会和委员会），这种互动模式，为组织功能的形式的合作模式开辟了道路，如机制化机构（如欧洲环境局）、协调机构（如欧洲刑警组织），或不太正式的政策网络机构，如“深入和全面的自由贸易协定”（DCFTAs）。

第四节　欧盟外部治理的成效评估

“有效的多边主义”是欧盟推动全球治理的主要路径，但是在欧盟外部治理中，欧盟仍然强调双边关系的重要性，治理遵循了不同部门的、具体政策的逻辑。虽然外部治理被制度化于一个诸如欧洲经济区或者欧洲睦邻政策的总体框架内，实际上欧盟规则的扩展遵循着不同部门的路线而非这些宏观制度化的特点。外部治理是由治理中的具体问题如何解决以及权力与相互依赖模式塑造而成的，这有助于区分治理的方式和有效性。

欧盟既有法规已经成为欧盟与第三国签订联系协定时的标准。问题是候选成员国之外的第三国实际适应欧盟规范程度的研究成果极为缺乏。欧盟外部治理的成效评估可以依据欧盟的规则有效地转移到周边国家的程度差别加以判定。① 具体效果可以根据以下三方面的推进程度加以测评，即第三国在国际谈判和协议过程中的规则选择，国内立法中的

---

① S. Lavenex and N. Wichmann, “The external governance of EU internal security,” *Journal of European Integration*, Vol. 31, No. 1, 2009, pp. 94 –98.

规则采纳以及在国内政治和行政实践中的规则运用（参见表2—3）。

表2—3　外部治理的效力

<table>
<tr><th></th><th>级别</th><th>效力</th><th>可能的结果</th></tr>
<tr><td>规则选择</td><td>国际谈判和协商</td><td>欧盟规则（或共同规则）是谈判和协商的焦点</td><td rowspan="2">欧盟规则成为其他国际组织，其他国家或者第三国的规则</td></tr>
<tr><td>规则采纳</td><td>国内立法</td><td>欧盟规则（或共同规则）被纳入国内法律行为</td></tr>
<tr><td>规则运用</td><td>国内政治与行政实践</td><td>欧盟规则（或共同规则）被贯彻执行</td><td>行为忽视或违反欧盟规则或共同规则</td></tr>
</table>

第一，规则选择与欧盟和第三国进行国际谈判并达成协议的级别是有关系的。这可以用以测评欧盟规则在处理欧盟与第三国的关系时是否可以或者可以在多大程度上得以重视，也是评估欧盟外部治理的第一步。因为在欧盟与第三国关系中，欧盟法规不一定能够主导整个谈判进程。不同于扩大政策的强制性标准，鉴于欧盟与周边国家强有力的政治和经济联系，欧盟仍然可以通过条件性向周边国家施加影响。必须承认自从条件性被注入双方之间平等的伙伴关系，而不是强权国家施行高压政治的工具以来，欧盟规则的输出进程已经推动了对欧盟规则的运用。[①] 该战略经常与美国经常使用的“强权”方式相比较，由此也提高了欧盟规则及其政治条件性的合法性。

第二，为了评估周边国家对欧盟规则的采纳，需要考察通过国际谈判和协商中选择的欧盟规则是否随即转入第三国的国内立法。毫无疑问，这二者有相关性。因为即使第三国可能会接受欧盟的规则作为他们与欧盟谈判的规范性参考，或制定联合规则，但他们最终可能并不会在国内采用这些规则。因此欧盟规则是否以及在何种程度上成为第三国的国内规则构成了欧盟外部治理效果的第二个层次。规则的采纳由欧盟批

---

① Michael E. Smith and Marcela Szymanski, “Coherence and Conditionality in European Foreign Policy: Negotiating the EU-Mexico Global Agreement,” *Journal of Common Market Studies*, Vol. 43, Issue 1, 2005, p. 185.

准协议或通过包含欧盟和共同规则的法律和其他法律文件。改革必须始终出于周边国家内部的意愿。如果这一愿望不存在，再多的外来援助或压力也将不能建立可持续的改革。这就是为什么欧盟不能对周边国家强加改革的根本因素，由于没有入盟的近期前景，且欧盟提供的激励措施远远不如扩大政策优惠，睦邻政策对象国家虽然希望通过与欧盟的合作来增进安全和经济繁荣的目标，但对于与欧盟分享价值观并不一定热衷。

第三，周边国家对欧盟规则采纳并不意味着规则运用。欧盟规则或共同规则是否以及在何种程度上纳入第三国国内立法而且在政治和行政实践中贯彻实施是两个不同的问题。规则应用构成了欧盟外部治理的最深层次的影响。比起入盟资格，欧盟联系国资格并不能保证周边国家稳定、民主和欧洲化的效果。欧盟扩大十年以来，没有一个与欧盟接壤的国家在和欧盟签订联系国协定却没有成为欧盟成员国前景的情况下，被视为欧盟稳定、民主和可靠的政治盟友与经济合作伙伴。[①] 欧盟扩大实施从严从缓战略，在西巴尔干等国入盟问题上，欧盟除了增加入盟条件外，在对部分国家如黑山和马其顿等入盟谈判上采取“基本原则第一”（Fundamental First）的方式，即谈判不再从最容易的部分开始，而是让这些国家始终面临人权、自由、法治和腐败等最大问题开始，直至达到欧盟标准（参见表2—4）。

表2—4　欧盟外部治理的实际模式

	政治方式		监管方式	再分配方式	共同体方式	政治合作
欧盟外部治理现有模式	安全模式危机/冲突预防和处理	外交手段政治协商，外交方式	经济协定：EA，AA，PCA……	技术和财政援助	硬法案：条约指令和规章	软法案：对协议和新的公共管理的标准和承诺

① Ulrich sedelmeier, “Anchoring democracy from above? The European Union and democratic backsliding in Hungary and Romania after accession,” *Journal of Common Market Studies*, Vol. 52, No. 1, pp. 105 – 121.

续表

	政治方式		监管方式	再分配方式	共同体方式	政治合作
期望的结果	和平秩序	民主，尊重人权	自由贸易，市场经济	投资（运输，环境等）	尊重欧盟法律，立法与改革	实施贯彻，更好地相互理解（文化）
制裁	威胁、强制、军事干预（睦邻政策中没有体现）	没有开放的入盟谈判，无入盟前景（睦邻政策中没有体现）	禁运 暂停协议	暂停援助	没有可能通过欧洲法院批准	评估：点名和羞辱
条件性	消极条件性 （终止有利条件如果共同的价值观没有得到尊重）			积极条件性 （援助分配和其他政治奖励）		协商条件性

在理论上欧盟外部治理在不同部门层面上都以欧盟规范性为目标，借此推广民主治理的规范。在实践中欧盟外部治理的重要特点是努力加强其周边地区的政治稳定和经济发展，积极预防冲突。因而欧盟不断对外输出一体化模式的规范和原则。① 欧盟扩大带来安全，同时也对一体化的深化带来消极影响，至少包括农业市场在结构基金方面支出的增加，以及在渔业政策上做出的强制性调整，过于广泛的扩大可以证明地理上的合法性，但是严重损害了欧盟在外部治理和全球经济和政治体系中作为一个区域和全球角色的行动力的效率和成效。这一无法解决的悖论促使欧盟将周边外交的重心从扩大转向睦邻政策，给予邻国“比成员国少但比伙伴国多的”待遇。② 尽管也许有人要反对欧盟国际行为模式在周边国家的简单复制，但是这一模式本身就是在通过一体化的结构，

① ［比利时］尤利·德沃伊斯特、门镜著，门镜译：《欧洲一体化进程——欧盟的决策和对外关系》，北京：中国人民大学出版社，2007 年版，第 91 页。

② Kristi Raik, The EU as a Regional Power: Extended Governance and Historical Responsibility in Hartmut Mayer and Henri Vogt, A Responsible Europe? Ethical Foundations of EU External Affairs, p. 77.

引入共同的目标将规范性的方式和利益相联系，对力量重新定义，来达成一个更加完善的秩序并且取得更好的外部治理效果，以及彰显一种新的民主化模式。无论如何，这是一种基于规范、利益和力量的治理，不仅仅使欧盟的软实力政治获得合法性，并且给予了欧洲一体化新的动力。

总之，超越欧盟边界的外部治理的主要目标是促进欧盟的价值观在周边的推广，但是现在存在的问题有：第一，在欧盟与睦邻政策周边国家之间建立了一种不平等非对称性的关系。第二，限制了周边国家的民主和自我决定。第三，对完全接受整套欧盟规范的国家给予优厚待遇，排斥那些不能够接受欧盟价值观的国家。迄今为止，成员国前景仍然是欧盟最为有效的外部治理工具，也是那些愿意接受欧盟一整套规范的终极的动力，但是睦邻政策没有提供这样一种动力，虽然其效仿了扩大政策中曾经获得成功的方法与工具，但并没有能燃起欧盟各周边国家想要被纳入欧盟体系内的期望。原有的外部治理给欧盟带来了难以克服的扩大压力，而这需要一种继续促进稳定和传播欧盟价值观的更灵活的方式，但也难以避免整个体现的松散和价值观念的淡化。另外，在联合的名义下将不同的外部治理方式混淆，也会降低欧盟促进稳定的能力和作为一个负责任的区域性强权的行动力。[①] 所以，欧盟还是应该继续地使用扩大政策作为促进周边民主和安全的主要方式，应该对于所有愿意走向民主化的欧洲国家敞开入盟的大门，排斥那些寻求入盟的逐步民主化的国家将对欧盟基于促进和平和民主的可信度和身份造成严重的损害。欧盟只有继续坚持其基本的目标和价值观，同时必须自身进行改革以容纳其成员国的不断增加才是可行的。

① Julia Langbein, "European Union Governance towards the Eastern Neigbourhood: Transcending or Redrawing Europe's East-West Divide?" *Journal of Common Market Studies*, Vol. 52, Issue 1, January 2014, p. 157.

本章小结

外部治理是一种与非成员国进行制度化互动的方式。将欧盟规范超越欧盟边界的外部治理对于致力于采用欧盟共同法条的西巴尔干“近邻”来说显得尤为重要，如果西巴尔干国家实现了加入欧盟的愿望，那么欧盟就如同19世纪的哈布斯堡王朝那样，将欧洲三种文化交汇的地区统一起来。这样欧盟就可以扩大自身的战略回旋空间，在世贸组织和其他相关国际贸易机构里扮演更加重要的角色，以增强在国际舞台上的影响力。同时，欧盟可以建立更加完整的共同安全和防务，增强快速反应和远距离军事投放能力。这同样强化了与欧洲睦邻政策对象国的联系。

欧盟外部治理的模式更多地依赖互动的网络方式，而非扩大时采用的科层制政策输出的方式。外部治理较少关注欧盟既有法规的输出，而是更多关注提升相近的欧盟规范和惯例，至少在与欧洲睦邻政策国家的关系上是这样的。治理的科层制模式在促进民主方面比网络模式更为有效，但第三方国内的状况是最为关键的因素。从这个角度来看，网络治理最适合于在不危及政治体系稳定的情况下，使第三国在民主和人权规范方面逐渐趋近欧盟标准。就算是科层制民主推广（通过政治性条件）也可能只有在部分已经民主化的国家才能有效。

回到传统国际关系理论，在理想主义者看来，欧盟外部治理是为了实现一个“大欧洲”的理想，自罗马帝国崩溃以来，欧洲大一统的思想在今天欧盟整合的进程中达到了最佳的体现。从现实主义角度看，欧盟外部治理是获取地缘和经济政治优势后，以塑造欧洲大市场为目标统一价值规范。因而欧盟越来越看重扩大资本、商品市场和获取廉价劳动力方面的现实经济利益。虽然这些扩大的政策工具或者说传统的外交政策即推广民主化在政治体系的宏观层面促进了民主改革，但是在欧盟与非候选国的关系中，欧盟甚至没有持续地寻求推广规范，更不用说成功实现变革。虽然欧盟已经展示出它在邻国建立制度性秩序而不在同一时间内扩大成员国数量的能力，这种秩序与通过联盟扩大的规范外化相比在不同部门中更分散化、区别化和“欧洲化”。欧盟处理与周边国家关系时集中于规范实体化，甚至在促使第三国将欧盟规则适用于国内立法方面也有所成就。但正是欧盟在其与周边国家关系中有限的谈判能力妨碍了科层制推广而青睐网络治理模式。

第三章
欧盟规范的对象化：欧盟“东部伙伴关系”计划

欧盟规范实体化的方式之一是推进外部治理，那么欧盟“东部伙伴关系”对象是欧盟推进外部治理的主要区域之一，包括乌克兰、摩尔多瓦、白俄罗斯、亚美尼亚、阿塞拜疆和格鲁吉亚这6个欧盟东部邻国。欧盟“东部伙伴关系”计划（Eastern Partnership）自2009年实施以来，已经在原有欧洲睦邻政策基础上构筑了基于双边和多边关系的外部治理网络。欧盟与对象国在加强政治对话、增进经贸往来、促进司法和内政事务的合作与交流方面取得了一定成效。但由于入盟前景未包含在该计划中，欧盟对东部邻国的义务感和财政资源投入逊于入盟目标国，且考虑到欧盟市场准入条件的苛刻性和经济利益的滞后性，东部邻国必须承担许多政治和经济改革的前期成本，而欧盟提供的收益要到改革取得成效之后才能体现。东部伙伴国在深化与欧盟关系的意愿和步伐上并不一致。加之俄罗斯认为欧盟试图挤压俄罗斯的“势力范围”而不断加以抵制。欧盟对东部伙伴国推进外部治理的效果有限。

欧盟“东部伙伴关系”计划是2009年5月起欧盟与乌克兰、摩尔多瓦、白俄罗斯、亚美尼亚、阿塞拜疆和格鲁吉亚6个东部邻国在现有合作工具“欧洲睦邻政策”基础上的“深化和加强版”。欧盟试图在其东部边界之外，建立一个稳定、繁荣的地区，更大程度地促进经济一体化和人员流动性，在维护地区安全与解决冲突时拥有更多渠道并能开展多边合作。双方签署的《东部伙伴关系宣言》以“民主”“经济”“安全”为关键词。[①] 如果说欧盟规范实体化的方式是外部治理，那么欧盟“东部伙伴关系”计划是欧盟推进外部治理的主要区域之一。2017 年欧盟将“东部伙伴关系”视作为欧盟全球战略的重要组成内容。[②] 这也同时更加明确了“东部伙伴关系”的定位。

欧盟“东部伙伴关系”计划实施以来，已在欧盟原睦邻政策的基础上构筑了欧盟与东部邻国双边和多边合作的完整框架，[③] 但乌克兰危机及欧俄之争给该计划的前景蒙上阴影，[④] 欧洲政坛和学界也掀起对该计划的新一轮反思和讨论。[⑤] 乌克兰危机将欧盟外交政策和外部治理结构导致地区紧张局势的方面暴露了出来。[⑥] 欧盟开始严肃反思睦邻政策给周边局势带来的影响。基于此，欧盟自 2015 年以来对“东部伙伴关系”计划进行了一系列改革，以应对急剧恶化的周边环境和内部压力。

---

① “Joint Declaration of the Prague Eastern Partnership Summit,” European Commission, May 7, 2009, http://europa.eu/rapid/press-release_ PRES - 09 - 78_ en.htm.

② European Commission, “Report on the Implementation of the European Neighbourhood Policy Review,” Brussels, 18.5.2017, https://eeas.europa.eu/sites/eeas/files/2_ en_ act_ part1_ v9_ 3.pdf; Council of the European Union, Council Conclusions the Global Strategy of the European Union's Foreign and Security Policy, http://data.consilium.europa.eu/doc/document/ST - 13202 - 2016INIT/en/pdf.

③ “东部伙伴关系”政策推出时国内学者发表过一些评论性文章，参见朱晓中：“从欧洲邻国政策到东方伙伴关系——欧盟东方政策的新视线”，载《俄罗斯中亚东欧研究》，2009 年第 5 期，第 63—69 页；赵怀普：“欧盟对独联体政策的演变”，载《外交评论》，2009 年第 6 期，第 74—86 页；黄登学：“欧盟‘东方伙伴关系’计划：动因与前景——基于俄罗斯视角的分析”，载《欧洲研究》，2010 年第 4 期，第 71—82 页；徐刚：“欧盟东部伙伴关系计划评析”，载《国际论坛》，2010 年第 5 期，第 26—31 页。欧美学者在该政策推出五年间的研究更加细化，相关著作参见 Elena Korosteleva ed., *Eastern Partnership: A New Opportunity for the Neighbours?* London: Routledge, 2012; Elena Korosteleva, Michal Natorski, and Licinia Simão eds., *EU Policies in the Eastern Neighbourhood: The Practices Perspective*, London: Routledge, 2014。

④ Neil MacFarlane and Anand Menon, “The EU and Ukraine,” *Survival: Global Politics and Strategy*, Vol. 56, No. 3, 2014, pp. 95 - 96.

⑤ 2014 年 4 月捷克国际事务协会（AMO）与欧盟委员会代表召开了国际会议“东部伙伴关系五年：新战略时刻”，参见 Vít Borcany, *Eastern Partnership Five Years On: Time for a New Strategy?* Association for International Affairs, May 2014, http://www.amo.cz/editor/image/produkty1_ soubory/eastern-partnership-five-years-on-time-for-a-new-strategy_ conference-report.pdf。

⑥ Nikki Ikani, “Change and Continuity in the European Neighbourhood Policy: The Ukraine Crisis as a Critical Juncture,” *Geopolitics*, 2019, Vol. 24, No. 1, pp. 21 - 26.

本章将以欧盟规范性对象化的视角，评析“东部伙伴关系”计划推进的情况和存在的问题。

第一节 欧盟“东部伙伴关系”计划的出台

作为一个强有力的地区性行为体和一种规范性力量，欧盟从成立之初起就怀有推广其成功经验，使其规范和价值超越地区边界，与欧盟周边国家建立深层次的政治与经济关系，进而达到外部区域“欧洲化”（Europeanization）的使命感。欧盟价值观输出的使命感体现在其外部治理中就是对半内部国家（semi-insiders）的扩大政策以及对半外部国家（semi-outsiders）的睦邻政策。[①] 扩大政策一直是欧盟用以扩展其安全与民主空间最有效、最主要的工具，极大地促进了欧洲的和平与繁荣，也是欧盟运用软实力的典型范例。欧盟依靠自身强大的经济实力和价值与制度引力，用严格的条件性（conditionality）约束和塑造了周边的候选国，强制或诱导这些国家心甘情愿地顺从和适应自己的价值观和制度设计。但鉴于内部整合和行动能力的诸多困境，以及东扩后复杂的安全环境，欧盟于2004年推出了“欧洲睦邻政策”，将其对半外部国家的治理作为外部治理的重点，即以欧盟条件性为前提，通过推广价值与规范来影响和塑造周边国家，实现从“扩大式欧洲化”到“睦邻式欧洲化”的重心转移。

在理论上，欧盟的外部治理不是要在扩张（wider）与深化（deeper）之间做出单一选择，而是要努力找出一条可行的路径，使对没有入盟前景的周边国家的治理成为“内部政策的外部扩展”。在实践中，自2007年罗马尼亚和保加利亚入盟后，边界的进一步向东和东南方向

① Kristi Raik, “The EU as a Regional Power: Extended Governance and Historical Responsibility,” in Hartmut Mayer and Henri Vogt, *A Responsible Europe? Ethical Foundations of EU External Affairs*, London: Palgrave Macmillan, 2006, pp. 69 – 70.

延伸使欧盟意识到了与独联体伙伴国建立更紧密关系的重要性。2008年8月的俄格冲突和2009年年初的俄乌天然气之争更加强了欧盟巩固周边安全的决心。乌克兰、格鲁吉亚等东部邻国在政治和经济上都存在严重危机，欧盟希望帮助这些国家应对内部挑战，在经济和政治上进一步向欧盟靠拢。波兰和瑞典两国在2008年5月的欧盟总务与外交会议上提出，“欧洲睦邻政策”现有的合作框架在某些方面已经不能适应新形势，欧盟需要大幅度提高与东部邻国的政治接触级别。这一倡议在2008年6月的欧盟峰会上通过。2009年5月7日，欧盟27国代表同东部6国的政府首脑或代表在布拉格就建立“东部伙伴关系”计划达成一致，签署了《东部伙伴关系宣言》。至此，欧盟的“东部伙伴关系”计划正式启动。

“东部伙伴关系”计划是“欧洲睦邻政策”的延伸，伙伴国、欧盟及成员国层面的共同参与是这个计划的核心，推进政治联合与经济一体化是其主要动力。2004年欧盟将东部邻国纳入欧洲睦邻政策合作框架内，2009年推出的“东部伙伴关系”在“欧洲睦邻政策”中的“行动计划”（Action Ageements）基础上，力图进一步加强双边和多边领域的合作。在欧盟层面，“东部伙伴关系”计划强调共同利益和共同价值观，没有明确赋予目标国家最终的入盟前景，伙伴国与欧盟签署联系国协定是其中重要一环。在双边层面签署联系协定（Association Agreements，AAS）以取代1994年签署的“伙伴关系与合作协定”（the agreement on partnership and cooperation，PCA），作为规范双边关系的新的基础性文件。联系协定中最有价值的经济部分，即“深入和全面的自由贸易协定”：其目标是减少关税壁垒，按照欧盟标准和欧盟既有法规与伙伴国就贸易有关的法律取得一致，建立双边自由贸易区，以期建立一个深入和广泛的经济共同体。欧盟以融入欧洲大市场为吸引，采取逐步趋同方式，使欧盟的单一市场法律成为联系国自身法律。此外，“双边轨道”合作还强调“多对多原则”（“More for More”Principle），如2011年设立的“东部伙伴一体化与合作项目”通过评估东部伙伴国在政治改革方面的进展给予各国额外奖励。[①]“东部伙伴关系”计划中的多边合作体制框架则由每两年一次的东部伙伴关系峰会、年度部长级会议、欧盟—东部邻居年度会议（EURONEST）、地方性和区域性领导人会议（CORLEAP）、公民社会论坛（Civil Society Forum）等组成。在公民社会层面，每年围绕“务实与核心目标”进行至少两次讨论，根据“实际情况原则”（case-by-case basis）和政府部门、议会、公民社会组织、国际组织、国际金融机构、私人部门等不同领域的相关方进行交流与合作。[②]

伙伴国与欧盟签署联系国协定是规范双边合作的基础。联系国协定中主要包括以下四项内容：一是“深入和全面的自由贸易协定”：其目标是减少关税壁垒；按照欧盟标准和欧盟既有法规与伙伴国就贸易有关的法律取得一致；相比以前的伙伴关系与合作协定，这几乎是东部伙伴关系中最有价值的部分。东部伙伴国家要满足至少 80% 的欧盟既有法规。二是外交和安全事务领域的政治对话：一方面使伙伴国在民主、法治、尊重人权、善治、市场经济原则和可持续发展方面取得明显进步；另一方面是伙伴国制度建设和行政管理能力的不断完善。三是强调公正自由与安全指标：双方缔结“流动性和安全条约”（Mobility and Security Pacts），允许合法旅行的同时加紧打击有组织犯罪和非法移民。边境管理、反腐等领域进行协商合作，以欧盟标准升级庇护制度，按欧盟的法律整合边界管理体系，提升这一地区的警务和司法能力等。四是双方在经济和具体事务的部门间合作：允许 6 国的人员、商品、服务、资本更自由地流动。通过建立长期、稳定、安全的能源供应和运输机制，加强能源安全合作；更加有效地监管和早期预警制度，防止能源供应的突然中断。

① “‘More for More’ Principle in Action-EU Rewards Moldova, Georgia and Armenia with €87 Million to Boost Reforms,” EU Neighborhood Info Center, http://www.enpi-info.eu/eastportal/news/latest/35569/‘More-for-more’-principle-in-action-EU-rewards-Moldova-Georgia-and-Armenia-with-€87-million-to-boost-reforms.

② “Concept paper for the EaP Civil Society Forum presented for discussion in Poznan,” Eastern Partnership Civil Society Forum, November 2011, http://eap-csf.eu/en/news-events/news/concept-paper-for-the-eap-civil-society-forum-presented-for-discussion-in-poznan.

“东部伙伴关系”计划中的多边合作体制框架包括以下几个方面（参见表3—1）：一是“东部伙伴关系峰会”包括欧盟成员国和东部伙伴国的国家元首或政府首脑，提供“东部伙伴关系”的前进方向。① 二是部长级会议：年度春季外交部长会议将审查进展情况和提供更详细的政治指导。会议形成的报告在每年一度的外交部长会议上发布，由欧盟委员会负责筹备和主持。采取共同参与和集体决议的方式。三是4个专题平台。主要围绕下述目标进行：1. 民主，善治：边境管理、反腐败、司法改革、公共管理、贸易、中小企业政策的改革、环境与气候变化、移民和收容、农业和农村发展；2. 经济融合和与欧盟不同领域内政策的协调；3. 能源安全；4. 人与人之间的联系。四是5项旗舰活动包括以下5方面：1. 综合性的边境管理计划；2. 支持小型和中等规模的企业机构（SME）；3. 区域能源市场和能源效率的提升与可再生能源的利用；4. 环境治理；5. 预防，准备和应对自然和人为灾害（PPRD）。五是欧盟—东部邻居议会年度会议形式，包括欧洲议会、欧盟地区委员会、欧盟经济社会委员会、欧洲投资银行和欧洲复兴开发银行均派出高级代表与会。六是地方性和区域性的领导人会议。2011年成立，目的是增强东部伙伴国家的地方政府自治能力。此外，公民社会论坛于2009年以年会的形式设立，通过公民社会的角度来为“东部伙伴关系”提供意见和建议，并与5个旗舰活动对应，设立了5个工作小组。

① 第一届东部伙伴关系峰会2009年在布拉格召开，参见 Council of the European Union, Joint Declaration of the Prague Eastern Partnership Summit, Prague, 7 May 2009；第二届东部伙伴关系峰会2011年在华沙召开，参见 Council of the European Union, Joint Declaration of Warsaw Eastern Partnership Summit Declaration；第三届东部伙伴关系峰会2013年维尔纽斯召开，参见 Council of the European Union, “Joint Declaration of the Eastern Partnership Summit, Vilnius, 28 - 29 November 2013, Eastern Partnership: the way ahead”, http://www.easternpartnership.org/community/events/warsaw-eastern-partnership-summit-declaration。第四届东部伙伴关系峰会2015年在里加召开，参见“Council of the European Union, Joint Declaration of the Eastern Partnership Summit, Riga, 21 - 22 May 2015”, http://www.consilium.europa.eu/en/meetings/international-summit/2015/05/21 - 22/, last accessed on 20 January 2015。第五届东部伙伴关系峰会于2017年11月24日在布鲁塞尔举行。

表 3—1 “东部伙伴关系”中的网络治理框架和内容

双边合作	多边合作
签署新的联系协定（association agreements，AAS）包含4个方面： （1）深入和全面的自由贸易协定； （2）政治对话和外交与安全政策； （3）公正、自由和安全；（4）经济部门合作，特别是在能源，交通运输基础设施和环境领域	东部伙伴关系峰会（每两年一次） 包括欧盟成员国和东部伙伴国的国家元首或政府首脑，提供“东部伙伴关系”的前进方向
（1）深入和全面的自由贸易协定：减少关税壁垒；按照欧盟标准和欧盟既有法规与伙伴国就贸易有关的法律取得一致；加入 WTO 为先决条件；推动与欧盟经济一体化的进程，建立双边自由贸易区以期建立一个深入和广泛的经济共同体；相比以前的伙伴关系与合作协定（PCA），这几乎是东部伙伴关系中最有价值的部分。东部伙伴国家要满足至少80%的欧盟既有法规	部长级会议：年度春季外交部长会议将审查进展情况和提供更详细的政治指导。 外长会议（每年）和其他部长的例行会议（根据需要解决的问题）会议由政府首脑、外交部长、相关政策领域的高级官员及特别领域的专门研究人员参加，其任务是不断更新中心议题并检验合作的进展与存在的不足，会议形成的报告在每年一度的外交部长会议上发布，日程由欧盟委员会、欧盟轮值主席国和东部伙伴国共同制定，由欧盟委员会负责筹备和主持。采取共同参与和集体决议的方式
（2）在外交和安全事务领域的政治对话，一方面使伙伴国在民主、法治、尊重人权、善治、市场经济原则和可持续发展方面取得明显进步，另一方面是伙伴国制度建设和行政管理能力的不断完善	4个专题平台：高级官员参与相关政策领域改革工作并每年至少举行两次会议，会议成果上报外交部长会议。每个平台上有专家小组负责指导方案的实施 1. 民主，善治：边境管理、反腐败、司法改革、公共管理、贸易、中小企业政策的改革、环境与气候变化、移民和收容、农业和农村发展；2．经济融合和与欧盟不同领域内政策的协调；3. 能源安全；4. 人与人之间的联系（欧盟制定多项措施促进学者和学生交流，青年计划，校际合作（如青年在行动、伊拉斯谟、腾邦、东部伙伴关系文化计划）

续表

双边合作	多边合作
(3) 公正自由与安全：缔结“流动性和安全条约”，允许合法旅行的同时加紧打击有组织犯罪和非法移民。边境管理、反腐等领域进行协商合作，以欧盟标准升级庇护制度，按欧盟的法律整合边界管理体系，提升这一地区的警务和司法能力等	5 项旗舰活动：通过 ENPI 东向资金来落实多边合作项目，包括以下 5 方面： 1. 综合性的边境管理计划：提高安全性，减少走私和贩卖人口和促进整个非欧盟边境人员流动；2. 支持小型和中等规模的企业机构（SME）：促进就业和经济；3. 区域能源市场和能源效率的提升与可再生能源的利用。能源供应多样化，即南方能源走廊（这是唯一没有落实的倡议）；4. 环境治理：通过在伙伴国家加强环境治理，促进环境保护和对气候变化的适应；5. 预防，准备和应对自然和人为灾害（PPRD）
(4) 经济和具体事务的部门间合作：支持伙伴国经济和社会的普遍发展，减少地区之间的贫富差距。东部伙伴关系允许 6 国的人员、商品、服务、资本更自由地流动。通过建立长期、稳定、安全的能源供应和运输机制，加强能源安全合作；更加有效地监管和早期预警制度，防止能源供应的突然中断	欧盟—东部邻居议会（EURONEST） 年度会议形式，包括欧洲议会、欧盟地区委员会、欧盟经济社会委员会、欧洲投资银行和欧洲复兴开发银行均派出高级代表与会 设立了 4 个常设委员会： 1. 政治事务，人权和民主委员会；2. 经济一体化，与欧盟政策趋近和一致法律委员会；3. 能源安全委员会；4. 社会事务，教育，文化和公民社会委员会
双方通过签证便利化和再进入协定实现人员的安全流动和签证便利化，但免签将是一个长期目标。步骤包括： 1. 签证便利化和续签的协定 2. “签证对话” 3. 对伙伴国取消签证要求	地方性和区域性的领导人会议：2011 年成立，目的是增强东部伙伴国家的地方政府自治能力。该会议由 36 名来自地方的政要组成，其中包括 18 名来自东部伙伴国家和 18 名来自欧盟地区委员会的官员。 公民社会论坛：2009 年开始，以年会的形式，通过公民社会的角度来为东部伙伴关系提供意见和建议，参与专题平台和部长级会议讨论，并与 5 个旗舰活动对应，设立了 5 个工作小组。 工作组 1：民主，人权，善治与稳定性； 工作组 2：经济融合与趋同与欧盟政策； 工作组 3：环境，气候变化和能源安全； 工作组 4：人与人之间的联系； 工作组 5：国家间的合作平台。

从上述“东部伙伴关系”的网络治理框架（表3—1），我们可以发现，“有效的多边主义”是欧盟推动全球治理的主要路径，但是在欧盟外部治理中，欧盟仍然强调双边关系的重要性，治理遵循了不同部门的、具体政策的逻辑。虽然外部治理被制度化于一个诸如欧洲经济区或者欧洲睦邻政策的总体框架内，实际上欧盟规则的扩展遵循着不同部门的路线而非这些宏观制度化的特点。超越欧盟边界的网络治理包括在其管理和组织边界的同步扩张。网络治理具有注重进程、水平化、包容性的属性，允许规范和规则的扩展伴随着决策过程和实践的开放式参与。治理安排的包容性进一步表明，这些通常会采取“多层次”结构的行为体，可能不仅涉及国家，而且涉及次国家、超国家和国际行为体，以及非国家行为体。网络治理的组成可能会导致合作的非政治化，因为参与者往往是专家和在专业问题领域的技术官僚。这种互动模式，为组织功能性合作的具体形式开辟了道路，如目前“东部伙伴关系”中包含的协调机构，如欧洲环境局，欧洲刑警组织；或不太正式的政策网络，如“深入和全面的自由贸易协定”。2011 年、2015 年欧盟根据其自身发展以及国际与地区形势的变化对睦邻政策进行了再调整。①

“东部伙伴关系”作为欧盟睦邻政策的重要维度，是欧盟发展与东欧国家关系的框架性政策。“东部伙伴关系”计划是欧盟期望中的从政治、经济、社会等领域逐一对 6 个东部邻国进行“规范性改造”的漫长进程。在政策层面上，欧盟将与这些国家建立自由贸易区，让东部邻国进入欧盟单一市场。该计划可以为东部国家公民进入欧盟提供签证便利，加强能源合作，提高财政援助，推动欧盟与东部邻国就安全与防务问题进行磋商，鼓励这些邻国相互开展合作，拉近欧盟同其东部邻国的政治关系并以此带动后者内外政策的变化。在战略层面上，“东部伙伴关系”计划是一项重要的地缘政治举措，标志着欧盟对独联体政策的新发展。欧盟意在确保东部边界的稳定、安全与繁荣，同时加强能源供应安全，扩大在独联体地区的影响力，促使独联体伙伴国从中立的立场转

① ENP Progress Reports, “Implementation of the European Neighbourhood Policy Statistics,” http://eeas.europa.eu/archives/docs/enp/pdf/2015/enp-statistics-report-2014_en.pdf.

向疏俄亲欧，进而实现挤压俄罗斯利益空间的目的。在制度层面上，“东部伙伴关系”计划基于欧盟与东部邻国的双边和多边合作机制，结合规范的文明化和物质上的不对称关系，坚持内部治理模式的普遍适用性，体现了欧盟外部治理的规范性力量维度。必须承认的是，欧盟的周边战略虽然强调经济实力，通过经济一体化吸引前独联体国家，但仍难逃与俄罗斯对抗的传统地缘政治与安全困境。

第二节　欧盟“东部伙伴关系”计划的推进

欧盟“东部伙伴关系”计划推进以来，无论是治理的层级、手段和进展，都秉持欧盟外部治理的传统，既有欧盟经济力量的支持，又融入了欧盟制度性与规范性议程。

就治理层级而言，欧盟实现外部治理目标主要依靠欧盟层面各个机构、相关成员国和市民社会的参与。“各伙伴国可根据自身能力和时限决定如何发展与欧盟的关系”，选择不同层次和层级加强合作与交流，同时“发展伙伴国之间的关系”。①

首先，在双边层面，伙伴关系对象国与欧盟和欧盟成员国之间建立了官方联系小组并构建双边协议。双边政府间层面的工作小组提供了直接的沟通、协调以及监督的平台。如在加强伙伴关系对象国国家制度和治理方面，双方建立了移民与避难小组、边界管理小组、法治小组、公共行政改革小组，以督促和推进具体政策的落实；在推动对象国经济方面，双方建立了农业和地区发展小组、交通联系小组、贸易与合作小组、商业发展小组等等。双边政府间层面的协议也为政策执行提供了制度约束，对于政策实施方式、阶段、优先议题进行了设定，这些为双边最终目标的实现提供了制度性保障。欧盟与每个合作伙伴之间的双边行

① Laure Delcour, “The institutional Functioning of the Eastern Partnership: An Early Assessment,” *Eastern Partnership Review*, No. 1, 2011, pp. 7 - 8.

动计划或联系议程设定了政策执行路径，这些政策和经济改革的议程会设定短期和中期的优先事项。在睦邻政策的整体框架内，欧盟主要通过联系协定，包括深度综合性自由贸易区等项目，介入各对象国与欧盟关系以及其改革和发展问题。双方通过“国家指定项目”（NIP）框架实施具体合作，包括“全面制度建设项目”（CIB）和“试行地区发展项目”（PRDP）。

其次，在多边层面：一是欧盟综合运用自身设定的不同政策平台和政策工具；二是欧盟支持国际行为体如联合国、世界银行、国际货币基金发展组织在欧盟对外政策中发挥积极作用。欧盟针对东欧国家的政策关键，除东部伙伴关系框架之外，还包括其针对不同区域的政策框架，如地区合作框架（Regional Cooperation Frameworks）。如前所述，欧盟对东欧国家的政策，虽然以东部伙伴关系和联系协定为主，但同时也根据睦邻政策实施情况评估，制定新的辅助性项目和工具，具体如：（1）综合边界管理方案（Integrated Border Management Programmer），该方案是符合欧盟标准的人员自由流动的前提条件；（2）中小型企业基金（SME Facility），该基金的目标在于使中小型企业通过技术援助、风险资本和贷款的支持，以使其更具发展的潜力；（3）区域电力市场（regional electricity markets），该机构的目的是通过适当的管理结构和筹资机制提高对象地区的能源利用效率和可再生能源使用率；（4）南方能源走廊（southern energy corridor），该项目是一个重要的基础设施倡议，目标在于使欧盟和其合作伙伴获得多样化的能源通道和能源供应。这些项目涉及的内容、领域、部门都是在不同政策平台上展开的。多边交流平台（multilateral thematic platforms）来开展对话与合作：一是采取不同层级的会议。如东欧伙伴关系包括欧盟成员国和东部伙伴国的国家元首或政府首脑参加的两年一次的峰会，以及不定期召开的政策领域小组会议。这些不同层级的会议为东欧伙伴关系政策设定了方向和具体内容。而年度春季外交部长会议将核查相关政策的进展情况并提供更为具体的落实指导意见。其中东部伙伴关系峰会是最为重要。会议由政府首脑、外交部长、相关政策领域的高级官员及特别领域的专门研究人员参加，其任务是不断更新中心议题并检验合作的进展与存在的不足。二是综合运用国际多边政策框架。欧盟在针对东部睦邻政策国家的合作中，支持联合国等国际层面的政策框架，如联合国气候变化应对千年发展目标等政策在地区的实施。概言之，“东部伙伴关系计划”强调明确、具体、平等、自由和透明的原则以及共同利益和承诺的担当，规定在伙伴关系的多边框架下以共同参与和集体决议的方式，通过多边交流平台来开展对话与合作。

就治理手段而言，欧盟虽然不想对东部邻国施加优先权或限制性条款，但作为一个在经济和政治上都更为强大的联合体，欧盟无论怎样强调平等的伙伴关系，事实上这种关系天生就不平等。为了参与并充分受益于欧盟委员会制订的双边具体方案，也为了获得“内部市场份额”，东部伙伴国要在欧盟帮助下满足至少80%的欧盟既有法规，履行某些特别部门的兼容改革，以便更好地被欧盟内部市场接纳。例如，必须与欧盟部分标识规则与食品安全标准协调，采用欧盟海关程序。[①] 由于没有入盟的终极承诺，欧盟不能如同扩大政策那样，对东部国家施加对入盟目标国那样的、积极和消极条件性并存的强制改革压力，但“东部伙伴关系”计划同扩大政策遵循同样的积极条件性，周边国家在改革方面取得的进展越大，就将获得更大的奖励和回馈。[②]

经济力量始终是欧盟外部治理的基础性工具。随着“欧洲睦邻和伙伴关系工具”在2007年生效，欧盟对6个东部邻国的援助总额从2008年的4.5亿欧元逐步增至2013年的7.85亿欧元。2009年12月17日，欧盟委员会出台了“东部伙伴关系”框架下的融资计划，对实施计划的资金筹措和安排做出了部署，并建议对这些国家的援助增加1倍，使总额在2020年达到15亿欧元。欧盟“东部伙伴关系”政策可以在三种

① Veronika Movchan and Volodymyr Shportyuk, “EU-Ukraine DCFTA: the Model for Eastern Partnership Regional Trade Cooperation,” CASE Network Studies and Analyses, No. 445, 2012, pp. 12 – 13, http://www.case-research.eu/sites/default/files/publications/CNSA_2012_445.pdf.

② Dimitry Kochenov, “New Developments in the European Neighbourhood Policy: Ignoring the Problems,” *Comparative European Politics*, Vol. 9, No. 4 – 5, 2011, pp. 581 – 595.

项目中获得欧盟资金支持：（1）双边项目；（2）地区项目；（3）更广的睦邻项目。[①] 在双边项目中，“东部伙伴关系”对象国可以获得欧盟单一支持框架（Single Support Framework，2014—2017，2017—2020）的资金支持；[②] 在地平线地区项目中，多年度指标项目（Multiannual Indicative Programme，2014—2017，2017—2018）提供资金支持；[③] 在更广睦邻项目中，多年度指标项目和战略优先项目提供相应资金支持，以推动欧盟范围内的睦邻政策实施。此外，针对特定战略目标，如能源安全、气候变化、可持续发展，欧盟睦邻投资便利工具（NIF）也能够为东部伙伴关系对象国提供资金支持。[④] 如2011年欧盟制定了新的“东部伙伴关系融合与合作项目”（EaPIC），该项目为东部伙伴国家提供额外的资金支持，以推动民主和人权发展。另外，根据睦邻政策实施情况，欧盟又制定了“东部睦邻政策之市民社会工具”（ENCSF），以加

---

① Financing the ENP，https：//eeas. europa. eu/topics/european-neighbourhood-policy-enp/8410/financing-thc-cnp_ en；European Union，European Neighbourhood Instrument，Official Journal of the EuropeanUnion，15. 3. 2014，http：//eur-lex. europa. eu/LexUriServ/LexUriServ. do? uri = OJ：L：2014：077：0027：0043：EN：PDF.

② 这些资金是欧盟睦邻工具2014—2020年财政预算的一部分，其中乌克兰只得到2018—2020年资金支持，参见European Commision，Programming of the European Neighbourhood Instrument（ENI） - 2017 - 2020，Single Support Framework for EU support to Ukraine（2018 - 2020），https：//eeas. europa. eu/sites/eeas/files/ukraine_ c_ 2017_ 8264_ annex_ en. pdf。而白俄罗斯则以多年度项目支持，参见European Commision，Programming of the European Neighbourhood Instrument（ENI） - 2014 - 2020，StrategyPaper and Multiannual Indicative Programme for EU support to Belarus（2014 - 2017），http：//eeas. europa. eu/archives/docs/enp/pdf/financing-the-enp/belarus_ 2014_ 2017_ programming_ document_ en. pdf。

③ European Commision，Programming of the European Neighbourhood Instrument（ENI） - 2014 - 2020，Regional East Strategy Paper（2014 - 2020）and Multiannual Indicative Programme（2014 - 2017），http：//eeas. europa. eu/archives/docs/enp/pdf/financing-the enp/regional_ east_ strategy_ paper_ 2014_ 2020_ and_ multiannual_ indicative_ programme_ 2014_ 2017_ en_ . pdf.

④ European Commision，Programming of the European Neighbourhood Instrument（ENI） - 2014 - 2020，Strategic Priorities 2014 - 2020 and Multi-annual Indicative Programme 2014 - 2017European Neighbourhood-wide measures，http：//eeas. europa. eu/archives/docs/enp/pdf/financing-the-enp/enp_ wide_ strategic_ priorities_ 2014_ 2020_ and_ multi_ annual_ indicative_ programme_ 2014_ 2017_ en. pdf；其他一些资金工具同样也可以为“东部伙伴关系”提供资金，如Instrument Contributing to Peace and Stability，HumanitarianAid，the Partnership Instrument，the European Instrument for Democracy and Human Rights，the Instrument for Nuclear Safety Cooperation，Macro-Financial Assistance，Erasmus +，Creative Europe。

强地区层面人员交流，以及“欧盟睦邻政策之农业和偏远地区发展项目”（ENPARD），以促进东欧国家减贫、创造就业和投资。[①] 在多层次预算安排下，欧盟“东部伙伴关系”政策，通过不同路径在不同层面上实施。则既有国家、地区层面项目，也有全球层面项目。2010—2013年，欧盟共拨款25亿欧元用于“东部伙伴关系”计划中的双边和多边合作（参见表3—2）。[②] 此外，东部伙伴国从2014年开始也可以参与欧盟新的研究与创新框架计划——“展望2020”。

表3—2　欧盟在“东部伙伴关系”计划多边合作框架下的金融工具

	综合机制建设（CIB）	试点地区发展计划（PRDPs）	东部邻国公民社会设施（2011年推出）	“东部伙伴关系”文化计划	“东部伙伴关系”一体化和合作项目（EaPIC，2012年推出）
目标	加强选定的核心机制以推进联系国协定	减少地区间社会和经济发展差距	加强公民社会参与地区政策对话能力，支持与睦邻政策和“东部伙伴关系”计划一致、由东部国家公民社会提出的项目	加强欧盟与“东部伙伴关系”计划区域内文化联系和对话网络	评估东部伙伴国在政治改革方面的进展并给予各国额外奖励的“多对多”策略
参与国	除白俄罗斯外的5个东部伙伴国	除白俄罗斯外的5个东部伙伴国	6个东部伙伴国	6个东部伙伴国	首轮拨款覆盖亚美尼亚、格鲁吉亚、阿塞拜疆

① European Commission, Programming of the European Neighbourhood Instrument (ENI) - 2014 - 2020, Strategic Priorities 2014 - 2020 and Multi-annual Indicative Programme 2014 - 2017European Neighbourhood-wide measures, http://eeas. europa. eu/archives/docs/enp/pdf/financing-the enp/enp_ wide_ strategic_ priorities_ 2014_ 2020_ and_ multi_ annual_ indicative_ programme_ 2014_ 2017_ en. pdf.

② “Vademecum on Financing in the Frame of the Eastern Partnership 2010,” European Commission, http://www. eeas. europa. eu/eastern/docs/eap_ vademecum_ en. pdf, p. 3.

对乌克兰，欧盟委员会在2011—2013年度的国家指示性方案（National Indicative Program）中提出支持民主发展和善治、促进联系国协定和“深入和全面的自贸协定”生效、可持续发展三个优先领域。① 对三个南高加索国家，欧盟的治理侧重经济和社会层面：对亚美尼亚，双边援助的重点领域是加强民主结构和善治、规章制度改革和管理能力建设、提高公共服务水平；与阿塞拜疆合作的主要焦点是善治、社会经济改革和能源；对格鲁吉亚，合作集中于就业与教育发展、贫困的减少以及社会改革和冲突的解决。② 简言之，欧盟希望挖掘现有伙伴关系与合作协定的全部潜力，将更紧密的经济一体化作为有效实施改革的回报（参见表3—3）。

表3—3　欧盟2011—2013年间对“东部伙伴关系”计划双边合作层面的拨款

国家	亚美尼亚	阿塞拜疆	白俄罗斯	格鲁吉亚	摩尔多瓦	乌克兰
拨款额/百万欧元	182	75.5	41.5	208	308	389

在2014—2020年期间，欧洲邻里工具（ENI）是与东方伙伴关系进行合作的关键欧盟金融工具。在2014—2017年，合作伙伴国家已经从总计28亿欧元的欧盟资金中受益。为确保实施东部伙伴关系政策优先事项，欧盟及其成员国与6个伙伴国之间以包容性方式设计了2017年/2018—2020年新的多年援助框架。作为指导行动直至2020年的工作计划（参见表3—4）。

① “Ukraine: National Indicative Programme (2011 – 2013),” European External Action Service, p. 8, http://eeas. europa. eu/enp/pdf/pdf/country/2011_ enpi_ nip_ ukraine_ en. pdf.

② “Eastern Partnership Roadmap 2012 – 13: The Bilateral Dimension,” European Commission, Joint Staff Working Document, May 15, 2012, http://eap-csf. eu/assets/files/Documents/e_ pship_ bilateral_ en. pdf, pp. 7 – 8.

表 3—4 2014—2020 年多年度财政框架——全球欧洲

（单位：百万欧元）

主要财政工具	2014 年	2015 年	2016 年	2017 年	2018 年	2019 年	2020 年
欧盟预备接纳辅助机制（IPA）	1511	1511	1511	1511	1511	1511	1510
欧洲睦邻工具（ENI）	1991	1873	1888	1918	1953	2013	2047
发展合作工具（DCI）	2176	2280	2388	2491	2601	2714	2740
伙伴关系工具（PI）	107	110	114	119	125	132	136
欧洲民主与人权工具（EIDHR）	169	169	169	169	169	169	169
稳定工具（IfS）	296	296	296	297	297	297	297
人道援助	853	849	845	840	835	835	821
共同外交与安全政策（CFSP）	296	296	296	297	297	297	297
公民保护财政工具（CPFI）	18	18	18	18	18	18	18

资料来源：European Commission, Multiannual Financial Framework 2014 - 2020, http://ec.europa.eu/budget/mff/programmes/index_en.cfm#eni.

在治理成效方面：从经验维度来看，“东部伙伴关系”计划推进情况如下：第一，东部伙伴国与欧盟的双边合作关系获得提升。欧盟与摩尔多瓦、格鲁吉亚和乌克兰签订联系国协定，与格鲁吉亚和摩尔多瓦签署了深入全面的自由贸易协定；[①] 与乌克兰、格鲁吉亚、亚美尼亚和阿塞拜疆的签证自由化问题已取得进展；摩尔多瓦获得短期赴欧盟免签证待遇；[②] 与白俄罗斯就签证便利化和重新接纳协议的谈判正在进行中。第二，在多边合作层面，涉及 28 个成员国、欧盟和 6 个伙伴国的网络性治理架构已经建立。第三，双方在能源、环境、交通和教育领域的合作得到加强，欧盟除了政策指导外，还提供金融和技术支持。第四，欧盟与东部伙伴国加强了公民社会层面的联系。包括公民社会论坛、欧

① “Eastern Partnership Achievements 2009 - 2013,” European External Action Service, February 17, 2014, http://eeas.europa.eu/delegations/georgia/documents/eap_aa/eapachievments_2013_en.pdf.

② “Mobility Partnerships, Visa Facilitation and Readmission Agreements,” European Commission Migration and Home Affairs, http://ec.europa.eu/dgs/home-affairs/what-we-do/policies/international-affairs/eastern-partnership/mobility-partnerships-visa-facilitation-and-readmission-agreements/index_en.htm.

盟—东部邻居年度会议、地方性和区域性领导人会议、东部企业和青年论坛在内的次国家层面治理平台已经搭建。

从在理论维度来看，通过上一章提出的外部治理效力评估的三个指标对欧盟东部伙伴关系加以评估，即规则选择、规则采纳和规则运用三个方面。首先，在对欧盟规则的选择方面，规则选择与欧盟和第三国进行国际谈判并达成协议的级别是有关系的。双方究竟达成了怎样的合作协议或意向？这可以用以测评欧盟规则在处理欧盟与第三国的关系时在多大程度上得以重视，也是评估欧盟网络化外部治理成效的第一步。就欧盟外部治理的东部面向而言，目前欧盟与摩尔多瓦、格鲁吉亚和乌克兰签订联系国协定，与格鲁吉亚和摩尔多瓦签署了“深入和全面的自由贸易协定”；① 与乌克兰、格鲁吉亚、亚美尼亚和阿塞拜疆的签证自由化问题已取得进展；摩尔多瓦获得短期赴欧盟免签证待遇；② 与白俄罗斯就签证便利化和重新接纳协议的谈判正在进行中。③ 但是现有的政治协议比起欧盟所强调的与东部伙伴国家合作的三大战略目标：加速政治协商进程、经济一体化和区域合作及公民社会发展而言，④ 欧盟取得的治理进展还是相当有限的。

其次，在对欧盟规则的采纳方面，一般制度主义的假设认为治理效果会随着法制化或合法化而增强。欧盟规则越明确，越有约束力，越能

---

① “Eastern Partnership Achievements 2009 - 2013,” European External Action Service, February 17, 2014, http: //eeas. europa. eu/delegations/georgia/documents/eap_ aa/eapachievments_ 2013_ en. pdf.

② “Mobility Partnerships, Visa Facilitation and Readmission Agreements,” European Commission Migration and Home Affairs, http: //ec. europa. eu/dgs/home-affairs/what-we-do/policies/international-affairs/eastern-partnership/mobility-partnerships-visa-facilitation-and-readmission-agreements/index_ en. htm.

③ Strategy Paper/Multiannual Indicative Programme, Belarus 2014 - 2017, http: //eeas. europa. eu/enp/pdf/financing-the-enp/belarus_ 2014_ 2017_ summary_ of_ the_ programming_ document_ en. pdf.

④ Regional East Strategy Paper (2014 - 2020) /Multiannual Indicative Programme (2014 - 2017) http: //eeas. europa. eu/enp/pdf/financing-the-enp/regional _ east _ strategy _ paper _ 2014_ 2020_ and_ multiannual_ indicative_ programme_ 2014_ 2017_ en_ . pdf.

强制执行，他们就越有可能被欧盟边界外的区域采纳和实施。[①] 实际上，无论邻国基于合作目的选择了欧盟规则（而不是其他规则），还是后来在国内采纳并运用这些规则，这都取决于欧盟与邻国讨价还价的能力。比如，为了“促进信息的高效、快捷，透明地传播到公共机构和公众”，2012 年欧盟针对格鲁吉亚推出了全新的电子政务建设项目，120 万欧元用于在公共服务部门开发和采用信息和通信技术，以帮助格鲁吉亚公共管理能力。[②] 舆论认为目前格鲁吉亚在欧盟指导下就公共服务方面已经实施了相当多的改革措施，与欧盟在相关法规协调方面取得了突破性进展。[③] 但是也有研究报告宣称欧盟对白俄罗斯等东部国家援助的重点领域存在误判因而收效甚微。[④] 可是在科层制治理和市场治理都不具备条件的情况下，欧盟未来也只能是恪守“差异化”原则推进网络化外部治理。

在对欧盟规则的运用方面，网络治理中制度化的沟通协调机制弥补了主导性权力（要求建立科层制来输出规范）的缺失和市场一体化需求（通过竞争来输出规范）。网络治理以去中心化和国家结构中不同的领域为前提，在这种结构下专家和利益相关者可以参与治理。比较典型的是包括乌克兰、摩尔多瓦等国的城市积极参与由欧盟委员会的赞助支持发展起来的侧重于能源转型的欧洲城市网络。欧洲城市网络目前包括 30 个国家的 1000 多个城镇和城市，治理领域侧重加强这些城市在可持续能源领域的作用和技能，以及代表它们的利益，增加对欧盟能源、环保、城市政策领域所做出的政策和建议的影响；同时促进城市交流经验，转让技术诀窍和实施联合项目。2014 年摩尔多瓦的乡镇有 130 幢

---

① K. W. Abbott, R. O. Keohane, A. Moravcsik, A. – M. Slaughter and D. Snidal, “The concept of ‘legalization’,” *International Organization*, Vol. 54, No. 3, 2000, pp. 401 – 402.

② EU launched E-governance Project in Georgia: Baltic Connection. http://eastbook.eu/en/2012/12/uncategorized-en/the-baltic-connection-eu-launches-e-governance-project-in-georgia/.

③ Levan Avalishvili, “Open and Democratic Governance in Georgia-Challenges on the path of European Integration”, http://idfi.ge/en/open-and-democratic-governance-in-georgia-challenges-on-the-path-of-european-integration.

④ The Civil Society Forum of the Eastern Partnership four years on-Progress, challenges and prospects, CEPS Special Report, January 2014, p. 11 – 14. http://eap-csf.eu/assets/files/HK-EaP-Civil-Society-Forum –（2）（2）. pdf.

公共建筑在2014年连接到农场废物为基础的局部供热网络，这一计划也鼓励了本地中小节能企业的发展。①

即使第三国可能会接受欧盟的规则作为他们与欧盟谈判的规范性参考，或制定联合规则，但他们最终可能并不会在国内采用这些规则。因此欧盟规则是否以及在何种程度上成为第三国的国内规则构成了欧盟外部治理效果的第二个层次。规则的采纳由欧盟批准协议或通过包含欧盟和共同规则的法律和其他法律文件。改革必须始终出于周边国家内部的意愿。如果这一愿望不存在，再多的外来援助或压力将也不能建立可持续的改革。对乌克兰、格鲁吉亚等想摆脱俄罗斯控制的欧洲国家，加入欧盟是它们的首要目标。② 五年以来，东部伙伴国在深化与欧盟关系的程度与步伐上并不一致，将它们共同置于一个总的政策框架下可能会影响计划的整体效应。乌克兰在入盟意愿和要求上明显快于其他五国，将它与白俄罗斯等国置于同一规格的政策框架中难以使这个欧盟最重要的东部邻国的要求和利益最大化。③ 这一入盟前景问题在乌克兰危机中充分显露。④

2014年9月，乌克兰最终与欧盟签署联系国协定是“东部伙伴关系”计划推进的重要标志。但围绕这一乌克兰向欧盟靠拢的协议引发的欧俄博弈说明，“东部伙伴关系”计划没有深入考虑俄罗斯对该地区的影响力，欧盟东进目标的实现离不开与俄罗斯的合作，为了不再进一步触怒俄罗斯，部分推迟履行乌欧联系国协定至2016年。同时，乌克兰的动荡局势也使欧洲认识到，签署联系国协定虽然满足了乌克兰亲欧人士的意愿，但可能给未来的乌俄、欧俄关系带来深远的冲击。因此坚持

① “when farm waste became energy,” http：//www.energy-cities.eu/cities/case_studies.php? lang = en.

② Elena Korosteleva，“The Eastern Partnership Initiative：A New Opportunity for the Neighbours?” *Journal of Communist Studies and Transition Studies*，Vol. 27，No. 1，2011，p. 7.

③ Kataryna Wolczuk，“Ukraine and the EU：Turning the Association Agreement into a Success Story，” European Policy Centre Policy Brief，April 23，2014，http：//papers.ssrn.com/sol3/papers.cfm? abstract_id = 2430226.

④ 近来学界关于乌克兰问题关注得比较多，笔者在此不加赘述，请参见“乌克兰危机对欧洲的影响”，《欧洲研究》2014年第6期第1—42页的相关讨论。

“东部伙伴关系”计划、发展东部邻国与欧盟的关系至关重要。欧盟扩大与睦邻政策委员（European Commissioner for Enlargement and European Neighbourhood Policy）斯特凡·富乐（Štefan Füle）呼吁在推行“东部伙伴关系”计划上展示更大决心和力量，赋予乌克兰、格鲁吉亚和摩尔多瓦入盟前景。[①] 欧盟国家的学者也秉持类似观点。捷克国际事务协会在与欧盟委员会代表召开的名为“东部伙伴关系五年：新战略时刻”的国际会议中提出三点：（1）新组建的欧盟委员会应拿出新的合作框架并切实考虑东部邻国的需求，赋予6个东部邻国入盟的可能性。欧盟的扩员仍是促进这些国家转型最有效的工具，欧洲一体化可以有效抵御来自俄罗斯的渗透。（2）欧盟应该让俄罗斯参与“东部伙伴关系”计划，在欧盟—俄罗斯峰会上讨论该计划。欧盟—俄罗斯边界的讨论不是简单的势力范围划分。（3）欧盟应协助东部邻国面对“深入全面的自由贸易协定”实施后带来的潜在经济冲击。未来欧盟对东部伙伴国的援助应更重质而非量。[②]

第三节　欧盟“东部伙伴关系”计划面临的问题

虽然“东部伙伴关系”计划执行以来取得了欧盟预期的一些推进，但该计划如果不提供入盟前景，终究难以摆脱欧盟外部治理的困境。由于入盟前景一直未包含在计划中，欧盟对东部邻国的义务感和财政资源的投入也比其对入盟目标国少得多。欧盟希望能够将其规范秩序施加于邻国，又不愿为这些国家提供明确的入盟前景或其他强大的激励措施，因而不能取得欧盟所预想的治理成效。目前的批评意见主要围绕欧盟对东部邻国治理的三大问题。

① “EU Commissioner Supports Ukraine's Accession,” http://www.dw.de/eu-commissioner-supports-ukraines-accession/a-17673773.

② Vít Borchany, *Eastern Partnership Five Years On: Time for a New Strategy?*

一、欧盟实施计划的意志和能力

欧盟实施该计划的政治意志一直随着内部“东进”与“南下”外交偏好的变换而摇摆不定。例如，在东部伙伴关系首次峰会开始前，法国、意大利、西班牙等国坚决反对公报草案中有关6个伙伴国为“欧洲国家”的称谓，坚持将其更名为“欧盟的邻国”，并在公报中加入了签证便利化“是一个长期目标”的限定语，以免伙伴国“误解”。这些看似文字表述上的变动实际代表了欧盟“东进”与“南下”派的长期分歧。① 相较西欧国家，中东欧国家是东部伙伴国回归欧洲的重要支持者，德国总理默克尔是唯一亲自参加2009年峰会的欧盟大国首脑。波兰积极推动乌克兰和摩尔多瓦加入欧盟，并得到捷克、匈牙利等国支持，与欧盟此前确立的暂不考虑东部伙伴国入盟的政策相矛盾。波兰认为，参加“欧盟—地中海伙伴关系”计划（Euro-Mediterranean Partnership，EUROMED）② 的许多地中海沿岸国家仅仅是“欧盟的邻国”，而“东部伙伴关系”计划要支持的国家却是“属于欧洲的东部邻国”，并试图在欧盟框架内为构建一个以波兰为核心的地区合作体系创造条件。③

在乌克兰危机中，随着美欧与俄罗斯双方制裁与反制裁不断升温，与俄罗斯保持密切经济来往的中东欧国家正放缓经济复苏的步伐，但基于历史记忆和地缘因素，波兰、捷克等中东欧国家的立场仍然格外强

---

① Kristi Raik，“Eastern Partnership as Differentiated Integration：The Challenges of EaP Association Agreements，” paper presented at the Panel “Russia，EU's Eastern Partnership and Vilnus Summit” of the 13th Annual Aleksanteri Conference “Russia and the World”，Aleksanteri Institute of the University of Helsinki，October 23 – 25，2013，Helsinki，Finland，http：//eceap. eu/wp-content/uploads/2014/06/Review_ No15. pdf.

② “欧盟—地中海伙伴关系”是欧盟推动的促进欧盟南部北非和中东地区16个邻国之间经济一体化和民主化改革进程的一项长期政策，2008年以“地中海联盟”（Union for the Mediterranean）名义重启。

③ Agnieszka Nimark and Anna Zielińska-Rakowicz，“Poland：First Division Player in the EU?” *Notes Internacionals*，CIDOB，45，January，2012，pp. 2 – 3.

硬，甚至表示俄罗斯对战乌克兰就是对战整个欧盟。① 相比之下，德、法等大国在对俄罗斯维持强硬态度的同时，更注意与俄接触、对话，尽量争取与俄合作，寻求解决危机的途径，再度显现对欧洲全局的顾及和主导欧洲事务的意图。波兰和巴尔干国家将东部6国视为它们与俄罗斯之间的缓冲区，而包括法国和德国在内的其他国家则把它们视为欧盟与俄罗斯之间的桥梁。② 因此，欧盟中东欧新成员国不得不在欧盟内同对该政策兴趣一般的成员国博弈，争取它们的支持。欧盟内部的讨价还价增加了该政策的运营成本。

但从现实情况来看，首先成员国的自身利益与欧盟整体利益不能时刻保持一致，在出现分歧时，成员国可能出于利益考虑，放弃“用一个声音说话”。以能源问题为例，为减少对俄罗斯的能源依赖，欧盟制订了南部天然气走廊③计划，力求实现能源来源多元化。但出于能源供应和能源转型的需要，德国坚持实施了和俄罗斯合作的“北溪2号”项目④，这招致了乌克兰等东部伙伴国的强烈反对，⑤ 也没有得到欧盟委员会的支持。与欧盟周边国家的能源合作是睦邻计划改革的重要组成部分，南部天然气走廊途径东部多国，能为东部伙伴国带来巨大的经济收益，德国与俄罗斯的直接合作无疑有损欧盟与东部国家的关系。欧盟的决策机制决定了与睦邻政策改革相关的决议必须通过成员国的协商，如果成员国因为自身利益做出违背睦邻政策改革原则的行为，欧盟若想要

① Nathaniel Copsey，Karolina Pomorska，“The Influence of Newer Member States in the European Union：The Case of Poland and the Eastern Partnership，” *European-Asia studies*，Vol. 66，No. 3，2014，pp. 431－432.

② Jean Crombois，“The Eastern Partnership：Geopolitics and Policy Inertia，” *European View*，2019，Vol. 18，No. 1，p. 4.

③ 南部天然气走廊（Southern Gas Corridor，SGC）是欧盟委员会发起的一项倡议，试图从里海和中东地区运输天然气到欧盟，以减少欧盟对俄罗斯的能源依赖，实现能源来源多元化，共包括南高加索管道、跨安纳托利亚管道和跨亚德里亚海管道三部分。

④ “北溪2号”连接圣彼得堡附近的乌斯季—卢加地区（Ust-Luga）和德国东北部的格莱夫斯瓦尔德（Greifswald），线路将穿越波罗的海，绕过了陆路的中东欧国家如斯洛伐克、波兰等。

⑤ 乌克兰认为，有了“北溪2号”线，俄罗斯就能更轻易地切断通过乌克兰的现有输气管，向基辅施压。乌克兰每年收取的天然气过境费约有20亿美元，是国家财政收入的一个重要来源。

采取弥补性措施或形成新的统一意见，都将耗费大量的时间和精力，欧盟睦邻政策改革的推进也将困难重重。

其次，“东部伙伴关系”计划所提供的援助不足以消除东部国家内部对实施欧盟规则的阻力，东部邻国心有不满。第一，比起地中海区域，欧盟对这一区域投入的资金整体过低。2013 年，欧盟投入“欧盟—地中海伙伴关系”的资金是 15.35 亿欧元，而投入“东部伙伴关系”计划的资金仅为 7.85 亿欧元。此外，2012 年西亚北非局势动荡后，欧盟委员会出台“支持合作，改革和包容性增长”（SPRING）计划，以“多对多原则”支持南部邻国的民主转型进程，仅在 2011—2013 年就对南部地区额外资助 5.4 亿欧元。[①] 第二，在资金分配方面，现有的激励机制不能调动伙伴国的改革热情。“东部伙伴关系”计划的双边合作层面强调对象国改革与欧盟资金分配的正向关系。但在实际操作中，只有 10% 的资金是按照“多对多”原则支配，其他资金都是按照与合作伙伴事先约定的方式分配。[②] 第三，资金投入的成效有限。虽然该计划得到了额外的援助，包括欧洲投资银行的 15 亿欧元和欧洲投资工具（European Investment Facility）的 7 亿欧元，以及来自维谢格拉德集团（Visegrad Group）的注资[③]，但由于欧盟内部冗长的审批程序及公共资金透明化管理条件等原因，大部分援助计划中途流产，即使已发放的援助资金也因对援助国别及重点领域存在误判收效甚微。[④] 此外，自 2008 年经济危机以来，欧盟的视线更多转向内部，欧盟成员国本身

---

① “Implementation of the European Neighbourhood Policy in 2013 Regional Report: A Partnership for Democracy and Shared Prosperity with the Southern Mediterranean Partners,” European Commission, March 27, 2014, p. 22, http://eeas.europa.eu/enp/pdf/2014/regional/pdsp_en.pdf.

② Kristi Raik, “From Attraction to Europeanisation-Moldova's Slow Movement towards the EU,” *Eastern Partnership Review*, No. 2, November 2011, Estonian Center of Eastern Partnership, http://eceap.eu/wp-content/uploads/2014/05/Review_No21.pdf.

③ 维谢格拉德集团，或称维谢格拉德集团 4 国，是由匈牙利、波兰、捷克和斯洛伐克 4 国组成的一个跨国组织，基于地缘因素的考虑，4 国通过维谢格拉德基金对“东部伙伴关系计划”持续注资。参见“Visegrad 4 Eastern Partnership Program,” http://visegradfund.org/v4eap。

④ Hrant Kostanyan, “The Civil Society Forum of the Eastern Partnership Four Years On-Progress, Challenges and Prospects,” CEPS Special Report, January 2014, pp. 11 - 14, http://eap-csf.eu/assets/files/HK-EaP-Civil-Society-Forum - (2) (1) .pdf.

的财政负担使一些已达成的合作计划被迫中断，如纳布科天然气管道项目中，匈牙利、罗马尼亚等国的天然气公司都先后撤资，该计划从地缘经济角度不敌俄罗斯主导的“南溪”项目。[①] 有智库评论，“东部伙伴关系”计划更像是一个官僚色彩浓重的经济项目，没有做好充分的政治准备以应对某些突发事件。[②]

再次，欧盟对东部伙伴国家政策的条件性明显缺乏可信度。有学者认为，在欧盟与第三国的关系中，民主条件性从来没有得到过一致的遵守：当缔约的各周边国家有不民主或违反人权的行为时，欧盟并没有进行相应的制裁，只有在时机便利之时才会推动民主和人权议程。[③] 基于自身利益和地缘因素的考虑，欧盟对民主和人权原则在东部国家的适用并不一致，被批评采用双重标准。例如，资源丰富的阿塞拜疆在人权记录等方面较白俄罗斯不遑多让，但欧盟对其人权政策的监管要轻得多。[④] 必须承认，“东部伙伴关系”计划建立在共同价值观基础上，但每一个行动计划中的诸多目标都为不同的解释和不连贯的执行留有空间。这种对规则适用的不一致削弱了欧盟规则的合法性。

更重要的是，欧盟试图通过“东部伙伴关系”计划这一与周边国家更深层次的政治关系和经济一体化框架安抚不能入盟的国家，但这些政策措施实际上很难满足它们想加入欧盟、获得成员国身份的要求。对乌克兰、格鲁吉亚等想摆脱俄罗斯控制的欧洲国家，加入欧盟是它们的首要目标。[⑤] 五年以来，东部伙伴国在深化与欧盟关系的程度与步伐上并不一致，将它们共同置于一个总的政策框架下可能会影响计划的整体

---

① “EU Launches Negotiations on Association Agreements with Armenia, Azerbaijan and Georgia,” European Commission, July 15, 2010, http://europa.eu/rapid/pressReleasesAction.do?reference=IP/10/955.

② Jeanne Park, “The European Union's Eastern Partnership,” March 14, 2014, http://www.cfr.org/europe/european-unions-eastern-partnership/p32577.

③ Katsiaryna Padvalkava, “The European Union and Its Eastern Neighbours: Towards a More Ambitious Partnership?” *Europe-Asia Studies*, Vol. 66, No. 2, 2014, pp. 341 – 342.

④ Jacqueline Hale, “EU Relations with Azerbaijan under ENP: More for Less?” in Adam Hug, *Spotlight Azerbaijan*, The Foreign Policy Centre, London, May 2012, pp. 70 – 74.

⑤ Elena Korosteleva, “The Eastern Partnership Initiative: A New Opportunity for the Neighbours?” *Journal of Communist Studies and Transition Studies*, Vol. 27, No. 1, 2011, p. 7.

效应。乌克兰在入盟意愿和要求上明显快于其他五国，将它与白俄罗斯等国置于同一规格的政策框架中难以使这个欧盟最重要东部邻国的要求和利益最大化。① 这一入盟前景问题在乌克兰危机中充分显露。

二、东部伙伴国的改革意愿和力度

就东部伙伴国改革力度的大小而言，欧盟条件性的效果取决于对象国政府以及其他拥有否决权的行为体之偏好。② 实施政治条件性的核心部分如民主、人权规则会威胁到东部国家政府的自主权，改变政治行为体之间的力量结构，而力量结构的改变会威胁到现任政府及其他既得力量的利益。因此在事实上，"只要遵守欧盟规则可能导致改变现有政权，或对现有政府力量构成威胁，目标政府就不会遵守这些规则"。③ 民主程度愈低的国家，其欧洲化的国内成本越高，政府及其他国内行为体进行应对的意愿和能力亦越弱。欧盟能够通过提供额外资源和激励影响此类国家推行改革的意愿与能力，但多数东部国家实施政治条件性的环境还不成熟。正如有学者指出，合作伙伴国家在改革中的成本是前置的（front-loaded），而回报则是后置（back-loaded）的，也就是说，伙伴国只有在完成政策调整后才能获得有关市场准入的好处，这使得伙伴国进行改革的动力降低。④

周边国家的国内格局也会以相似的方式影响欧盟外部治理的有效性。首先，如果欧盟的相关规定与周边国家国内的法律、传统以及惯例

---

① Kataryna Wolczuk, "Ukraine and the EU: Turning the Association Agreement into a Success Story," European Policy Centre Policy Brief, April 23, 2014, http://papers.ssrn.com/sol3/papers.cfm? abstract_id=2430226.

② Kristi Raik, "The EU and Mass Protests in the Neighbourhood: Models of Normative (In)action," *European Foreign Affairs Review*, Vol. 17, No. 4, 2012, pp. 553 - 554.

③ Arif Yunusov, "The Impact of Arab Revolts on Azerbaijan's Political Scene," April 27, 2011, http://www.easternpartnership.org/publication/politics/2011-04-27/impact-arab-revolts-azerbaijan-s-political-scene.

④ Edzard Wesselink and Ron Boschma, "European Neighbourhood Policy: History, Structure, and Implemented Policy Measures," *Tijdschrift voor economische en sociale geografie*. 2017, Vol. 108, No. 1, p. 12.

融合得很好，那么他们将很容易被选取、采纳和应用。这被称作周边国家国内制度的“欧盟兼容性（EU compatibility）”。[①] 换言之，周边国家越是在国家类型、社会以及行政管理方面与欧盟成员国，欧洲多层次体系相似，那么就与欧盟的规定契合度越高。在这种情况下，经济和行政自治以及开放政策将推进他们对欧盟规则的选择与采纳，并且他们也将通过强有力的内部治理能力推进欧盟规则的实施。其次，虽然欧盟坚持民主、人权和善治始终是东部伙伴关系中最基本规范，但是目前多数东部国家实施政治改革的环境还不成熟。作为转型国家，东部六国在政治上法律政策的不稳定性、行政机构的官僚主义作风以及腐败；在经济方面，寡头垄断、市场秩序混乱，都距离欧盟标准有很大距离。

东部国家加入该计划是借欧盟平衡俄罗斯的影响力，它们在口头上支持向民主和自由市场迈进的同时，往往以不变应万变。比如，阿塞拜疆与欧盟自2010年开始联系国协定谈判，目前欧盟委员会与阿塞拜疆政府仅仅就能源合作与申根签证等实质性问题达成协议，而双方就政治改革与人权对话的次数不升反降。[②] 甚至有人权组织评论说阿塞拜疆政府内的保守派增多，近几年正朝着威权政治的方向发展。[③] 而阿塞拜疆政府真正希望的是与欧盟达成相对平等的“战略伙伴关系”，在与亚美尼亚领土争端问题上得到欧盟支持并就天然气输出问题发展合作，而不是在内政、人权等问题上频频受到欧盟的指责。[④] 况且，基于自身利益和地缘因素的考虑，欧盟对民主和人权原则在东部国家的适用并不一致，被批评采用双重标准。资源丰富的阿塞拜疆在人权记录等方面较白

---

① E Drieskens, “The compatibility of internal and external reform,” in Edith Drieskens, Louise G. van Schaik eds. The EU and Effective Multilateralism: Internal and External Reform Practices, Routledge 2014, pp. 186 – 187.

② European Commission, “Implementation of the European Neighbourhood Policy in Azerbaijan: Progress in 2014 and recommendations for actions,” SWD (2015) 64 final, 2015 http://eeas. europa. eu/enp/ pdf/2015/azerbaijan-enp-report – 2015_ en. pdf.

③ Human Rights Watch, “Azerbaijan: Escalated Crackdown on Critics,” 2015, www. hrw. org/news/ 2015/01/29/azerbaijan-escalated-crackdown-critics.

④ Aleksandra Jarosiewicz, “Azerbaijan-a growing problem for the West,” OSW, 2014 www. osw. waw. pl/en/publikacje/ osw-commentary/2014 – 09 – 15/azerbaijan-a-growing-problem-west.

俄罗斯不遑多让，但欧盟对其人权政策的监管要轻得多。[①] 况且欧盟成员国对阿塞拜疆的态度微妙，作为阿塞拜疆最大的贸易伙伴意大利和在阿塞拜疆有巨大能源投资的英国等欧盟国家比起瑞典来，很少就阿塞拜疆的人权问题提出批评。2013 年 9 月，亚美尼亚总统萨尔基相（Serzh Sargsyan）宣布，亚美尼亚将加入俄罗斯主导的关税联盟，这无疑是对欧盟希望在该区域推动的“深入和全面自贸协定”的极大嘲讽。有学者评论说，该地区的民主和稳定状况并没有什么改善，除了欧盟—东部邻居年度会议和若干声明，再没有出现任何有意义的、实实在在的成果。[②] 加之近几年，以欧债危机和民粹主义危机为代表的欧盟内部危机频发，欧盟制度本身的稳定性受到怀疑。受到多重危机的影响，欧盟的形象和吸引力受损，维持和发展其规范性诉求更加困难，伙伴国改革动力会减弱。[③]

三、俄罗斯因素

“东部伙伴关系”计划使欧盟东进的触角拓展到了俄罗斯的“势力范围”甚至是边界。俄罗斯首先将该计划视为一个严格的反俄倡议，认为这是北约东扩的替代品，[④] 与此同时，俄罗斯将欧盟的行为视为地缘政治威胁，因为这片区域不仅是俄罗斯的“势力范围”，更是“利益范围”。[⑤] 在 2009 年“东部伙伴关系”计划发布之后，俄罗斯加快了在后

---

① Jacqueline Hale, “EU Relations with Azerbaijan under ENP: More for Less?” in Adam Hug, *Spotlight Azerbaijan*, The Foreign Policy Centre, London, May 2012, pp. 70 – 74.

② Hrant Kostanyan, “The Civil Society Forum of the Eastern Partnership Four Years On-Progress, Challenges and Prospects,” p. 3.

③ Pauline S. Heinrichs, “Narrating Uncertainty and the European Neighbourhood Policy: Evidence from Ukrainian, Israeli and Palestinian Civil Society Elites,” *Global Affairs*, 2019, Vol. 5, No. 1, p. 56.

④ Jeanne Park, “The European Union's Eastern Partnership”.

⑤ Dmitri Trenin, “Russia's Spheres of Interest, not Influence,” *Washington Quarterly*, 2015, Vol. 38, No. 2, pp. 3 – 5.

苏联空间的结构性力量建设并通过三个渠道对该计划施加压力：[①] 第一，通过与欧盟对话渠道，以直接或间接的声明抗议欧盟机构来影响“东部伙伴关系”计划的进展。第二，利用与欧盟国家的双边关系来制衡计划实施。一些欧洲国家不希望以更大的政治、经济及外交成本影响彼此关系的发展。例如，保加利亚支持俄罗斯主导的“南溪”计划。基于与俄罗斯更紧密的经济联系，德国也很难把东部伙伴国的利益置于与俄罗斯的关系之上。“东部伙伴关系”计划的主要推动国波兰也不愿因为竭力推动这一计划而与俄罗斯交恶，担心这样做将大大影响其在欧盟的话语权。[②] 第三，基于文化和历史因素，俄罗斯对大多数东部伙伴国仍然有相当的影响力。俄罗斯宣称，这些国家很难推行西方的自由民主机制，支持白俄罗斯推行“主权民主或有管理的民主”（sovereign democracy or managed democracy）。[③]

俄罗斯近年来大力推动“欧亚一体化”，构建欧亚经济联盟是俄罗斯最主要的应对方式。俄罗斯总统普京认为，实现原苏联空间的一体化是俄罗斯的历史机遇和战略目标，是实现俄罗斯复兴的唯一和关键路径，关键看其发展模式是否有吸引力，能否为其他成员国提供资金、技术、市场、发展空间等公共产品。[④] 2011 年第四季度到 2012 年上半年，俄罗斯对供给白俄罗斯的天然气给出了 40% 的折扣，从 263 美元/立方千米降至 166 美元/立方千米。[⑤] 替代经济一体化的“关税同盟”（CU）

---

① Andras Racz, “Russian Approaches to the ‘Common Neighbourhood’: Change or Preservation of the Status Quo?” SPES Policy Papers, November, 2010, http://iep-berlin.de/wp-content/uploads/2014/08/SPES_ Policy_ Papers_ 2010 Andras_ Racz. pdf.

② Paweł Dariusz Wiśniewski, “Poland’s Strategy for Dealing with Russia’s Human Rights Record,” Carnegie Moscow Center, March 1, 2013, http://carnegie.ru/2013/03/01/poland-s-strategy-for-dealing-with-russia-s-human-rights-record/fn0t.

③ Michael McFaul and Regine A. Spector, “External Sources and Consequences of Russia’s ‘Sovereign Democracy,’” in Peter Burnell and Richard Youngs, *New Challenges to Democratization*, New York: Routledge, 2010, pp. 126 – 128.

④ 冯玉军：“乌克兰危机：多维视野下的深层透视”，载《国际问题研究》，2014 年第 3 期，第 48 页。

⑤ Agata Wierzbowska-Miazga, “Support as a Means of Subordination. Russia’s policy on Belarus,” Warsaw: Centre for Eastern Studies, 2013, http://www.osw.waw.pl/sites/default/files/pw_ 34_ bialorus_ ang_ net. pdf.

和推进中的“欧亚联盟”（EuAsU）是“东部伙伴关系”计划的有力竞争者。白俄罗斯已经加入处于俄罗斯领导下的关税同盟，并在2014年5月签署了《欧亚经济联盟条约》；亚美尼亚也计划加入关税同盟。①

俄罗斯主导的欧亚经济联盟在2015年生效，起初包含俄罗斯、白俄罗斯和哈萨克斯坦三国，现已扩展到亚美尼亚和吉尔吉斯斯坦。欧亚经济联盟的建设涉及能源、交通、工业、农业、关税、贸易、税收和政府采购等诸多领域，最终目标是建立类似于欧盟的经济联盟。从制度设计和经济原理等方面看来，欧亚经济联盟是对欧盟的模仿，这种地区一体化方式既是对欧盟的回应，也以欧盟为灵感来源。② 因此在实践中，欧盟和欧亚经济联盟存在竞争关系，因为俄罗斯和欧盟的特殊关系而互不相容。

欧亚经济联盟对东部伙伴关系的直接冲击，体现在2015年亚美尼亚宣布加入欧亚经济联盟。作为东部伙伴关系一直以来的合作对象国，亚美尼亚的突然转向给东部伙伴关系政策的改革制造了诸多困难，使得欧盟不能在“东部伙伴关系”计划框架下与东部国家开展整体合作，而必须考虑亚美尼亚和白俄罗斯的特殊情况，并且被迫和亚美尼亚签订新的《全面加强伙伴关系协议》。另外，有学者指出，亚美尼亚加入欧亚经济联盟的谈判包含了两国元首的秘密交易，即俄罗斯希望亚美尼亚加入欧亚经济联盟，亚美尼亚要求俄罗斯提供安全保障。③ 在这一层面上，欧亚经济联盟比“东部伙伴关系”计划拥有更多的吸引力，“东部伙伴关系”计划无法通过改革来提供东部邻国迫切需要的安全保障。

另外，乌克兰危机效应外溢并持续发酵也是俄罗斯决心展示硬实力

① Olga Shumylo-Tapiola, “The Eurasian Customs Union: Friend or Foe of the EU?” Carnegie Europe, October 3, 2012. http://carnegieeurope.eu/publications/? fa = 49548; Anders Åslund, “How Putin Lost Ukraine,” *Moscow Times*, August 21, 2013, http://www.themoscowtimes.com/opinion/article/how-putin-lost-ukraine/484823.html.

② David Cadier, “Eastern Partnership vs Eurasian Union? The EU-Russia Competition in the Shared Neighbourhood and the Ukraine Crisis,” *Global Policy*, 2014, Vol. 5, No. s1, p. 80.

③ Laure Delcour, “Faithful but Constrained? Armenia's Half-Hearted Support for Russia's Regional Integration Policies in the Post-Soviet Space,” in D. Cadier, ed., *The Geopolitics of Eurasian Economic Integration*, The London School of Economics, 2014, pp. 39 – 41.

的体现。尤其在克里米亚和塞瓦斯托波尔“公投”宣布加入俄罗斯后，进一步导致乌俄关系雪上加霜。基于此，乌克兰、摩尔多瓦、格鲁吉亚三国于2014年6月正式与欧盟签署了联系国协定。此外，欧盟与东部伙伴国继续在共同安全与防务政策（CSDP）领域加强合作。[①] 在争取乌克兰的全面和平进程中，欧盟强调在调解乌克兰危机三方联络小组（乌克兰—俄罗斯—欧安组织）明斯克会议框架下共同解决乌克兰危机，不承认俄罗斯“吞并”克里米亚和塞瓦斯托波尔后在2014年9月14日举行的乌克兰东部地方选举。[②] 当和平调解乌克兰东部局势的拥护者在2014年10月26日乌克兰议会选举中获得多数选票、提供重新履行明斯克协议的机会后，欧盟再次敦促俄罗斯协助乌克兰东部两州按照乌克兰法律进行地方选举。[③] 2015年2月，乌克兰、俄罗斯、德国和法国领导人签署了基于明斯克协议基础上的新版乌克兰和平协议，但这一协议是否能被严格执行的前景并不明朗。俄主导的欧亚联盟与欧盟东扩战略围绕乌克兰的地缘争夺在未来相当长的时间内还将持续。俄欧关系的恶化会影响俄罗斯在一些急迫的非传统安全问题上与欧盟的合作。[④] 此外，受到西方制裁的俄罗斯采取了针对性的反制裁措施，俄欧之间密切的贸易关系受损，俄罗斯重新寻找替代性的贸易和投资伙伴，长远看势必会对美欧主导的全球经济秩序造成冲击。

---

① “EU and Eastern Partners Enhance Cooperation on CSDP,” European Union External Action, October 3, 2014, http://eeas.europa.eu/csdp/news/2014/10/03_en.htm.

② “Council conclusions on Ukraine,” Council of the European Union, Foreign Affairs Council meeting, Luxembourg, October 20, 2014, http://consilium.europa.eu/uedocs/cms_data/docs/pressdata/EN/foraff/145211.pdf.

③ “Statement by the Spokesperson on Early Local Elections in Eastern Ukraine,” European Union External Action, October 29, 2014, http://eeas.europa.eu/statements/docs/2014/141029_02_en.pdf.

④ “Opening Remarks by Commissioner Füle at the Plenary Session of the Foreign Affairs Council on Eastern Partnership,” European Commission, July 22, 2014, http://europa.eu/rapid/press-release_STATEMENT-14-236_en.htm.

本章小结

如何通过建立深层次的政治关系和经济一体化框架来吸引和安抚周边不能入盟的国家是欧盟作为一个规范性区域强权所面临的最大挑战。欧盟在“东部伙伴关系”计划实施进程中基于强大的经济实力和制度性引力，扮演着引领者、指示者的角色，分层次、有重点地推进与各伙伴国之间双边行动计划的最初设想。但是欧盟的力量更多来自规范的实体化。2014年，欧盟落实与乌克兰双边合作、给予其入盟前景是“东部伙伴关系”计划的重要推进，但同时也触发了该区域的动荡。从目前的进展来看，欧盟既不可能使其内部协调达到完全一致以保障政策的连贯，也难以如自身期望维持欧俄关系的总体稳定。在“东部伙伴关系”计划的调整中，是与俄罗斯进行激烈的地缘政治争夺，还是做出更平衡、更全面的冷静安排，将是欧盟面临的重大选择。

欧盟会继续与俄罗斯进行对话，向俄罗斯表明欧盟与伙伴国提升关系并不以牺牲俄罗斯利益为代价，寻找双方利益共同点。欧盟清楚，6个东部邻国的安全稳定和繁荣与欧盟密不可分。作为东扩后对东部邻国推出的最大项目，蕴含欧盟治理理念的“东部伙伴关系”计划主要满足欧盟对周边的期待，而不考虑对俄罗斯造成的战略压力，因而“东部伙伴关系”计划并没有给欧洲带来安全和稳定。一方面欧盟高度依赖俄罗斯能源，另一方面欧盟推动的又不是真正包容俄罗斯的周边外交战略。欧盟应与俄罗斯基本达成协议，并将俄罗斯视为这一政策的重要合作方。但这又是一个悖论，“东部伙伴关系”计划中蕴含着欧盟的规范性原则，促进这些东部邻国走向欧盟期望的欧洲经济一体化轨道是这一政策工具的重要目标，乌克兰朝着这个方向努力势必动摇俄罗斯对其影响力。欧盟迫使乌克兰在自己与俄罗斯之间做出选择，乌克兰已经签署联系协定，把加入欧盟作为长期目标。因而，欧盟与俄罗斯关系的前景是黯淡的，这些行动者之间的合作将是困难的。尽管如此，欧盟没有其他更好的政策选择。在推进欧盟机制建设和克服成员国分歧的愿景下，欧盟仍将“东部伙伴关系”计划作为稳定其东部边界的一个重要环节而持续推进。

第四章

“欧盟规范的韧性转向”：欧盟“东部伙伴关系”计划再调整

如前文所言，欧盟规范实体化的方式之一是其推进的外部治理，那么欧盟“东部伙伴关系”计划对象国是欧盟推进外部治理的主要区域之一。“东部伙伴关系”计划自2009年实施以来，欧盟对东部伙伴国推进外部治理的效果有限。欧盟自2015年以来对“东部伙伴关系”计划进行了一系列改革，以应对急剧恶化的周边环境和内部压力。此次“东部伙伴关系”计划的调整着重于实现欧盟邻国稳定性与“韧性”。本章将以欧盟外部治理走向务实，欧盟规范趋向韧性转向的视角，评析“东部伙伴关系”计划的再调整。

第一节　欧盟全球战略框架下的东部伙伴关系

2017年欧盟将东部伙伴关系视作欧盟全球战略的重要组成内容。①

① European Commision, “Report on the Implementation of the European Neighbourhood Policy Review,” Brussels, 18. 5. 2017, https://eeas. europa. eu/sites/eeas/files/2_ en_ act_ part1_ v9_ 3. pdf; Council of the European Union, Council Conclusions the Global Strategy of the European Union's Foreign andSecurity Policy, http://data. consilium. europa. eu/doc/document/ST－13202－2016－INIT/en/pdf.

这也同时更加明确了“东部伙伴关系”的定位。

2016年，在当时的欧盟领导层尤其是欧盟委员会副主席、外交事务与安全政策高级代表费代丽卡·莫盖里尼的积极推动下，与2003年出台的意义重大、影响广泛的“更好世界中的安全欧洲——欧洲安全战略”①相隔13年之久，欧盟再次发布了名为“共同愿景、共同行动：一个更强大的欧洲——欧盟外交与安全政策的全球战略”的新安全战略②，该战略以有原则的务实主义为指导思想，着力于欧盟对外行动的优先目标，涵盖了从欧盟本土到周边再到全球的三环安全架构。一是欧盟层面：强调利益导向，提升战略自主性与硬权力；二是欧盟周边层面：重视欧盟周边地区，构建国家与社会的韧性；三是全球层面：改革全球治理体系，发展灵活多样的伙伴关系。

欧盟全球战略确定了联盟的安全、在东部和南部国家与社会的韧性、对冲突的综合管理、合作性地区秩序以及21世纪的全球治理五大对外行动优先目标，力图以一个更加可信、灵敏和整体的联盟来应对一个更加联动、对抗与复杂的世界。全球战略反映了欧盟对自身及世界形势发展的最新判断，表达了其凝聚共识、整合力量、有效维护核心利益与价值观的愿景，对欧盟及包括中国在内的外部世界都将产生重要影响。

欧盟全球战略报告中指出，欧盟及更广泛的近邻地区变得更加不稳定、更加不安全。欧盟的边界内外的危机正直接影响着欧盟公民的生活。在充满挑战的时代，一个强大的联盟是一个进行战略思考、拥有共同愿景并且集体行动的联盟。欧盟将促进和平以及保障其公民和领土的安全。欧盟指出：内部和外部的安全越来越相辅相成：内部安全依赖于我们边界以外的和平。欧盟特别指出要协助恢复东部和南部国家社会韧性——国家和社会改革的能力，从而抵御内部和外部危机并从中恢复韧

---

① European Union, “A Secure Europe in A Better World-European Security Strategy,” December 2003, http: //europa. eu/globalstrategy/en/european-security-strategy-secure-europe-better-world, last accessed on 29 June 2016. 书中简称为“欧盟安全战略”。

② “共同愿景，共同行动：一个更强大的欧洲”，《欧洲外交和安全政策全球战略》（European Union, “Shared Vision, Common Action: A Stronger Europe-A Global Strategy for the European Union's Foreign and Security Policy”）, June 2016, http: //europa. eu/globalstrategy/en/shared-vision-common-action-stronger-europe, last accessed on 29 June 2019. 书中简称为“欧盟全球战略”。

性国家和社会要突出民主、制度信任和可持续发展的特点。

欧盟近年来面临恐怖主义、移民和难民、主权领土分裂等多重威胁，由于这些现实威胁主要来源于周边地区国家，所以处理和周边地区国家的关系成为其外交与安全政策的重点。全球战略指出，欧盟将首先在欧洲及其周边地区承担责任，进而在更远的地区寻求有针对性的接触。全球战略的起点是欧盟，而其集中着力点则是欧盟周边。欧盟将以实际、有原则的方式在东部和南部周边地区维护和平。欧盟的周边目标涵盖了扩大政策、睦邻政策、移民政策以及周边地区的韧性政策。

就如何通过多种政策方式、有针对性地构建其周边地区国家与社会的韧性问题，欧盟提出了以下几个方面的思考：① 第一，对于西巴尔干、土耳其等正在申请加入欧盟的国家来说，基于严格公平条件之上的可信的扩大政策是不可代替的工具，可以确保这些国家按照入盟标准推进现代化与民主化，增强其韧性。第二，对于突尼斯、格鲁吉亚等欧盟邻国来说，睦邻政策是强大的工具，通过国家层面的联系协议实施深入全面的自贸区协定、建立泛欧网络与能源共同体、推动基础设施或者数字领域的联通建设等，以及通过社会层面的联系，如人口流动、文化教育交流、研究合作与市民社会平台等，加强其韧性。对于欧盟东部与南部的邻国来说，不论这些国家是否已经纳入欧盟睦邻政策、是否有意愿与欧盟建立更加牢固的联系，加强韧性都是欧盟的战略优先目标。欧盟将对增强这些国家韧性的不同方式给予支持，关注最脆弱的领域，将那些可以发生真正变化的事物作为目标。第三，对于欧盟的周边地区国家来说，欧盟将通过多种多样的方式培育其社会韧性。尽管一些专制国家从长远来看具有内在的脆弱性，但仍有很多方法来建立包容、繁荣与安全的社会。当社会成员感到自己正变得越来越好、未来更有希望的时候，国家才会有韧性。欧盟将支持这些国家建立包容、负责的治理体系，整合自己的人道主义、发展、移民、贸易、投资、基建、教育和卫生等政策，深化与市民社会的关系，以及采取其他举措，加强这些国家

① European Union, “Shared Vision, Common Action: A Stronger Europe-A Global Strategy for the European Union's Foreign and Security Policy,” p. 15.

的社会韧性。欧盟还将寻求加强这些国家的能源与环境韧性。第四，对于欧盟周边的移民与难民来源国和中转国来说，欧盟将大力提升其人道主义援助水平，并与这些国家一起采取发展、外交等政策以及合法移民、边境管理、接收遣返等举措管理好移民，提升其韧性。

欧洲睦邻政策（ENP）范围内突尼斯或格鲁吉亚等国家的繁荣，和平和稳定是良好的范例。ENP 已经重新致力于东部和地中海南部国家。欧盟将支持这些国家实施协会协议，其中包括三个方面的重点内容：（1）执行和深化全面的综合自由贸易区。（2）与实施全面的综合自由贸易区的国家建立经济区，扩展跨欧洲网络和能源共同体，以及建立物理和数字连接。（3）通过加强人员流动性，文化和教育交流，研究民间社会合作平台。为这些国家进一步参与 CSDP 铺平道路。重点关注脆弱性面，针对高效性改变。

欧盟在周边政策中强化韧性概念。全球战略文件中有 40 多次提到韧性，其中欧盟周边政策是最集中的部分。鉴于欧盟在邻国的有限的治理效果，韧性转向旨在远距离对周边地区“国家、政府和精英进行规训”，从而保持在自由与稳定之间的中间立场。① 比如，对于国家失败、区域治理缺失及宗派冲突丛生的中东北非地区，欧盟将放弃地区转型的宏大计划，而致力于使该地区的国家和社会更具韧性，提升当地政府与社会应对挑战的能力：开展社会治理，加强公民社会建设，减少这些国家的脆弱性，避免使其成为“失败国家”。欧盟将更加关注已有积极发展迹象的国家与地区。如果欧盟认为中东北非及相邻地区的不稳定在未来有可能“溢出”到周边区域，那么将考虑在这些特定地区实施早期预警和建立目标支持机制。在周边地区社会韧性方面，欧盟战略强调了四个方面：

1. 政治建设方面：欧盟将通过对话和支持，促进人权发展，寻求推进人权保护。（1）采取以地方为基础的权利方法来改革司法，安全和国防部门，支持脆弱国家建设能力。（2）通过发展，外交和 CSDP 来确保欧盟的安全部门改革工作。（3）与其他国际参与者合作，特别是

① Irina Petrova & Laure Delcour, “From Principle to Practice? The Resilience-Local Ownership Nexus in the EU Eastern Partnership Policy,” *Contemporary Security Policy*, 2019, pp. 1 – 25.

与联合国和北约协调欧盟的能力建设工作。

2. 可持续发展：（1）政策层面：采取联合办法处理其人道主义、发展、移民、贸易、投资、基础设施、教育、卫生政策研究。（2）经济层面：应用发展基金促进战略投资，推动可持续增长，创造就业机会，技能和技术转让。扩大获得公共服务和社会保障的机会，增加特别是妇女和青年的就业机会，为边缘化群体的融入创造有利环境。（3）利用贸易协定来支持可持续发展，人权保护和基于规则的治理。

3. 文化建设方面：通过深化与民间社会的关系，加强社会韧性。（1）长期的、更多地与文化组织、宗教团体、社会伙伴和人权维护者联系，反对侵犯言论和结社自由。（2）深化教育、文化和青年工作来培养社会韧性，以促进多元化，共存和尊重。

4. 能源和环境方面：妥善管理能源转型问题。（1）通过安全部门改革，能源和环境部门改革政策来应对荒漠化，土地退化以及水和粮食短缺的影响以及气候变化和环境退化造成的冲突。（2）鼓励能源自由化，可再生能源的发展，加强监管和完善技术转让政策，以及减缓和适应气候变化。（3）支持各国政府通过发展外交和科学合作，为粮食生产以及水和能源的使用制定可持续的对策。

在欧洲的安全秩序方面，针对俄罗斯的影响，欧盟特别强调国家的主权、独立和领土完整，边界的不可侵犯性和和平解决争端是欧洲安全秩序的关键要素。除了更广泛的黑海地区的旷日持久的冲突之外，俄罗斯违反国际法和乌克兰的不稳定，已经挑战了欧洲安全秩序的核心。欧盟将团结一致，坚持国际法，民主、人权、合作以及每个国家自由选择未来的权利。一致和团结的方法必须仍然是欧盟对俄罗斯政策的基石。欧盟与俄罗斯之间关系的重大变化的前提是充分尊重国际法和支撑欧洲安全秩序的原则，包括“赫尔辛基最后文件”和“巴黎宪章”。欧盟不会承认俄罗斯非法吞并克里米亚，也不承认乌克兰东部的不稳定。欧盟将增强东部邻国的抵御能力，维护他们对待欧盟态度的自由决定。与此同时，欧盟和俄罗斯是相互依存的。欧盟将与俄罗斯讨论分歧和合作。

欧盟全球战略推出了两个引人关注的新概念：有原则的务实主义和

韧性。如果说有效多边主义是欧盟安全战略的核心概念，那么有原则的务实主义则是整个全球战略的核心概念，而韧性是欧盟的价值观转向。有原则的务实主义是欧盟对以往历史经验的反思以及对当前战略环境进行评估的结果。欧盟认识到仅凭欧盟模式的吸引力无法解决内外问题，所以要降低期望值，缩小愿望与现实之间的鸿沟。

第二节 欧盟“东部伙伴关系”计划理念的韧性趋向

2017 年 5 月，欧盟对欧洲睦邻政策的实施情况进行了最新情况评估，对欧盟的睦邻政策的推进工具也进行了更为明确的分工。其实，自睦邻政策推出以来，欧盟每年都会对欧洲睦邻政策在各个邻国的实施情况进行总结，出台关于欧洲睦邻政策在每个伙伴国的发展进步报告。在此基础上，欧盟在整体上对欧洲睦邻政策做出过多次修改，比如，2006 年 12 月，欧洲委员会发表了《加强欧洲睦邻政策》的通讯文件，2007 年 12 月，欧洲委员会又发表了《强劲的欧洲睦邻政策》通讯文件，对进一步改进欧洲睦邻政策提出了修改建议①，但是建议过于宽泛，缺少明确而有效的具体措施。

2014 年，欧盟委员会主席容克委任约翰内斯·哈恩为欧盟睦邻政策和扩大事务谈判委员，希望他加强睦邻政策，促进邻国民主体制的稳定和经济的繁荣。② 2015 年 3 月 4 日，哈恩和欧盟外交政策与安全事务高级代表莫盖里尼联合宣布，欧盟将对睦邻政策进行审查和改革，以提

---

① 张学昆：《论欧盟邻国政策的形成》，载《国际政治研究》（季刊），2009 年第 3 期，第 152 页。

② Jean-Claude Juncker, *Mission Letter from the President of the Commission to the Commissioner for European Neighbourhood Policy and Enlargement Negotiations*, Brussels, November 1, 2014, p. 4.

高与地区邻国合作的能力。[①] 进行改革之前，莫盖里尼和欧盟委员会对现存的睦邻政策进行了审查和评估，征询了欧盟成员国、欧盟理事会、欧洲议会、智库等各领域合作伙伴的意见。

2015 年 11 月，《欧盟睦邻政策审查报告》（Review of the European Neighbourhood Policy）发布，改革正式开始。该审查报告旨在帮助欧盟与其邻国建立更加有效的伙伴关系。该报告收集了来自欧盟成员国、伙伴国政府、欧盟各机构、国际组织、社会伙伴、市民社会、商人、智库、学者以及公众人物的 250 多条反馈信息。这也证明了关于欧洲睦邻政策的修改必须从本质上和方法论上进行修改的紧迫性和必要性。[②] 报告明确了改革的前提、规模、政策工具、各政策部门协调等问题，希望确保改革能使睦邻政策更有效地支持与邻国的合作。这是为了应对急剧恶化的周边环境和内部压力，差异化的伙伴关系和量身定制的方法是修订版欧洲邻国政策的标志。各个国家的发展情况在有关国家的事实报告中得到解决，该报告由欧洲对外行动署和欧洲委员会在欧洲理事会会议或其他类似的高级活动之前发布，并取代了以前的一年一次同时为所有合作伙伴发布的欧洲睦邻政策年度一揽子计划，欧洲睦邻政策的审查程序的启动与欧盟全球战略的开展同时进行。欧盟全球战略旨在通过恢复合作伙伴的韧性来稳定欧盟的邻国。

由于全球化和内部压力形成的改革，许多欧盟邻国经历了社会和经济变革，而安全是该地区中长期经济发展的前提。欧盟在强调继续捍卫欧盟的价值观和人权的同时，鉴于对合作伙伴国家采取不同的（量身定制的）方法，并且所有利益相关者都对政策有更大的所有权，目前的审查还促使合作伙伴在安全事项上加强合作。这次欧洲邻国政策修订的主要原则是伙伴国家之间的差异，灵活性，共同所有权，欧盟成员国的更

① European Commission, "Joint Press Conference by High Representative/Vice-PresidentFederica Mogherini and Commissioner Johannes Hahn on European Neighbourhood Policy Review," March 4, 2015, http://europa.eu/rapid/press-release_ SPEECH - 15 - 4553_ en.htm.

② European Commission, "Joint Communication to the European Parliament, the Council, the European Economic and Social Committee and the Committee of the Regions: Review of the Neighbourhood Policy," Brussels, 18 November, 2015, p. 2., http://ec.europa.eu/enlargement/neighbourhood/pdf/key-documents/151118_ joint-communication_ review-of-the-enp_ en.pdf.

多参与以及共同责任。通过睦邻政策，欧盟为合作伙伴国家提供了进入欧盟市场和监管框架，标准以及内部机构和计划的更大机会。欧盟主要通过欧洲睦邻政策工具（ENI）为邻国地区的合作伙伴提供支持，2014—2020年的资金超过150亿欧元。除了提供支持款项外，欧盟还旨在通过与邻国投资基金的投资补贴，与国际金融机构的合作来利用大量额外资金。技术援助工具可用于帮助实施联系国议程和伙伴关系优先事项。

新的睦邻政策主要是欧盟与每个伙伴国家之间的双边政策。尽管如此，它还得到了区域和多边合作倡议的补充，特别是包括欧盟的东部伙伴关系和地中海伙伴关系计划：新睦邻政策的核心是4个主要领域：（1）善政、民主、法治和人权；（2）经济发展趋于稳定；（3）安全性；（4）迁移与流动。改革版的睦邻政策在覆盖范围上较之前的版本没有太大变化。欧盟仍旧将推广善治、民主、法治和人权等价值观放在重要位置，划分了经济发展、安全、移民与人员流动三大板块。经济上侧重与伙伴国的贸易往来和创造就业机会；安全上则针对近几年的边境管控难题开展防务和管理合作，同时帮助周边国家进行安全部门改革，增强危机防范和应急能力；人员流动上区分了难民和常规移民，在进一步促进人员流动的同时，试图更加系统地管理难民。

欧盟此次提出了睦邻政策改革的四个优先原则，即差异化原则、聚焦原则、灵活性、伙伴国的所有权和政策透明度，希望通过新方法和新措施提升该政策的有效性。

欧盟将差异化原则和聚焦原则列为改革的指导性原则，这些原则具体体现在与各个伙伴国商定的合作优先项上。欧盟希望加强伙伴国的所有权，以平等的方式让周边国家参与到谈判过程中，这一目标可以视作加强伙伴国改革自主性和动力的方式。因为在之前的行动计划谈判中，政策议题的决定或预算分配权绝大部分掌握在欧盟和成员国手里，伙伴国处于不对等的合作关系中，这是一种深刻的欧洲中心主义的表现。[①]

① Jolyon Howorth, “‘Stability on the Borders’: The Ukraine Crisis and the EU’s Constrained Policy Towards the Eastern Neighbourhood,” *Journal of Common Market Studies*, 2017, Vol. 55, No. 1, p. 127.

而目前的合作优先项谈判和联系国议程谈判都在双方平等协商的基础上进行。欧盟希望通过与伙伴国在协商理事会（Association Council）或者伙伴理事会（Partnership Council）中的平等谈判，将每个伙伴国自身的独特诉求体现在合作优先项中。这也意味着欧盟以差异化的方式根据伙伴国意愿采取合作，提高睦邻政策在实施中的效率。

2015 年的睦邻政策改革将“稳定”确定为周边问题中最紧要的挑战、主要政治优先项和目标，改革的所有举措都旨在消除不稳定的根源，即贫穷、不平衡、不公正感、腐败、经济社会发展不足、缺乏机遇[①]等社会问题。[②] 改革版的睦邻政策致力于支持伙伴国经济发展和提高当地人对未来生活的预期，从根源入手促进地区稳定。如针对地中海区域合作重点，包括搭建不同文化间桥梁、以经济发展带动地区安全、实施微观经济项目帮助社区留住本想移民的人、共同应对气候变化和切实解决沙漠地区缺水问题。[③] 欧盟确定的 4 个优先原则：差异化原则、聚焦原则、灵活性、伙伴国的所有权和政策能见度。这些原则反映了欧盟对睦邻政策的反思，欧盟希望在方法上更加个性化、更有针对性，以提高改革的效果和效率。[④]

“差异化和共同所有权的增加”是2015 年欧洲睦邻政策的象征性话语，反映了睦邻政策伙伴国不同而复杂的要求。[⑤] 新欧洲睦邻政策主要通过三种平台发挥作用：一是双边合作；二是区域、泛邻国和跨境合作；三是对民间社会的支持。首先，双边合作的预算主要来自欧洲睦邻政策工具的资金，这是为每个合作伙伴国量身设计的。在预算范围内，主要实施工具还是双边睦邻政策“行动计划”（Action Plan），该计划界定了一系列政治和经济改革的短期和中期优先事项，并为实施这些优先

① 缺乏机遇主要指年轻人的就业和发展机遇。

② Commission and HR/VP, *Review of the European Neighbourhood Policy*, Brussels, November 18, 2015, pp. 3 – 4.

③ 《欧盟应与地中海国家加强务实与多方面联系合作》，2016 年 7 月 25 日，http://www.mofcom.gov.cn/article/i/jyjl/m/201607/20160701365678.shtml

④ Commission and HR/VP, *Joint Consultation Paper: Towards a new European Neighbourhood Policy*, Brussels, March 4, 2015, pp. 6 – 9.

⑤ Ibid., p. 2.

事项提供指导。此外，欧洲睦邻政策工具资金还被用来支持区域，泛邻国和跨境合作的项目。其次，欧盟通过睦邻政策试图激励民间社会行为体，加强他们推动伙伴国民主改革的力量，特别是鼓励当地民间社会组织发挥作用，鼓励他们对政府当局施加压力，推动改革。①

欧洲新睦邻政策实施的三种平台是相互联系的，区域、泛邻国和跨境合作的很多项目也是通过双边合作完成的，对民间社会的支持也会通过双边和区域合作实现，但是他们又是有区别的，因为区域、泛邻国和跨境合作有时候范围要比双边合作大，可能包括很多国家，多个区域的合作。而除了双边和区域合作外，欧盟还有很多其他支持伙伴国民间社会的计划，例如“欧洲民主与人权工具”（EIDHR），“非国家行为体和地方当局计划”（NSA-LA）以及“欧洲睦邻政策工具民间社会设施”（ENI-CSF）等。②

此次改革的创新点集中于双边关系和金融工具上。欧盟将与伙伴国分别签订新的“合作优先项”（Partnership Priority）以及联系国议程（Association Agenda），二者与早期签订的行动计划（Action Plan）一起，组成欧盟与伙伴国合作的指导文件。合作方式上欧盟将探索除激励式方法（incentive-based approach）——“以更多换更多”（more for more）以外的更有效的方式，还将改变进度报告的发布形式，不再同时发布所有国家的进度报告，而是根据新商定的合作重点单独发布每个国家的进度报告。金融工具方面，欧洲睦邻政策工具（ENI）取代欧洲睦邻与伙伴关系工具（ENPI）成为主要的资助工具，还新设“韧性垫”（flexibility cushion），留出一部分资金用作应急处置。③ 2017 年，《欧盟睦邻政策审查报告执行情况报告》（Report on the Implementation of the European Neighbourhood Policy Review）发布，报告对欧洲睦邻政策的改革进展进行了阶段性总结。

东部伙伴关系被确立为欧洲睦邻政策的特定的东部面向，欧盟“东

① Commission and HR/VP, *Joint Consultation Paper*: *Towards a new European Neighbourhood Policy*, Brussels, March 4, 2015, p. 2.

② Ibid., p. 2.

③ Commission and HR/VP, *Review of the European Neighbourhood Policy*, p. 20.

部伙伴关系”计划也在睦邻政策的整体框架内进行了调整。为了适应东部伙伴国的变化，此次改革将重点放在区域稳定、政治、经济、安全相关事务上。[①] 在接下来的三到五年内，稳定是欧盟东部邻国最紧迫的任务。[②] 为此，修订后的欧洲睦邻政策为伙伴国提供了特定的方法，强调了伙伴国需要遵守国际法，尤其是国际人道法，这样有助于欧盟帮助伙伴国一起处理安全问题。[③] 但是，该方法也只能约束伙伴国遵守国际法，却制约不了入侵伙伴国的国家。所以，该方法的有效性还有待检验。

2014 年缔结的《联系国协定》和“深入和全面自由贸易区协定”，将欧盟与格鲁吉亚，摩尔多瓦共和国和乌克兰之间的关系提升到了一个新的水平。这些协议旨在加强政治联系和经济一体化。它们需要进行重大改革，旨在通过使它们的法规和标准与欧盟法规保持一致来使伙伴国离欧盟更近。最重要的是，他们的目标是切实改善公民的生活。一个明显的例子是，签证自由化已于 2014 年对格鲁吉亚和乌克兰生效（2014 年摩尔多瓦共和国除外）。

作为 2015 年对欧洲睦邻政策的审查结果，欧盟再次强调了东部伙伴关系政策的所有权和差异性，因此对与亚美尼亚、阿塞拜疆和白俄罗斯的关系采取了更加量身定制的方法。具体而言，已经与亚美尼亚谈判了一项新的《全面和加强伙伴关系协定》，该协定与欧盟的政治和经济合作将考虑亚美尼亚的其他国际承诺。[④] 欧盟也正在与阿塞拜疆谈判一项新的框架协议，以更好地反映双方各自的利益和价值观。[⑤] 与白俄罗

---

① European Commission, “European Neighbourhood Policy,” http: //ec. europa. eu/enlargement/neighbourhood/overview/index_ en. htm.

② European Commission, “Joint Communication to the European Parliament, the Council, the European Economic and Social Committee and the Committee of the Regions: Review of the Neighbourhood Policy,” Brussels, 18 November, 2015, p. 3. , http: //ec. europa. eu/enlargement/neighbourhood/pdf/key-documents/151118_ joint-communication_ review-of-the-enp_ en. pdf.

③ Ibid. , p. 4.

④ EEAS, “European Union and Armenia Sign Partnership Priorities,” February 21, 2018, https: //eeas. europa. eu/delegations/armenia/40181/european-union-and-armenia-sign-partnership-priorities_ en.

⑤ EEAS, “Partnership Priorities between the EU and Azerbaijan Reinforce the Bilateral Agenda,” July 11, 2018, https: //eeas. europa. eu/delegations/armenia/48244/partnership-priorities-between-eu-and-azerbaijan-reinforce-bilateral-agenda_ en.

斯一起，欧盟正在加深其在精心校准的相互步骤中的关键参与。但是阿塞拜疆和白俄罗斯将经济和部门合作的务实方法放在首位，同时试图抵制欧盟的规范化促进战略，欧盟不得不调整其合作议程。2019 年，阿塞拜疆阿利耶夫总统强调，阿塞拜疆已经在欧洲一体化框架内做了一切可能的事。他指出：“欧盟的某些程序对于阿塞拜疆来说是不可接受的。所谓的‘反对派’拿着欧盟旗帜走上街头，他们希望在布鲁塞尔决定阿塞拜疆的命运。我们不能把命运交给其他人。我们有自己的历史和价值观。”① 欧盟与白俄罗斯关系近年来趋于缓和，欧盟于 2016 年解除了对白俄罗斯的大部分制裁。2018 年，欧盟—白俄罗斯伙伴关系优先事项的谈判开始，包括人权、核安全、善政和法治等领域，但是双方尚未达成协议。② 2019 年，白俄罗斯明确表示没有加入欧盟的意愿（见表 4—1）。

表 4—1　欧盟与东部伙伴关系对象国合作进展

（截至 2019 年 4 月 30 日）

东部伙伴关系对象国	乌克兰	联系国协议	2014 年	2017 年整体实施③
		联系国议程	2015 年	更新版本④
	格鲁吉亚	联系国协议	2014 年	2016 年整体实施⑤
		联系国议程（2017—2020）	2017 年	

① 《阿塞拜疆总统表示无法加入欧盟：某些要求不可接受》，2019 年 12 月 24 日，https://baijiahao.baidu.com/s?id=1653793034523093716&wfr=spider&for=pc。

② Delegation of the European Union to Belarus, “Belarus and the EU,” https://eeas.europa.eu/delegations/belarus/15975/belarus-and-eu_en.

③ 欧盟与乌克兰之间的《联系国协议》在 2014 年签署，自 2014 年 11 月起已经部分执行，但是欧盟方面的签署生效过程直到 2017 年 7 月才全部完成，其完整执行从 2017 年 9 月开始。

④ 欧盟—乌克兰联系理事会在 2015 年 3 月认可了更新版《联系国议程》，确定短期改革目标和优先项，详见：Council of the EU, “Joint Press Release Following the Endorsement of the Updated Association Agenda by the EU-Ukraine Association Council,” March 16, 2015, https://www.consilium.europa.eu/en/press/press-releases/2015/03/16/joint-press-release-following-the-endorsement-updated-association-agenda-eu-ukraine-association-council/。

⑤ 欧盟—格鲁吉亚《联系国协议》于 2014 年 6 月签订，其中 DCFTA 从 2014 年 9 月起开始执行，整体于 2016 年 7 月开始实施。

续表

东部伙伴关系对象国	摩尔多瓦	联系国协议	2014年	2016年整体实施
		联系国议程（2014—2016）	2014年	2017—2020年版尚在审查中
	亚美尼亚	全面加强伙伴关系协议①	2017年	2018年实施
		合作优先项	2017年	
	阿塞拜疆	合作优先项	2018年	新的合作协议在协商中②
	白俄罗斯	无		

资料来源：笔者根据欧盟理事会及欧洲对外行动署官方网站整理。

表4—2　欧盟与东部伙伴关系国家的合作优先事项

优先合作事项	1. 加强制度建设和善治 2. 经济发展和市场机会 3. 连通性，能源效率，环境和气候行动 4. 人员流动和交流

表4—2列出的是欧盟与6个伙伴国所签订的合作优先项，内容宽泛，几乎覆盖了政策内容的所有方面。可以看出，合作优先项并没有起到“聚焦”的效果，只是以更加笼统的语言归纳了合作的各个方面。除此之外，每个优先项涵盖众多方面，在具体目标上也没有细化要求，这一定程度上是出于灵活处理的需要，但是另一方面也给了效果评估更多的解释空间，很难在实际操作中提高效率。横向比较来看，各个国家的合作优先项也大同小异，经济建设、安全部门改革、人员流动和治理优化仍然是主要目标。亚美尼亚和阿塞拜疆两个东部国家的合作优先项高度一致，但是亚美尼亚和阿塞拜疆之间存在纳戈尔诺—卡拉巴赫冲突③，并且

① 因为亚美尼亚已经加入了俄罗斯所主导的欧亚经济联盟，故欧盟与亚美尼亚的协议相对特殊。《全面加强伙伴关系协议》于2017年签署，亚美尼亚国内2018年批准生效，投入实施。

② 欧盟于2016年授权与阿塞拜疆就新的合作协议进行谈判，双方在2017年2月正式开始谈判，目前还在谈判过程中。

③ 纳戈尔诺—卡拉巴赫（简称纳卡）位于阿塞拜疆境内，面积4400平方千米，人口18万，其中80%为亚美尼亚族人，历史上阿亚两族就纳卡归属素有争议，多次爆发冲突。

亚美尼亚已经加入了俄罗斯所主导的欧亚经济联盟（EEU），在关税等问题上很难与欧盟达成妥协。欧盟对亚美尼亚和阿塞拜疆几乎“一视同仁”的对待，一定程度上不符合差异化原则。

第三节 欧盟“东部伙伴关系”计划实践的韧性趋向

一、欧盟东部伙伴关系的新目标

根据2015年里加首脑会议的承诺，欧盟进一步加强了东部伙伴关系。第五届东部伙伴关系峰会于2017年11月24日在布鲁塞尔举行。该峰会庆祝了欧盟与6个东部伙伴关系国在过去两年中取得的成就，会议重申了改革议程对东部伙伴关系国的重要性，并重申需要建立没有腐败的政府和更加透明的机构。并期待“2020年可实现的20项成果”,[①] 以透明和包容的方式为欧洲联盟和6个东部伙伴关系国家的公民提供切实的成果。各方在联合宣言中表示有意在经修订的多边框架中加强合作，这将更好地支持东部伙伴关系的政治目标。

第五届东部伙伴关系峰会规定了4个优先领域：一是更强劲的经济，促进经济发展和更好的市场机会；二是加强治理：加强体制和善治；三是加强联系，特别是在运输和能源以及环境和气候变化领域；四是建设更强大的社会，人与人之间的交流和联系不断增加，所有伙伴均致力于在这些领域中为其公民的日常生活提供切实的利益。在经济方面，建立东部伙伴关系国家的经济韧性是欧盟为建立稳定邻国所做的贡献的核心。欧盟与深入和全面自由贸易区（DCFTA）和非DCFTA国家的贸易关系不断加深，包括对东部伙伴关系国家之间贸易的关注。市场

① “20 Deliverables For 2020：State of Play in 2018,” 2018，https：//ec. europa. eu/neighbourhood-enlargement/sites/near/files/eap_ deliverables_ factsheet_ 2018. pdf

机会方面，2020 年的 20 项可交付成果将旨在创造更多更好的就业机会和更高的收入，特别是通过改善商业环境。“深入和全面自由贸易区协定”没有达到完全的欧盟成员国的标准，不过提供了深度经济一体化以及免关税对接欧盟内部市场消费群体的机会。欧盟将支持其东部伙伴关系国家朝着多元化，可持续和现代经济发展，在新部门创造就业机会，吸引投资并支持宏观经济稳定，推动经济转型进程，并提高伙伴国利用以下方面的能力：与欧盟以及彼此之间的贸易机会。

在治理方面，加强体制和善政领域的扩大努力是欧盟在面临挑战的欧盟东部伙伴地区的头等大事。欧盟肯定了一些伙伴国家在建立独立的专门反腐败机构以及推进司法和公共行政改革方面取得了实质性进展，指出重点是为公民提供更好、更有效和透明的服务。自 2014 年以来，欧盟已向东部伙伴关系对象国的民间社会提供了 9500 万欧元的支持，覆盖了 600 多个民间社会组织，并已启动了 29 名研究人员的民间社会研究金计划。需要指出的是，治理方面尽管欧盟和东部伙伴关系国家共同起草了协会议程和路线图，但欧盟仍控制着双边议程，除了议程制定之外，欧盟还在改革实施和评估阶段积极介入，提供咨询、财政支持、培训和技术援助，在某些情况下还起草了改革方案，对改革过程进行严格的监督。①

在加强联系方面，欧盟与伙伴国家合作的主要优先事项是改善运输联系和基础设施，通过加强能源互连，提高能源效率以及使用可再生能源减少温室气体排放来提高能源韧性。通过减少能源依赖和消耗，目前已经有 300 多个城市，覆盖 2000 万人口的东部伙伴关系国家签署了《欧盟市长公约》。这将减少他们的二氧化碳排放量到 2020 年达到 2000 万吨，相当于种植近 5 亿棵树。此外，2018 年 9 月 19 日，欧盟委员会与欧盟对外行动署联合发布了题为“接欧洲和亚洲：为欧盟战略添砖加瓦”的互联互通政策文件。文件重申欧盟全面的互联互通涵盖 4 个方面：交通、能源、数字及人员往来。在交通领域，强调“陆海空”立

① Irina Petrova & Laure Delcour, “From Principle to Practice? The Resilience-Local Ownership Nexus in the EU Eastern Partnership Policy,” *Contemporary Security Policy*, 2019, pp. 1 – 25.

体互联，支持泛欧交通网络计划与亚洲交通网络加强连接，支持迅速实施欧盟在西巴尔干和东部伙伴关系国家（亚美尼亚、阿塞拜疆、格鲁吉亚、乌克兰、摩尔多瓦和白俄罗斯）的互联互通倡议；欢迎欧亚合作伙伴就航空运输协议进行谈判并取得进展，期待航空领域努力实现长期减排；重申致力于海上航行自由、低碳减排和清洁航运，支持商签有关海运协议，认为海上基础设施、运输安全和海洋治理等有待持续投资；顺应交通领域新机遇和新情况，东西间铁路建设和新航运路线等构成了多式联运网络，有助于改善欧亚连通水平。这一政策文件使东部伙伴关系的连通性进一步加强。

在更强大的社会方面，流动性和人与人之间的联系使社会更紧密地联系在一起，并为公民提供了切实的利益。欧盟和合作伙伴国家共同投资于年轻人的技能，企业家精神和就业能力，包括制定有助于建立更强大社会，增加青年就业和创新的教育政策和体系。经济发展以及青年就业，技能发展和公民参与的美好前景被视为繁荣、稳定社会的重要载体（见表4—3）。

表4—3 2020年可实现的20项成果一览表①

	跨领域层面可实现的成果	1. 与民间社会的更多参与组织机构 2. 促进性别平等和不歧视 3. 加强战略沟通和支持多元化和媒体的独立性
更强的经济	经济发展与市场机遇	4. 改善投资和商业环境，并释放中小企业的增长潜力 5. 解决获取金融和金融基础设施方面的差距 6. 在地方和地区一级创造新的就业机会 7. 协调数字市场 8. 支持伙伴国家与欧盟之间的区域内贸易
更好的治理	加强体制和善政	9. 加强法治和反腐败机制 10. 支持实施重要的司法改革 11. 支持实施公共行政改革 12. 加强安全合作

① https：//eeas. europa. eu/sites/eeas/files/20_ deliverables_ for_ 2020. pdf.

续表

更多的连接	连通性、能源效率、环境和气候变化	13. 扩展 TEN-T 核心网络 14. 提高能源供应安全性 15. 提高能源效率和使用可再生能源；减少温室气体排放 16. 支持环境并适应气候变化
更强的社会	流动性和人与人之间的联系	17. 签证自由化对话和流动性伙伴关系的进展 18. 加强对年轻人的技能、企业家精神和就业能力的投资 19. 建立一所欧盟东部伙伴学校 20. 整合东部伙伴关系和欧盟研究与创新系统与计划

2014 年以来，来自东部合作伙伴国家/地区的 10400 名学生在欧盟或东部合作伙伴国家/地区的外国大学学习。2020 年的 20 项可交付成果还预见了对媒体多元化及其在合作伙伴国家的独立性的支持，以改善问责制和抵御虚假信息的能力。与主要国际金融机构合作，这 20 项可交付成果预示了支持业务和以当地货币提供贷款；提高伙伴国家利用与欧盟以及彼此之间的贸易机会的能力；能源效率改革；到 2030 年发展更好和更安全的运输联系；数字化软件包，并为青年和教育提供了实质性的新支持。

总之，"2020 年可实现的 20 项交付成果"① 被认为是一种行动工具，考虑所有利益攸关方的切实需求，以包容性的方式设计，以注重成果、全面和系统的方式密切定期地监测商定可实现成果的执行情况，确保共同所有权和共同承诺以及与双边优先事项的互补。

二、东部伙伴关系在双边领域的加强

在 2015 年里加峰会上商定了东部伙伴关系的 4 个优先合作领域，这主要是在双边领域展开：

① "Eastern Partnership：20 Deliverables for 2020，Bring tangible results for citizens，" https：//eeas. europa. eu/sites/eeas/files/20_ deliverables_ for_ 2020. pdf.

1. 加强治理：加强体制和善治

加强体制和善政是经济增长和社会韧性的重要前提。改善治理、加强选举制度、改革司法部门、打击腐败、加强安全合作（尤其是破坏有组织犯罪），支持解决冲突、预防危机、针对新威胁的公民保护和网络安全，是公民对其国家和国家信任的关键要素。此外，加强在安全领域的合作将使欧盟及其东部伙伴更有能力保护其公民。

2. 更强劲的经济：经济发展和市场机会

在经济发展和市场机会方面，2020 年的 20 项可交付成果将旨在创造更多更好的就业机会和更高的收入，特别是通过改善商业环境。欧盟将支持其东部伙伴朝着多元化、可持续和现代经济发展，在新部门创造就业机会，吸引投资并支持宏观经济稳定，推动经济转型进程，并提高伙伴国利用以下方面的能力：与欧盟以及彼此之间的贸易机会。

3. 更好的连通性：连通性、能源效率、环境和气候变化

更好的连通性、能源效率、保护环境和减少气候变化的措施将进一步增强伙伴国家的韧性。连通性是欧盟东部伙伴关系的优先事项之一，它为东部伙伴关系国家的公民提供了便利，也有利于增强社会适应和改革的能力。欧盟提出了增强连通性的两个重点：首先，签证自由化，旨在消除东部伙伴关系国家公民的申根签证的义务，加强公民之间的联系。《签证自由化行动计划》（Visa Liberalization Action Plans，VLAPs）规定了各种免签条件，要求东部合作伙伴发放生物识别旅行证件（biometric travel documents），制定符合欧盟移民政策和边境管理标准的法律框架，并在其外部边境建立高标准的边境管理程序，还包括与人权和法律规则有关的限制，如避难程序、个人数据保护、反腐败和反歧视等。到目前为止，欧盟已经取消了摩尔多瓦、格鲁吉亚和乌克兰公民的申根签证义务。尽管发展速度不同，东部 6 个邻国都参与了欧盟定义的签证简化和自由化进程。作为签证自由化过程的一部分，欧盟试图建立邻国的韧性，以抵御可能扩散到本国领土的危险（即非正常移民）。签证自由化并没有顾及邻国的目标以及对韧性的不同理解，突出反映了欧盟主

要关切在于保护其内部安全不受外部威胁①。

其次，更好的运输联系将支持公民的贸易和旅行。能源互联和提高能源效率将加强能源安全，并为经济发展带来新的机会。加强对气候变化的适应和缓解工作可帮助伙伴国家发展更高效的经济，同时减少对气候变化的不利影响和改善生活质量的脆弱性。

4. 更牢固的社会：流动性和人与人之间的联系

在市民流动和人与人之间的交流中，使公民之间的交流更加容易和频繁是至关重要的。在安全和管理良好的环境中，包括签证自由化在内的社会之间的流动性和多面性接触，提供了学习其他国家最佳实践的机会。将通过支持和赋权年轻一代，特别是在发展他们的技能和促进他们的就业能力方面，特别努力对青年进行投资，作为对未来的投资。

5. 更广泛的社会、性别和传播的参与

将与广泛的民间社会组织进行有组织的接触，促进性别平等和不歧视，以及更好、更清晰和量身定制的战略交流，作为与所有 4 个东部伙伴关系优先领域相关的横向要素。

三、欧盟对东部伙伴关系在多边平台上的推进

尽管伙伴国在与欧盟的交往中具有不同的特征和不同的抱负，但它们也共享重要的机遇和挑战。为了解决这些共同要素，东部伙伴关系的多边层面补充了欧盟的双边活动。这样做通常在特别需要跨国方法的领域，例如边境管理，环境与气候变化，移民或防灾。同时，多边合作可以在反腐败等领域交流最佳做法。多边框架旨在促进伙伴国家之间以及它们与欧盟成员国之间的联系和区域合作。欧盟在 4 个主题平台上推进主要合作领域中的涉及多边合作的问题。4 大平台分别是：加强体制和善政，经济发展和市场机会，连通性、能源效率、环境和气候变化，流动性和人与人之间的联系。

① Irina Petrova & Laure Delcour, "From Principle to Practice? The Resilience-Local Ownership Nexus in the EU Eastern Partnership policy", *Contemporary Security Policy*, 2019, pp. 1 – 25.

1. 平台 1：加强体制和善政

该平台旨在改善公共行政、公务员、司法机构、国界管理、打击腐败、选举、庇护和移民，关于共同安全与防卫政策的合作，民防、警察合作和网络犯罪的治理。此外，在平台 1 下建立了一系列特定的小组：

公共行政改革：旨在促进与合作伙伴的合作，以提高公共行政效率，改善公务员队伍的廉洁性，并发展电子政务和数据保护能力。它还旨在促进地方民主，侧重于建立对改革的支持和接受外国援助项目的能力，分享改革做法并分析部门改革的主要障碍。

边境综合管理：分享加强海关和边境服务之间的合作以及改善过境点管理的最佳做法。

法治：促进司法改革，建立诚信，预防和起诉腐败以及符合国际标准（尤其是欧洲理事会和联合国有关公约所规定的标准）领域的信息和最佳实践的交流。

移民与庇护：在《全球移民与流动方法》（GAMM）框架内进行对话与合作，并协助伙伴国家实现双边行动计划和协会议程中商定的改革。

共同安全和防御政策：旨在就感兴趣的伙伴国家参与欧盟 CSDP 任务和行动的政治和实践方面进行对话。

2. 平台 2：经济发展和市场机会

平台 2 旨在伙伴国家之间以及它们与欧盟之间的经济一体化，以及它们与基于多边合作的欧盟相关政策的融合。平台 2 和相应小组的活动有助于伙伴国家自由市场经济的明智，可持续和包容性发展。为现代社会和环境友好型经济体设计政策可提供就业机会和增长，从而提高韧性和稳定性。在平台 2 下建立了以下小组：

业务发展：促进伙伴国和成员国之间交流的最佳做法，以实现可持续的经济发展。这是通过改善商业环境，改善融资渠道和进入新的出口市场，以及协助小企业、初创企业和衍生企业将创新转化为可行的产品来实现的。EU4Business 计划为实现这些目标提供了财务支持。东部合作伙伴企业论坛（外部链接）加强了合作伙伴国家/地区的企业和业务支持组织与欧盟对等组织之间的联系，以及与大投资者（IFI）和决策者的对话。伙伴国也越来越多地参与“企业和中小企业竞争力计划”（COSME）。

运输：旨在改善合作伙伴国家内部和之间以及欧盟与其合作伙伴之间的联系。该小组帮助合作伙伴准备和实施基础设施项目（东部合作伙伴运输网络），并分享有关创新基础设施融资，高效交通管理系统以及提高运输安全性的最佳实践。

环境与气候变化：促进可持续的经济发展、环境保护和绿色经济。东部伙伴关系环境与气候变化部长级会议（2016 年 10 月举行）责成执行其关于合作与环境建议的宣言。在使参与者及时了解具体的获取并交流实施方面的最佳实践的同时，该小组根据相关的科学数据为现代环境政策制定做出了贡献。

贸易及相关监管合作：专注于商品和服务的质量控制和认证；关于动植物卫生措施；关于海关—促进合法贸易货物的流通。该小组的主要目的是促进合作伙伴之间以及他们与欧盟之间的贸易，特别是对于 DCFTA 合作伙伴国家。

农业与农村发展：利用欧盟国家的经验来帮助合作伙伴制定和实施现代、可行、可持续的农业和农村发展战略。

统计：旨在交换最佳实践以生成可靠的统计数据。收集到的数据可以作为所有政策领域中善治和决策的基础，也可以作为监测已实施政策的透明度的来源。

协调数字市场：旨在使各地的个人和企业能够无缝地进行在线活动，并高度保护消费者和个人数据。统一的数字市场将以更优惠的价格培育更好的在线服务，提供更多选择，并促进就业。为此，2017 年 10 月 5 日，在塔林举行的第二届东部伙伴数字部长会议通过了一项雄心勃勃的宣言，预计该宣言的实施将在 2020 年之前实现，并得到 EU4Digital 倡议的进一步支持。

3. 平台 3：连通性、能源效率、环境和气候变化

能源安全平台旨在在 EU4Energy 计划的财政支持下，加强欧盟与合

作伙伴在能源安全战略领域的合作。更具体地说，其核心目标是：

监管框架的近似值：为了提高能源供应的安全性、竞争力和可持续性，这种近似有助于在区域内建立统一，稳定和可预测的法律框架，从而鼓励了能源部门所需的大量投资。它通过开放和开放能源市场来提高供应的安全性。

电力、天然气和石油互联互通的发展：互联互通对欧盟和东部合作伙伴国家至关重要。较长期的目标是在该地区开发一种通用方法。接近和整合欧洲能源市场既需要能源部门制定一套通用规则，也需要建设必要的基础设施。

提高能源效率和使用可再生能源：通过减少对（进口）化石燃料的依赖，国家可再生能源和提高能源效率可以极大地减少温室气体排放并提高能源安全性。整合从可变可再生资源产生的大量电力可能需要对发电，输电和配电系统进行一定的调整。在许多情况下，区域方法可以优化此过程。

建立和加强核安全监管框架：一些欧盟成员国和东部伙伴国家使用核能，而其他一些国家打算在不久的将来这样做。尽管这是一项国家决定，但潜在的事故可能会带来超越国界的严重后果。因此，所有人都对高水平的核安全感兴趣。

交流常规和非常规石油和天然气资源的专业知识：专门知识的交流旨在最大程度地提高运营的安全性和效率，并涵盖诸如以下问题：勘探和生产活动的安全和环境标准，透明地获取石油和天然气的监管方面天然气勘探，油气勘探和生产的创新技术等。

4. 平台 4：流动性和人与人之间的联系

该平台旨在在欧盟与合作伙伴国家之间以及合作伙伴国家之间建立强大的人与人之间的联系。因此，该平台致力于增加东部伙伴国家在教育、研究、创新、青年、文化和创造力以及信息社会领域中对欧盟计划的参与。它还旨在促进欧盟与其合作伙伴的教育和培训机构、高等教育机构、学校、研究机构、青年组织、文化组织等之间的合作。它还致力于提高合作伙伴在这些领域实施政策的能力，并增进这些领域的欧盟和东方合作伙伴利益相关者的知识并交流良好做法。

研究与创新小组旨在促进和简化研究与创新领域的合作，包括欧盟和合作伙伴国家的政策和计划（例如，Horizon 2020，MarieSkłodowska-Curie 行动）

本章小结

无论如何，欧盟的“睦邻式欧洲化”之路还将继续。欧盟对没有入盟前景的周边国家遵循“内部政策的外部扩展”治理原则，但对欧盟外部治理的困境，目前没有解决办法。欧盟清楚，没有入盟前景的许诺而让东部伙伴国服从欧盟价值观和标准是不切实际的。欧盟外部治理的现有规制只适用于那些接受欧盟价值观念并且想融入欧盟体系的国家，如乌克兰、摩尔多瓦和格鲁吉亚。欧盟对其基本价值观念外部化不会采取折中的态度，同时也认识到不能将这些价值观完全强加于他国。如果寻求与周边非民主国家之间更大的灵活性，例如，在处理与白俄罗斯关系的问题上，欧盟会淡化价值观色彩。欧盟外部治理的能力更多来自规范性力量的实体化。欧盟已经通过更为创新和灵活的手段，来鼓励目前被排除在欧盟价值共同体之外的东部伙伴国家融入合作。

就“东部伙伴关系”计划的未来而言，欧盟仍将强调务实性方面：一是落实已经签署的联系国协定和深入全面的自贸协定，向伙伴国提供坚定的政治支持和技术及经济援助，应对地区局势发展；二是恪守“差异化”原则，推进与伙伴国关系。在与签署联系国协定的伙伴国加强合作的同时，欧盟仍会在“东部伙伴关系”计划框架中与亚美尼亚、阿塞拜疆和白俄罗斯推进双边关系。欧盟东部伙伴关系对象国并不是一个同质的国家群体，乌克兰、格鲁吉亚等东部、南部国家希望与欧盟加强合作并融入欧盟。但是，阿塞拜疆、白俄罗斯已经清楚表明不会加入欧盟。欧盟必须正视这一现实。面对欧盟邻国环境的千差万别，欧洲传统的外部行动进退两难，而单纯的“稳定”目标可能束缚欧洲传播民主、法治、人权等目标，“韧性”提供了一个完美的折中，从而兼顾欧洲雄心勃勃的自由主义和平建设和稳定这一双重目标；另外，“韧性”这一概念将注意力转移到利用当地的资源和实践上，通过加强合作伙伴的所有权，鼓励与地方深入合作，以增强政策的有效性和合法性。“韧性”转向代表着欧盟话语和实践从自上而下的制度建设转向自下而上的建立个人、国家和社会的韧性，重点是能力建设和能力发展。但是这种韧性转向是否能转变为实际的政策变革仍然有待观察。在具体实践中，欧盟依然是根据其战略利益的需要，对邻国进行政治、经济等方面的改造。欧盟认为，只有通过采用欧盟的标准，才能发展东部伙伴关系国家的韧性。

第五章

激进推进：乌克兰与欧盟的外部治理

乌克兰是欧盟在东部最重要的邻国之一，也是欧洲推进外部治理的重要对象国之一。为了避免陷入欧盟与俄罗斯进行地缘政治竞争的选择困境，乌克兰历任政府也曾经在亲欧和亲俄之间徘徊，试图保持平衡，以至于乌克兰独立二十多年，该国趋向欧盟要求的国内改革进展不大。直到 2013 年“乌克兰危机”爆发之后，乌克兰才下定决心选择了欧盟，绝大多数乌克兰人也支持融入欧洲一体化的战略导向。乌克兰危机的实质①是乌克兰坚持

① 关于乌克兰危机的讨论请参见冯绍雷《乌克兰危机长期延续的原因和影响》，载《欧洲研究》，2014 年第 6 期；陈新：《欧洲一体化与乌克兰的道路选择》，载《欧洲研究》，2014 年第 6 期；冯玉军：《乌克兰危机：多维视野下的深层透视》，载《国际问题研究》，2014 年第 3 期；丁一凡：《乌克兰危机对欧洲经济的影响》，载《欧洲研究》，2014 年第 6 期；吴志成：《乌克兰危机对欧洲秩序的影响》，载《欧洲研究》，2014 年第 6 期；赵鸣文：《乌克兰政局突变原因及影响》，载《国际问题研究》，2014 年第 2 期；王军：《乌克兰危机的民族政治解读》，载《国际安全研究》，2014 年第 4 期；于宏源、曹嘉涵：《乌克兰危机中的能源博弈及对中国的影响》，载《国际安全研究》，2014 年第 4 期；张昕、冯绍雷：《乌克兰危机的理论透视》，载《世界经济与政治》，2014 年第 6 期；毕洪业：《乌克兰的选择困境：俄罗斯还是西方?》，载《国际观察》，2014 年第 3 期；戴长征、张中宁：《国内阃域下乌克兰危机的根源及其影响》，载《东北亚论坛》，2014 年第 5 期；柳丰华：《乌克兰危机：内因、大国博弈因素与前景》，载《俄罗斯学刊》，2014 年第 3 期。Mitchell A. Orenstein，“Get Ready for a Russian-German Europe：The Two Powers That Will Decide Ukraine's Fate and the Region's，” *Foreign Affairs*，March 9，2014，http：//www. foreignaffairs. com/articles/141018/mitchell-a-orenstein/get-ready-for-a-russo-german-europe；Lars-Erik Lundin，“The Ukraine Crisis as a Challenge to Human Security in Europe，” *Security & Human Rights*，Vol. 25，Issue 3，2014，pp. 277 – 286；Brad R Roth，“The Neglected Virtues of Bright Lines：International Law in the 2014 Ukraine Crises，” *ILSA Journal of International & Comparative Law*，Vol. 21，Issue 2，Spring 2015，pp. 317 – 323；Morena Skalamera，“The Ukraine Crisis：The Neglected Gas Factor，” *Orbis*，Vol. 59，Issue 3，Jul. 2015，pp. 398 – 410；Nicholas Ross Smith，“The EU and Russia's conflicting regime preferences in Ukraine：assessing regime promotion strategies in the scope of the Ukraine crisis，” *European Security*，Vol. 24，Issue 4，Dec. 2015，pp. 525 – 540.

实行“亲西疏俄”路线和德俄争夺相互交织而引发的一场区域性地缘政治动荡，在很大程度上反映了两个经济联盟——业已成熟且影响力巨大的欧洲联盟和正在成型但影响力有限的欧亚联盟——为贸易自由和贸易保护而展开的激烈博弈。[①] 在乌克兰问题上，德俄双方均不会轻易放弃争夺。德俄在乌克兰问题上的争夺仍将持续，并会不断有新的接触和碰撞。[②] 那么乌克兰从俄欧之间的平衡外交到全面转向欧洲一体化，欧盟的外部治理工具在其中到底扮演了怎样的推进角色？本章认为，欧盟通过为乌克兰提供经济动力，吸引了在欧盟市场上有着巨大商业利益的金融寡头，激励他们共同推动了乌克兰自下而上倒向欧盟的改革。

第一节　乌克兰参与欧盟外部治理的进程

20世纪90年代苏东剧变后，乌克兰独立，欧盟也开始与后苏联国家逐渐建立友好型外交关系。乌克兰最初实行“多向量”外交政策，想在欧盟与俄罗斯之间保持平衡。[③] 1993年乌克兰正式宣布过想融入欧洲一体化的愿望，当时乌克兰议会通过了“关于乌克兰外交政策的首要方向”，规定融入欧洲一体化是乌克兰外交政策的优先事项。[④] 历届总统也继承了这一外交准则，但是实际行动却是在欧盟与俄罗斯之间徘徊，保持平衡。

1994年，欧盟和乌克兰签署了“伙伴关系与合作协议”（PCA），这是欧乌关系最初的法律基础。然而，“伙伴关系与合作协议”得到欧

---

① 陈新：《欧洲一体化与乌克兰的道路选择》，载《欧洲研究》，2014年第6期，第43页。

② 陈新明、宋天阳：《乌克兰危机与德俄关系及其演变趋向》，载《现代国际关系》，2014年第9期，第54页。

③ 张学昆：《欧盟东扩后的欧乌关系：“欧盟邻国政策”的视角》，载《欧洲研究》，2009年第6期，第100页。

④ Mission of Ukraine to the European Union, “Ukraine-EU relations,” http://ukraine-eu.mfa.gov.ua/en/ukraine-eu/relations.

盟委员会的通过并不十分顺利，因为欧盟成员国花了4年时间才同意该协议，这引起了乌克兰精英的不满。在此期间，中东欧国家成为欧盟成员国的候选国。欧盟的主要目标在促进中东欧国家转型的进程上。1998年“伙伴关系与合作协议”正式生效，乌克兰总统库奇马签署了一项法令，宣布加入欧盟为乌克兰的长期战略目标，并列出该年乌克兰进行欧洲一体化改革的关键优先领域。但是在乌克兰“橙色革命”之前，乌克兰与欧盟的关系，更多是停留在“加入欧盟”的口号上，而并没有将改革落实到具体行动上。西方学者认为2004年的“橙色革命”和平解决了乌克兰总统选举的危机，使得西方对乌克兰的印象有所改变，但它仍然不能帮助乌克兰获得欧盟候选国的资格。①

2004年，乌克兰总统选举中的舞弊行为引发了“橙色革命”，维克托·尤先科领导的民主力量在“橙色革命”中获得了胜利，尤先科当选乌克兰新总统，并表示乌克兰强烈支持民主和“欧洲选择”，同时将加入欧盟列为首要任务。有学者认为欧洲睦邻政策最初就是为了缓和乌克兰的不满带给欧盟的压力，因为乌克兰多次表达入盟的心意，却都遭到了欧盟的拒绝。② 欧盟支持乌克兰在“橙色革命”后的变化，但欧盟拒绝将乌克兰视为潜在的成员国。相反，欧盟强调，“欧洲睦邻政策”中的“行动计划”清楚地表达了欧盟发展与乌克兰关系的具体目标。③

维克托·尤先科上台后，积极响应“欧洲睦邻政策”（ENP），欧盟也称赞乌克兰的“橙色革命”标志着乌克兰的民主进步。尤先科总统奉行亲西方路线，“欧洲睦邻政策”在乌克兰得到了顺利实施。欧盟2004年的第五轮扩大将欧盟的边界推到了独联体国家边上，因此，乌克兰的地缘政治地位显得尤为重要。但是欧盟将乌克兰与北非国家共同

---

① Mathias, Roth, “EU-Ukraine Relations After the Orange Revolution: The Role of the New Member States,” *Perspectives on European Politics and Society*, Vol. 8, No. 4, December 2007, pp. 505 – 506.

② 张学昆：《欧盟东扩后的欧乌关系：“欧盟邻国政策”的视角》，载《欧洲研究》，2009年第6期，第100页。

③ Linas Linkevicius, “The European Neighbourhood Policy Towards Ukraine,” *Lithuanian Foreign Policy Review*, 2008, pp. 65 – 66.

纳入睦邻政策框架，摆在同等的位置，且并没有明确给予入盟的前景，乌克兰对此是失望的，但是最后还是接受了欧洲睦邻政策。这主要有两个原因：第一，欧洲睦邻政策的模糊性虽然会使其实施效果减弱，但是对于像乌克兰这种有着入盟愿望的国家，欧洲睦邻政策也会起到一定的激励作用；第二，乌克兰还没有足够的能力与欧盟谈判，它将欧洲睦邻政策当作与欧盟拉近关系的平台。乌克兰政治领导人最终还是接受了欧洲睦邻政策，并将它作为加入欧盟的一个短期和中间框架，并试图利用它发展与欧盟的友好关系，因为乌克兰政治领导人也意识到，不参与欧洲睦邻政策的话，加入欧盟更是不可能的。

在欧洲睦邻政策框架下，乌克兰是欧盟的优先合作伙伴。但是，欧洲睦邻政策可以给乌克兰提供很多优惠条件，唯独不能给予乌克兰入盟的资格。在此情况下，欧盟如何能够对乌克兰施加压力，以使它遵守欧盟的规则？正如部分学者认为，欧盟对乌克兰制定的睦邻政策在发展的过程中创造了一种“过程诱导”（procedural entrapment）的方式。① 到目前为止，欧盟根据睦邻政策在乌克兰取得了相当的进展。虽然乌克兰现在还不是欧盟成员候选国，但许多观察家认为乌克兰总有一天会加入欧盟。在德国、法国、意大利、西班牙、波兰和英国的受访者中，55%的人表示支持乌克兰加入欧盟，仅有30%的人持反对意见。② 这种对成员国身份潜在的期待正是欧盟能够在乌克兰推行外部治理主要原因。

欧洲外部治理的方式在一定程度上为乌克兰国内改革提供了指导和支持。欧洲外部治理的主要实施工具是欧盟与乌克兰共同签署的“行动计划”。“乌克兰—欧盟行动计划”于2005年2月通过。它列出了乌克兰需要完成的优先事项清单。优先事项分为6个章节：“政治对话和改革”，“经济、社会改革与发展”，“贸易、市场和监管改革”，“司法与内政合作”，“交通、能源、信息社会与环境改革”和“人员交流”。

---

① Gwendolyn Sasse, “The European Neighbourhood Policy: Conditionality Revisited for the EU's Eastern Neighbours,” *Europe-Asia Studies*, Vol. 60, No. 2, March 2008, pp. 306 – 310.

② Linas Linkevicius, loc. cit. p. 67.

2006年，欧洲委员会针对乌克兰的情况提出了新的“加强版欧洲睦邻政策”，包括与乌克兰谈判建立自由贸易区以加强它们之间的经济一体化。[①] 2007年3月，欧洲委员会启动与乌克兰的“联系国协定”（AA）的谈判，打算用“联系国协定”取代“伙伴关系与合作协议”作为欧乌关系的法律基础。2008年5月乌克兰成功加入世界贸易组织，这为乌克兰的市场经济发展提供了良好的平台。乌克兰加入世界贸易组织之后，欧盟与乌克兰建立深入和全面的自由贸易区（DCFTA）的计划也被提上日程。[②] 在波兰等成员国的推动下，欧盟在2008年通过“东部伙伴关系”（EaP）计划，作为“欧洲睦邻政策”针对东部邻国的加强版。2009年，欧盟与乌克兰签署了“东部伙伴关系”计划。但是当时乌克兰仍然对“东部伙伴关系”计划持悲观态度，因为乌克兰和欧盟已经开始就新的、强化的政治和经济深入和全面自由贸易协定进行谈判了。欧盟认为乌克兰在“欧洲睦邻政策”伙伴国中是实施该政策效果最好的国家，也是“东部伙伴关系”计划的重点和优先发展国家。

但是2010年亚努科维奇上台后，奉行亲俄的外交路线，2013年年底，亚努科维奇暂停与欧盟签署《联系国协定》引起了反对派的大规模示威，导致乌克兰危机的发生，亚努科维奇下台，2014年5月波罗申科当选乌克兰总统。自“乌克兰危机”爆发以来，欧盟致力于完善和乌克兰的睦邻政策，希望和乌克兰构建包括政治合作与经济一体化的更加密切的关系。欧洲睦邻政策行动计划要求乌克兰采取行动，实施符合欧盟标准的经济改革和法律改革，如颁布保护人权、自由和打击腐败的法律。[③] 根据2013年联合工作报告显示，自“欧盟—乌克兰行动计划”实施以来，它在很多合作领域取得了进展，尤其是在法律改革方面（包括司法部门）的一些作为是为了筹备宪法改革，设立一个宪法大会

① Linas Linkevicius, loc. cit. p. 68.

② European Commission-External Relations, “EU-Ukraine Association Agenda to prepare and facilitate the implementation of the Association Agreement,” 2009, p. 2. http://eeas. europa. eu/ukraine/docs/2010_ eu_ ukraine_ association_ agenda_ en. pdf.

③ Linas Linkevicius, loc. cit. p. 78.

作为总统的辅助和咨询机构。[①]

2014 年，欧盟国家元首和政府首脑与乌克兰总统波罗申科签署了“欧盟—乌克兰联系国协定”，其中提出于 2016 年 1 月 1 日成立欧盟与乌克兰的深入和全面自由贸易区，推动双方的经济一体化进程。通过建立深入和全面自由贸易区，欧盟与乌克兰双方都可以受益很多。“深入和全面自由贸易协定”同意双方减少税收和简化双边贸易的规则。该协议主要集中在欧盟和乌克兰贸易规则之间的谈判，以及对某些工业领域和农产品投资的谈判。[②] 2014 年 6 月，欧盟与乌克兰总统波罗申科重新签署了“欧盟—乌克兰联系国协定”（AA）。2014 年 9 月 16 日，乌克兰议会批准了该联系国协定，并决定从 2014 年 11 月 1 日开始实施该联系国协定，欧盟—乌克兰“联系国协定”取代了欧盟—乌克兰“伙伴关系与合作协议”作为欧乌关系的法律基础和框架。在该“联系国协定”框架下，欧盟与乌克兰旨在加强彼此的政治联系和经济一体化。[③]同时，欧盟支持乌克兰和平解决冲突，支持乌克兰国内改革和发展，包括公共行政和司法改革，支持与乌克兰建立人与人之间更紧密的联系和签证自由化。[④] 根据欧盟 2015 年联合工作报告，乌克兰在深度可持续的民主方面，以及保护人权和基本自由方面取得了全面良好的进展。[⑤] 波罗申科称《欧盟—乌克兰联系国协定》是乌克兰成为欧盟成员国的过

① European Commission, “Joint Staff Working Document: Implementation of the European Neighbourhood Policy in Ukraine Progress in 2012 and recommendations for action,” Brussels, 20 March, 2013. Available at: : http: //www. eeas. europa. eu/enp/pdf/docs/2013 _ enp _ pack/2013_ progress_ report_ ukraine_ en. pdf.

② European Commission, “Trade: EU and Ukraine,” http: //ec. europa. eu/trade/policy/countries-and-regions/countries/ukraine/.

③ European Union External Action, “EU-Ukraine Relations,” http: //eeas. europa. eu/ukraine/about/index_ en. htm.

④ Ibid.

⑤ European Commission, “Joint Staff Working Document: Implementation of the European Neighbourhood Policy in Ukraine Progress in 2014 and recommendations for action,” Brussels, 25 March, 2015, http: //www. eeas. europa. eu/enp/pdf/2015/ukraine-enp-report – 2015 _ en. pdf.

程中首要且最重要的协议。[①] 波罗申科还设定了2020年申请欧盟成员国的目标。[②] 从2016年1月1日开始实施深度全面的自由贸易区计划[③]。

2017年9月1日，《欧盟—乌克兰联系国协定》全面生效。包括深度全面的自由贸易区部分在内的协议是使乌克兰和欧盟紧密联系的主要工具。DCFTA通过开放市场并协调各个部门的法律、标准和法规，为乌克兰提供了实现贸易关系现代化和经济发展的框架。这将有助于使乌克兰经济的关键部门与欧盟标准保持一致。DCFTA自2016年1月1日起临时适用，这是双边贸易关系中的一个重要里程碑，并为欧盟和乌克兰提供了新的经济机会。2017年10月1日，欧盟针对乌克兰的其他自主贸易措施生效。欧盟有关措施的法规补充了乌克兰可以根据《联系国协定》出口到欧盟的农产品的数量，而无须支付关税。

在经济贸易方面，自2004年乌克兰成为欧洲睦邻政策伙伴国以来，欧盟一直是乌克兰重要的贸易伙伴。根据表5—1可知，经济贸易方面，欧盟也早就取代俄罗斯成为乌克兰的第一大贸易伙伴对象。无论是从欧盟的进口额还是销往欧盟的出口额都占到乌克兰总贸易额的1/3以上。欧盟作为乌克兰主要的贸易伙伴和投资者，对乌克兰经济增长发挥的作用越来越重要，欧盟的重要性甚至超过了独联体国家。欧盟与乌克兰在2014年签署《联系国协定》的时候，计划在2016年1月实行“深度全面自由贸易区”。“深度全面自由贸易区”计划为乌克兰提供了一个框架，通过开放市场并协调各个部门的法律、标准和法规，使其贸易关系和经济发展现代化。这将有助于乌克兰的经济关键部门达到欧盟统一标准。[④] 同时，欧盟目前是乌克兰最大的外来投资者，欧盟成员国在欧盟

① “EU signs pacts with Ukraine, Georgia and Moldova,” BBC News (June 27, 2014), available at: http://www.bbc.com/news/world-europe-28052645.

② “Ukraine ratifies EU association agreement,” Deutsche Welle, Published Sep. 16, 2014, available at: http://www.dw.com/en/ukraine-ratifies-eu-association-agreement/a-17925681.

③ European Commission-External Raltion, “Eastern Partnership: Supporting Reforms, Promoting Changes,” http://ec.europa.eu/enlargement/neighbourhood/pdf/riga/20150924-eu-ukraine-fact-sheet-2015.pdf.

④ Delegation of the European Union to Ukraine, “Ukraine and the EU,” https://eeas.europa.eu/delegations/ukraine/1937/ukraine-and-eu_en.

的投资额逐年稳步增加。正如《联系国协定》所预见的，这也加速了欧盟对几种工业产品的进口关税的取消。欧盟仍然是乌克兰的主要贸易伙伴，占乌克兰总贸易额的42%。欧盟和乌克兰之间的总贸易在2018年达到了约400亿欧元，与2017年相比增长了近9%。[①]

表5—1　欧盟对乌克兰贸易：贸易流量与贸易差额

年份	进口			出口			贸易顺差（百万€）	总贸易额（百万€）
	贸易额（百万€）	增长比（%）	占欧盟对外贸易额（%）	贸易额（百万€）	增长比（%）	占欧盟对外贸易额（%）		
2005	8718		0.7	13299		1.3	4581	22018
2006	9948	14.1	0.7	18287	37.5	1.6	8339	28235
2007	12484	25.5	0.9	22431	22.7	1.8	9947	34915
2008	14642	17.3	0.9	25159	12.2	1.9	10517	39801
2009	7943	-45.8	0.6	13991	-44.4	1.3	6048	21934
2010	11547	45.4	0.8	17413	24.5	1.3	5866	28959
2011	15152	31.2	0.9	21283	22.2	1.4	6131	36435
2012	14643	-3.4	0.8	23865	12.1	1.4	9222	38507
2013	13882	-5.2	0.8	23899	0.2	1.4	10017	37781
2014	13724	-1.1	0.8	16986	-28.9	1.0	3262	30709
2015	12770	-7.0	0.7	13924	-18.0	0.8	1154	26694

资料来源：Eurostat Comext-Statistical regime 4.

表5—2　欧盟对乌克兰贸易的商品种类2012—2015年

	进口额（百万€）				出口额（百万€）			
	2012年	2013年	2014年	2015年	2012年	2013年	2014年	2015年
总额	14643	13882	13724	12770	23865	23899	16986	13924
食物与活生物	2368	2187	2495	2596	1641	1628	1309	972
饮料与烟草	19	21	18	29	233	235	187	176

① Delegation of the European Union to Ukraine, "Ukraine and the EU," https://eeas.europa.eu/delegations/ukraine/1937/ukraine-and-eu_en.

续表

	进口额（百万€）				出口额（百万€）			
	2012 年	2013 年	2014 年	2015 年	2012 年	2013 年	2014 年	2015 年
原材料（不可食用，燃料除外）	3032	3095	2604	2388	512	549	417	403
矿物燃料，润滑油和相关材料	1490	1118	998	519	1781	2487	1870	1308
动植物油，脂肪和蜡	642	464	616	622	66	57	54	38
化学品及相关产品	685	555	551	505	4624	4589	3675	3105
按材料分类的制成品	3812	3916	3847	3504	3450	3424	2599	2174
机械和运输设备	1547	1378	1417	1412	8881	8137	4923	4248
杂项制品	567	579	630	652	2296	2329	1677	1300
商品与交易	35	34	33	31	134	157	83	83
其他	446	535	516	511	248	307	191	117

资料来源：Eurostat Comext-Statistical regime 4.

如表 5—2 所示，乌克兰向欧盟出口的主要是原材料（铁、钢、矿产品、农产品），制成品和矿物燃料等。而欧盟对乌克兰出口的主要是机械和运输设备，化学品和制成品。这表明乌克兰与欧盟以及俄罗斯的贸易结构仍然是传统的模式，这意味着乌克兰向欧盟出口原材料和半加工品，然后向东方国家，特别是俄罗斯出口最终制成品。这也证明了在经济全球化和不断发展的世界经济里，乌克兰当前经济改革的必要性和紧迫性。此外，2004 年欧洲睦邻政策实施以来，乌克兰的外商直接投资（FDI）逐年增长，这表明乌克兰正在参与区域和全球一体化的进程，乌克兰的贸易比以前更加开放。因此，乌克兰金融寡头更需要加速其工业现代化，以增强其产品在欧盟乃至全球市场中的竞争力，从而在进出口贸易中获得更多的利润。[①] 这也是乌克兰能够选择融入欧洲大市

① Delegation of the European Union to Ukraine, "Ukraine and the EU," https://eeas.europa.eu/delegations/ukraine/1937/ukraine-and-eu_en.

场的主要动因之一。“东部伙伴关系”计划要求与欧盟经济—法律空间实行一体化，而乌克兰是独联体自由贸易区的伙伴国。欧盟内的商品和服务可以通过这一渠道进入俄罗斯市场，俄罗斯将欧盟在该地区推进的“深入和全面的自由贸易协定”（DCFTAs）视为对其经济安全的威胁。

2013 年底爆发的“乌克兰危机”将乌克兰推向了欧盟，欧盟对乌克兰在睦邻政策的框架下也加大了对乌克兰的财政支持力度。除此之外，欧盟加大了与乌克兰的市民对话进程，包括网络咨询和鼓励欧盟成员国加入乌克兰市民社会活动。网络咨询是指鼓励乌克兰市民社会组织在网上发表探讨欧盟与乌克兰的关系①，这有助于帮助欧盟驻乌克兰代表处了解乌克兰市民关心的问题，有助于欧盟赢得乌克兰民众的信任，有助于欧盟与乌克兰关系的深入发展。欧盟为乌克兰的欧洲一体化改革提供了巨额财政支持，包括 110 亿欧元援助，以帮助乌克兰恢复和平与稳定，保障乌克兰公民的基本生活条件。②

自 2014 年以来，欧洲投资银行已动用了 46 亿欧元的贷款，用于支持交通运输、能源、农业、教育和市政部门的基础设施建设和改革，以及乌克兰的中小企业发展。自 2014 年以来，已从欧洲复兴开发银行调集了 40 亿欧元的投资，以帮助发展和改革银行业、农业综合企业、运输和小型企业等领域。在乌克兰的欧盟成员国组成的国际专家通过欧盟咨询团（European Union Advisory Mission，EUAM）协助乌克兰改革民用安全部门（见表 5—3）。

表 5—3　2014 年以来欧盟对乌克兰援助一览表③

来源	金额（百万欧元）
1 欧盟 2014—2019 财政年度预算	6461. 5
1. 1 整体发展自主（2014—2019）	1472. 2

① Delegation of the European Union to Ukraine, “Ukraine and the EU,” https://eeas. europa. eu/delegations/ukraine/1937/ukraine-and-eu_ en.

② EU-Ukraine, “Eastern Partnership: Supporting Reforms, Promoting Change,” available at: http://eeas. europa. eu/eastern/docs/eu-ukraine_ en. pdf.

③ https://eeas. europa. eu/headquarters/headquarters-homepage/1937/ukraine-and-eu_ en.

续表

来源	金额（百万欧元）
1.2 外交政策工具（Foreign Policy Instrument）	246.5
1.3 来自欧盟预算的其他支持	332.8
1.4 宏观经济援助（优惠贷款）	4410
2 欧洲财政机制（European Financial Instituions）	8600
2.1 欧洲投资银行（European Investment Bank 2014 - 2016）	4600
2.2 欧洲重建与发展银行（EBRD）（5 年计划）	4000
资金总额	15061.5
欧盟成员国的双边资助	1378.1

欧盟和金融机构（欧洲投资银行和欧洲复兴开发银行）在 2014 年至今已经动员了超过 130 亿欧元的贷款和 20 亿欧元的赠款，以帮助乌克兰稳定经济，进行全面改革，改善公民生活。其中包括根据欧洲邻国工具提供的大量双边财政和技术援助（超过 14 亿欧元）。乌克兰受益于结对工具（Twinning）和技术援助和信息交流工具（TAIEX），除了双边支持之外，还受益于 ENI 的东部伙伴国家地区和多国行动计划。除乔纳贝利收容所基金外，还通过《2014—2020 年核安全合作文书》(the Instrument for Nuclear Safety Cooperation，INSC II）提供了支持。此外，欧盟通过 4 个方案动员了总计 44.1 亿欧元的乌克兰宏观经济援助，这是在满足改革条件后支付的。自 2017 年以来，针对顿涅茨克和卢甘斯克地区政府控制的部分实施了一项 5000 万欧元的全面支持计划。它旨在加强善政和权力下放，支持经济振兴和中小型企业（SME），增强社区安全和社会凝聚力，促进区域卫生保健系统，支持流离失所的大学并协助解决基础设施脱节问题。该计划最近追加了 1000 万欧元，并扩展到支持亚速海地区。投资通过欧盟外部投资计划（尤其是“邻里投资平台”）流向乌克兰。自 2014 年以来，已通过国家实施计划向乌克兰提供了超过 1.8 亿欧元的资金，用于支持运输，水/卫生、能效、环境以及中小企业资金和当地货币贷款等领域的基础设施融资。

除了向乌克兰提供经济支持，欧盟还给予了技术援助以帮助乌克兰改革。乌克兰获得的项目支持覆盖了广泛的领域，包括民主发展、基本的基础设施保护和核安全。这类项目总数多达250个。在关键的2014年，欧盟再次为支持乌克兰的市民社会项目提供了1000万欧元，这是价值3.55亿欧元的大型项目“国家建设合同”中的一个小部分。[①] 欧盟承认市民社会在乌克兰转型过程中的重要作用。对能力建设，有利环境和公民社会组织参与政策对话的财政支持，占欧盟分配给乌克兰的财政援助总额（2014年至2020年）的5%。这使欧盟成为民间社会支持的主要资金来源之一。此外，欧盟定期发布提案征集，并邀请有兴趣的公民社会组织和合作伙伴定期关注Europe Aid网站上发布的公告。东部伙伴关系公民社会基金也提供了支持工具。

此外，欧洲委员会成立了一个专门帮助乌克兰的支持小组（SGUA）。为了帮助乌克兰更有效地实施《联系国协定》，帮助乌克兰进行深度而全面的改革，该小组向乌克兰输送了很多相关领域的专家。该小组是为帮助欧盟之外的国家首次建立的，属于欧盟的创造性行动，欧盟还计划为“支持乌克兰的权力下放改革——2015特别措施”提供9000万欧元援助。[②] 欧盟还为乌克兰部署了一个欧盟咨询团，以协助乌克兰改革其民用安全部门，这可以为乌克兰国内改革提供安全激励，作为巨额经济激励的必要补充。自2014年以来，欧盟每年从欧洲邻国政策工具（ENI）中拨给乌克兰的资金高达2亿欧元，以增强乌克兰的经济、治理和社会。根据欧洲邻国政策工具，欧盟对乌克兰的支持由欧洲委员会乌克兰支持小组协调。SGUA与欧盟驻乌克兰代表团一起制订了针对关键改革领域的支持计划（例如，权力下放、打击腐败或加强法治），由欧盟成员国共同出资并实施。欧盟还通过各种金融工具的赠款，对欧洲民主基金会的捐款以及为我们的决策提供依据的稳定对话来支持乌克兰民间社会。在过去的几年中，乌克兰获得了参加欧洲联盟不同计划的机会。例如，成为东部伙伴国家中伊拉斯谟的领先者。与欧盟的地平线2020（Horizon 2020）研究与创新计划完全相关；并参与支持文化、创意和视听领域的“创意欧洲”计划。这些都表明欧盟针对乌克

① https：//eeas. europa. eu/headquarters/headquarters-homepage/1937/ukraine-and-eu_ en.

② https：//eeas. europa. eu/headquarters/headquarters-homepage/1937/ukraine-and-eu_ en.

兰危机后的情况制定了比较全面的外部治理议程。

此外，2016 年 4 月 20 日，欧盟通过了欧洲委员会提议的乌克兰公民赴欧盟旅行免签证[①]，这实现了“欧洲睦邻政策”中关于促进欧盟与乌克兰人员流动和人员交流便利化的目标。虽然 2013 年开始的“乌克兰危机”阻碍了欧盟外部治理的进一步推进，但是乌克兰政府为解决这个问题做出了一些努力，与欧盟在很多领域积极合作，让民众感受到一些良好的变化。乌克兰按照欧盟和国际标准进行了很多国内改革，包括向欧盟标准的民主、人权、基本自由和法律改革等，特别明显的是乌克兰的选举制度改革的透明度增强。至于全面改革，乌克兰还有很长的路要走。[②] 因为“欧洲睦邻政策”对乌克兰的激励不如“扩大政策”给予伙伴国成员国的前景来得那么强烈，而且这种激励不稳定，受乌克兰领导人想法的变化而变化。所以欧盟还需要继续从本质上改善其外部治理的工具。

“欧洲睦邻政策”不能给伙伴国提供加入欧盟的最强动力，所以睦邻政策对乌克兰国内改革的作用有限。学者们普遍认为“欧洲睦邻政策对乌克兰有着重要但不是变革的影响”。[③] 基于每年对乌克兰实施睦邻政策进展情况的评估，乌克兰应该将工作重点放在来年的任务远远超过其取得的进展，虽然欧盟每年都会根据上一年的睦邻政策“联合工作报告”对其进行修改和加强，“东部伙伴关系”计划和“联系国协定”也都是在欧洲睦邻政策的基础上提出来的，但这些加强版的睦邻政策并没有增加新的有价值的内容。所有更新部分的目标最终是相同的，也没有根据这些“朋友”的情况和要求给他们明确和具体的奖励。[④] 这个根本

① European Commission-Press release, “European Commission proposes visa-free travel for citizens of Ukraine,” Brussels, April 20, 2016, avaliable at: http://europa.eu/rapid/press-release_IP-16-1490_en.htm.

② European Commission, “Joint Staff Working Document: Implementation of the European Neighbourhood Policy in Ukraine Progress in 2014 and recommendations for action,” Brussels, March 25, 2015, http://www.eeas.europa.eu/enp/pdf/2015/ukraine-enp-report-2015_en.pdf.

③ Kataryna Wolczuk, “Implementation without Coordination: The impact of EU Conditionality on Ukraine under the European Neighbourhood Policy,” *Europe-Asia Studies*, Vol. 61, No. 2, 2009, p. 188.

④ Dimitry Kochenov, “New developments in the European Neighbourhood Policy: Ignoring the Problems,” *Comparative European Politics*, 2011, p. 582.

问题给欧洲睦邻政策的有效性打了大大的折扣。这证明了欧洲睦邻政策在乌克兰的有效性还是比较有限的。

第二节　乌克兰参与欧盟外部治理的原因

欧洲外部治理需要第三国朝着欧盟标准和价值观进行制度的融合，这个过程可以通过两种方式实现：自下而上和自上而下的改革。自上而下的改革比自下而上的改革简单而快速，因为自上而下的改革可以由政府直接进行，而不用花费时间和精力寻求国内力量的支持。然而，自上而下的改革也是存在风险的，因为改革的成本非常高。2004 年加入欧盟的 10 个东欧国家自上而下完成了欧洲化进程，因为欧盟给他们提供了成为欧盟成员国的强大动力，给予经济和技术支持，使他们更容易承受高昂的改革成本。① 相反，自下而上的改革主要由市民或精英集团推动，它虽然不及自上而下的改革实行起来快速，见效也没那么快，但是自下而上的改革往往更加深入而彻底，而且外部动力可以加速自下而上的改革。②

欧盟外部治理在乌克兰推进效果有限主要有三个原因，首先，欧洲睦邻政策不能满足乌克兰领导人的期望，因为自 20 世纪 90 年代库奇马任乌克兰总统以来，每一届总统都以加入欧盟为主要战略目标，而欧洲睦邻政策并没有明确给出给予伙伴国入盟前景的激励。2004 年的“橙色革命”证明，乌克兰有可能通过自上而下的改革实现与欧洲的一体化，但欧盟在乌克兰“橙色革命”之后，没有给予乌克兰加入欧盟的激励，结果，乌克兰自上而下的改革很快就夭折了。③ 在没有强有力的

---

① Inna Melnykovska and Rainer Schweickert, “Bottom-up or top-down: what drives the convergence of Ukraine’s institutions towards European standards?” *Southeast European and Black Sea Studies*, Vol. 8, No. 4, December 2008, p. 445.

② Inna Melnykovska and Rainer Schweickert, loc. cit., p. 446.

③ Inna Melnykovska and Rainer Schweickert, loc. cit., p. 447.

入盟激励的情况下，市场经济制度促使自下而上的改革得以推进，主要是为了加强在政治和经济领域的竞争力。因此，欧盟仍然可以推动乌克兰自下而上的改革。欧盟可以为乌克兰的国内力量提供经济鼓励、技术支持和安全保证等动力，激励他们推动乌克兰国内自下而上的改革，加速乌克兰融入欧洲一体化的进程。

其次，乌克兰的内部政治不稳定也影响了实施欧洲睦邻政策的有效性。① 这主要根源于乌克兰的寡头仍然对乌克兰的政治和经济生活起着决定性影响。继而，在欧盟外部治理的网络化结构中，民众和精英集团是推动自下而上改革的主要国内力量。民众主要通过非国家组织，如专业协会、宗教团体、工会和公民游说组织向国家政府机构施加压力，参与改革。而精英集团主要通过游说组织或与政治领导人建立关系网推动改革。②

最后，公民社会所扮演的角色在乌克兰不是特别的突出。在乌克兰，民众不是推动自下而上改革的主要国内力量，乌克兰属于独联体国家，据学者观察，独联体地区是世界上公民社会参与政治最差的地区之一。③ 根据伊尔科·库切里夫（Ilko Kucheriv）民主倡议基金会在2015年夏天进行的调查数据显示，57%的乌克兰人认为欧洲一体化对乌克兰有利。④ 乌克兰人民清楚地知道他们可以从欧盟获得巨大的利益。乌克兰与欧盟签署联系国协定后，乌克兰采取了很多措施，有效地打击了灰色事务，例如打击贪污腐败，执行透明的财政预算，简化出口程序，一些阻止制造业发展的规则和标准被取消。不同的人群都可以从中获得一些援助，所以乌克兰的大多数人支持融入欧洲一体化。⑤

虽然融入欧洲一体化得到了乌克兰人民的大力支持，但是乌克兰政

---

① Kataryna Wolczuk（2009），loc. cit.，p. 198.

② Ibid.

③ Marc Morjé Howard，“The weakness of postcommunist civil society，” *Journal of Democracy*，Vol. 13，No. 1，2002，p. 157.

④ Anastasiia Chornohorska，“Ukrainians overwhelmingly support European Integration，” Euromaidan Press，1 April，(2016)，http：//euromaidanpress. com/2016/04/01/ukrainians-overwhelmingly-support-european-integration-infographics/.

⑤ Ibid.

府才是《联系国协定（AA）》的执行者，所以精英集团就成了能够推动乌克兰国内自下而上改革的唯一主要力量。而在各种精英群体中，金融寡头可以成为向政治领导人施加压力进行自下而上改革的重要力量，在乌克兰政治经济生活中占据着举足轻重的地位，能影响领导人的政治、经济和外交政策，因为他们控制着国家机器、大众传媒和整个工业部门，他们可以影响政府当局和体制改革的实施过程。[①] 尽管自2013年乌克兰危机以来，金融寡头们遭受了巨大的经济损失，但是他们对乌克兰的政治经济生活依然起着主导作用，是能够推动乌克兰自下而上国内改革的主要力量，所以欧盟可以为乌克兰提供经济动力，吸引在欧盟市场上有着巨大商业利益的金融寡头，激励他们共同推动乌克兰自下而上地倒向欧盟的改革。

金融寡头在乌克兰的改革发展中发挥了一定的积极作用。首先，虽然乌克兰的民主制度还远远达不到欧盟的标准，但是乌克兰是独联体区域最民主的国家之一。而乌克兰的民主在一定程度上要归功于金融寡头的不统一和不团结。他们之间充满了激烈的竞争，很难团结一致采取统一的行动。[②] 因此，他们基于自己的利益诉求支持不同的政治精英，导致了乌克兰的相对民主。

其次，金融寡头一直在游说政府采取限制外国投资的政策，这虽然不利于乌克兰构建正常的投资环境，但它有助于“保护乌克兰的经济独立而不受俄罗斯资本扩张的影响和控制”。[③] 例如，2010年6月，阿赫梅托夫游说政府领导人，并对相关负责人施压，成功收回了卖给俄罗斯投资者的伊里奇钢铁公司。阿赫梅托夫的行为阻止了俄罗斯资本在乌克

① 关于乌克兰金融寡头的讨论可以参见张弘：《寡头与乌克兰危机》，载《世界知识》，2014年第8期；程东金：《乌克兰的寡头民主》，载《文化纵横》，2014年第2期；李秀蛟：《浅析乌克兰寡头现象》，载《俄罗斯东欧中亚研究》，2015年第2期。Heiko Pleines，“Oligarchs and Politics in Ukraine，” *Demokratizatsiya*：*The Journal of Post-Soviet Democratization*，Vol. 24，No. 1（Winter 2016）. Sławomir Matuszak，“The oligarchic democracy. The influence of business groups on Ukrainian politics，” *OSW Studies*，No. 42，September 2012，pp. 277 – 286；Oksana OKHRIMENKO and Alexande OKHRIMENKO，“The impact of the crisis on the national brand of Ukraine，” *Eastern Journal of European Studies*，Vol. 6，Issue 2，Dec 2015，pp. 37 – 53.

② Sławomir Matuszak（2012），loc. cit.，p. 79.

③ Ibid.

兰冶金行业的进一步扩张。

最后，许多金融寡头支持并投资乌克兰的艺术和体育事业的发展。这种趋势是由维克托·平丘克倡导起来的，他是乌克兰现代艺术的主要赞助商。平丘克自2004年起，每年都会组织“YES”（Yalta European Strategy）首脑峰会[①]，积极倡导欧洲一体化在乌克兰的发展。平丘克还是“乌克兰午餐”活动的组织者和赞助者，这一活动在达沃斯世界经济论坛期间举行。[②] 所以欧盟可以通过改良欧洲睦邻政策，吸引像平丘克这样的金融寡头，他们支持乌克兰融入欧洲一体化，可以推动乌克兰的改革。

此外，金融寡头推动了乌克兰的城市化建设。例如，阿赫梅托夫动用自己的一部分资金在顿涅茨克州建造了足球场，科洛莫尹斯基出资在第聂伯罗彼得罗夫斯克州建造了足球场，当地市民称他们为“城市之父”[③]，这证明金融寡头拥有巨大的财富可以支持乌克兰的基础设施建设。

作为一个硬币的两面，金融寡头除了对乌克兰改革有着积极的影响，他们也被认为是乌克兰进行真正而深刻的民主和经济一体化改革的障碍。首先，金融寡头总是阻碍外国资本涌入他们的商业部门。例如，乌克兰政府向冶金行业提供特殊保护，[④] 而且由于许多金融寡头通过低成本和过时的行业赚钱，如果外商给他们一个好的价格，他们愿意出售他们的企业，而俄罗斯商人通常是唯一的买家。[⑤] 其次，金融寡头也是乌克兰中小型企业发展的障碍。大的金融寡头总是游说政府施行有利于他们的政策，而政治领导人往往保护这些大的金融寡头的利益，却剥削

① 第一届“YES”（Yalta European Strategy）首脑峰会是在2004年7月1—4日，维克托·平丘克组织召集了30位欧盟领导人，讨论乌克兰加入欧盟的前景问题，此后，每年平丘克都会组织“YES”首脑峰会。到今年，“YES”首脑峰会已经成功举办了13届。

② 同上。

③ 同上。

④ 同上。

⑤ 同上。

中小型企业的财富。[①] 这往往导致乌克兰国家的巨大损失。[②] 最后，金融寡头应该对乌克兰非常不好的投资环境负责，垄断在许多商业部门是很常见的现象，这限制了企业之间的正常竞争。更糟糕的是，金融寡头总是只关心他们自己的利益，而不是国家的利益。最典型的例子是，RUE 集团设法将季莫申科送进了监狱[③]，这个事件影响了当时欧盟与乌克兰的关系。

针对这些寡头阻碍乌克兰为融入欧洲一体化进行的改革，欧盟对他们主要采取经济制裁、入境限制等惩罚措施。

乌克兰金融寡头萌芽于 20 世纪 90 年代乌克兰刚刚独立的时候，在 1994—2004 年库奇马任总统期间，金融寡头已经发展成为一个稳定和持久的体系，对乌克兰的政治生活有着巨大的影响。[④] 金融寡头体系在其演变过程中遭遇了几次打击，2004 年“橙色革命”引起了乌克兰寡头体系内部的重新洗牌，寡头从支持库奇马转而支持尤先科的政府，所以寡头仍然能对政治施加影响。当亚努科维奇政府在 2014 年被推翻时，寡头体系在政治中的力量恢复得非常快。[⑤] 与对政治的影响相比，金融寡头对乌克兰外交政策的影响有限，因为乌克兰的金融寡头只关心自己的利益而不是国家的利益，他们只影响涉及他们利益的外交政策。[⑥]

乌克兰金融寡头主要指乌克兰的大企业家集团，他们控制着国民经济的命脉，垄断了国家最重要的能源、金融行业，操控了机械制造等实体企业，同时还拥有自己的报纸杂志、广播电视，控制着新兴网络媒体等舆论工具。[⑦] 同时，他们与乌克兰政治有着密不可分的联系，能对政

---

① Sławomir Matuszak（2012），loc. cit.，p. 77.

② Sławomir Matuszak（2012），loc. cit.，p. 75.

③ Sławomir Matuszak（2012），loc. cit.，p. 76. RUE 集团全称是 RosUkrEnergo（Russian-Ukrainian Energy；power conglomerate based in Switzerland）。

④ Sławomir Matuszak，“The oligarchic democracy. The influence of business groups on Ukrainian politics，” OSW Studies，No. 42（September 2012），p. 5.

⑤ Heiko Pleines，“Oligarchs and Politics in Ukraine，” Demokratizatsiya：The Journal of Post-Soviet Democratization，Vol. 24，No. 1（Winter 2016），p. 106.

⑥ Sławomir Matuszak（2012），loc. cit.，p. 6.

⑦ 李秀蛟：《浅析乌克兰寡头现象》，载《俄罗斯东欧中亚研究》，2015 年第 2 期，第 30 页。

治决策产生重要的影响。保护和扩大自己的资产是金融寡头对乌克兰政治施加影响的目的。大部分金融寡头是在乌克兰独立时进行政治转型和经济私有化的过程中以较低的资金购买了国有资产，从而发家致富的。当他们富有之后，首先要做的就是保护和扩大自己的资产。所以，金融寡头利用自己强大的资金对乌克兰政治领导人或议员施加影响，使他们制定能给寡头带来巨大经济利益的政治决策或经济政策。

金融寡头主要通过三种方式影响乌克兰的政治决策：第一，金融寡头通过与政治领导人建立非正式的联系对其施加影响。第二，金融寡头还会通过建立政党参与政治斗争，竞选议员等来影响政治决策。第三，很多金融寡头控制着大众媒体，有助于政治精英的选举以及影响大众对政治问题的舆论导向。[①] 在过去20多年里，乌克兰的金融寡头都有他们支持的政治代表，甚至有的金融寡头自己创建政党，担任领袖，参与乌克兰政治斗争，成为主要政治领导人。无论他们是通过对政治领导人提供资金等支持换来政治领导人对他们的经济利益的回馈和保护，还是直接转变为政治领袖保护自身的经济利益，他们的根本目标都是自利。而且在金融寡头的发展演变过程中，他们已经与乌克兰政治密不可分，相互交织了。

具体而言，第一种方式是寡头通过建立非正式的地区性寡头集团将商人和政治家联系起来，从而对政治家施压。三大主要的地区性寡头集团在库奇马任总统期间形成，包括第聂伯罗彼得罗夫斯克集团（the Dnipropetrovsk network）、顿涅茨克集团（the Donetsk network）和基辅集团（the Kiev network）。其中，在第聂伯罗彼得罗夫斯克集团中，经济上的寡头主要包括库奇马的女婿维克托·平丘克（Victor Pinchuk），他拥有国际管业（Interpipe）。根纳季·博戈柳博夫（Gennady Bogelybov）和伊格尔·科洛莫伊斯基（Igor Kolomoisky）是商业银行普利瓦银行（Privatbank）的共同所有者。该集团在政治上的代表主要是总统库奇马。在顿涅茨克集团中，经济上的寡头主要是乌克兰首富利纳特·阿赫

① Heiko Pleines, loc. cit., p. 116.

梅托夫（Rinat Akhmetov），他是金融工业集团资本管理系统集团（System Capital Management，SCM 公司）的所有者，该集团包括的企业还有顿巴斯（Donbas）工业联盟，维塔利·盖杜克（Vitaly Gaiduk）是该工业联盟的所有者之一，也是公开代表。顿涅茨克集团在政治上的代表主要包括顿巴斯地区党和亚努科维奇，当时亚努科维奇担任顿涅茨克州州长，2002 年被任命为总理，2010 年当选乌克兰总统。基辅集团在经济上的寡头主要是伊戈尔·苏尔基斯（Igor Surkis），他是"迪纳摩·基辅"足球俱乐部（the "Dynamo-Kiev" group）的主导者，基辅集团在政治上的代表是维克托·德丘克（Viktor Medvedchuk），他在 2002 年被任命为库奇马的幕僚长官。[①] 这些地区性的寡头集团通过对他们的政治代表提供政治和经济支持，帮助他们当选为乌克兰政治领导人，而这些政治代表上台后，则为支持他们的金融寡头集团提供政治庇护，保护这些金融寡头的经济利益，出台一些有利于他们的经济政策。金融寡头与政治的联系不仅仅是通过地区性的寡头集团构建的，"橙色革命"之后，寡头体系经历了重新洗牌，在这之后，金融寡头和政治的联系更多的是通过超级金融寡头个体与政治领导人、政府官员之间的非正式的私人交往构建的。

第二种方式是金融寡头通过建立政党直接参与政治斗争，竞选议员等来保护自己的利益。金融寡头常常参与国内政党的创建和运作过程，为政党提供资金支持。在乌克兰国内政党的斗争背后，是金融寡头之间利益的斗争。乌克兰国内的几大政党如"地区党"背后的支持者就是以乌克兰首富利纳特·阿赫梅托夫为核心的顿涅茨克集团。金融寡头对政党的支持分为三类：一类是为政党提供资金支持；二类是提供资金支持的同时亲自加入政党；三类是创建政党，担任领袖[②]，如尤利娅·季莫申科创建了"季莫申科集团"参与竞选。此外，很多金融寡头还通过竞选议员来维护自己的利益。寡头主要通过成为议员支持他们的政治

① Heiko Pleines，loc. cit.，p. 116.

② 李秀蛟：《浅析乌克兰寡头现象》，载《俄罗斯东欧中亚研究》，2015 年第 2 期，第 36 页。

代表成为国家领导人或政府领导人来发挥对政治的影响。①

第三种方式是金融寡头会通过控制公共舆论对政治领导人施压，影响政治决策。很多金融寡头拥有自己的报纸期刊、电视台和网络媒体，此外，他们利用电视、报纸、网络媒体等工具帮助他们支持的政治代表在总统选举中进行舆论宣传，帮助他们获得选举的胜利。如："阿赫梅托夫拥有乌克兰电视频道、柳克斯广播电台、今日出版集团和《顿涅茨克晚报》，平丘克拥有 6 个乌克兰电视频道和报纸《事实与评论》，被称为媒体大亨"②。平丘克作为库奇马的女婿，在库奇马 1999 年竞选总统连任的过程中，利用自己拥有的电视台和报纸为库奇马做了大量的舆论宣传，成功帮助库奇马连任总统，反过来库奇马连任总统后，平丘克又获得了巨大的经济利益。③

金融寡头们更加关注那些可以给他们带来更多经济利益的外交政策，并且倾向于通过对这些外交政策施加影响来保护和扩大他们的利益。金融寡头在乌克兰外交上的政治利益一般取决于是否与他们的经济利益挂钩，比如金融寡头并不关心乌克兰外交涉及的安全事务，因为这与他们的利益关系不是很大，他们不能从中受益。而就外交政策中涉及经济方面的政策措施，对于那些强大的金融寡头，他们就比较容易进入国外市场④，为了在国际市场上更多地谋取利益，他们会向他们支持的政治精英施压，影响乌克兰外交立场，外交政策中涉及经济方面的政策措施。具体来讲，乌克兰的金融寡头有的希望保护内部市场免受进口的影响，有些则希望外交政策能确保尽可能低的关税。最富有的金融寡头更倾向于那些能为他们提供低定制关税和巨大经济利益的合作伙伴。在过去几年里，最富有的金融寡头已经成功地保护和扩大了自己的利益，他们推进了乌克兰在 2008 年加入世界贸易组织（WTO）。在乌克兰加入世界贸易组织之后，金融寡头也推动国内进行了相应的改革。虽然成

---

① Heiko Pleines，loc. cit.，p. 120.

② 李秀蛟：《乌克兰著名寡头及其金融工业集团》，载《国际研究参考》，2015 年第 2 期，第 44 页。

③ 同上。

④ Sławomir Matuszak（2012），loc. cit.，p. 64.

为 WTO 成员国导致乌克兰国内市场竞争日益激烈，但是这对那些富有的金融寡头不会有什么影响，反而有利于他们在国际市场上获取更多的经济利益。

在乌克兰独立的早期阶段，金融寡头阻挠了乌克兰与欧盟的制度融合①，乌克兰金融寡头在欧盟市场有着巨大的经济利益，不仅包括商品交易，还包括不动产等利益，但是他们出口到欧盟市场的商品往往缺少竞争力。但到了 2004 年，他们改变了他们的政治和经济偏好，支持了“橙色革命”和随后欧洲睦邻政策在乌克兰的实施，并成功保住了他们对乌克兰政治和经济的巨大影响。2010 年，亚努科维奇赢得总统选举，击败了属于“橙色”阵营的季莫申科。在这个过程中，亚努科维奇得到了大部分金融寡头的支持。但是，政治领导人做出的外交决策，采纳的官方议程是否受到了支持他的寡头的影响，有时候很难判断，因为金融寡头将政治精英视为工具。② 比如，普利瓦银行所有者之一的伊格尔·科洛莫斯基（Ihor Kolomoyskyi）一开始支持“橙色革命”阵营，而“橙色革命”阵营的政治领袖尤先科和季莫申科倾向于西方，坚持“欧洲选择”的外交政策，但是这并没有阻止科洛莫斯基与俄罗斯合作，在俄罗斯投资。

在“乌克兰危机”爆发之前，乌克兰和欧盟就签署“联系国协定”进行了很多次谈判，但是双方始终没能达成一致。这与乌克兰主要的金融寡头也有一定的关系，因为他们对这项与欧盟的谈判不够重视，他们既不推进，也不阻止“联系国协定”的签署，其中包括与欧盟建立深度全面的自由贸易区（DCFTA）的谈判。因为该协议不能立即给他们带来巨大的利益，甚至在短期内，乌克兰与欧盟签署建立深度全面自由贸易区并不利于金融寡头的商业发展，因为深度全面自由贸易区将导致欧盟对乌克兰市场的出口大幅增加，而乌克兰国内的很多金融寡头与欧盟的企业家相比，竞争力不足，在乌克兰国内市场的利益自然会受损，尤其是那些小的金融寡头，他们目前的对象主要是国内市场。然而，从

① Inna Melnykovska and Rainer Schweickert, loc. cit., p. 450.

② Ibid.

长远来看，与欧盟建立深度全面自由贸易区将对乌克兰有利，因为外来的竞争可以刺激乌克兰的国内改革，而欧盟也将给予技术指导和资金援助，帮助乌克兰进行民主和经济改革，这有利于乌克兰的长远发展。金融寡头对接受欧盟外部治理的扩展是由他们的所从事的行业商业性质决定的。同时，一些金融寡头在俄罗斯有着巨大的商业利益，而俄罗斯反对乌克兰同欧盟签署“联系国协定”，所以这些金融寡头要考虑俄罗斯的反应。例如，对于经营化工业的寡头而言，与俄罗斯保持良好的关系是一个优先事项，因为化工业的利润直接取决于天然气的价格，过去该行业的寡头一直是以低价从俄罗斯进口天然气赚取利益的。但是部分寡头又支持乌克兰的“融入欧洲”的改革，这可以提高他们在欧洲市场同俄罗斯进行竞争的实力。而以出口为导向的巨型重工业公司（主要是冶金）行业的寡头则支持融入欧洲一体化进程。虽然俄罗斯是乌克兰货物的重要接受国之一，但是中东和亚洲国家市场也很重要，而且在出口到欧盟国家的过程中，俄罗斯公司是乌克兰的主要竞争对手。双方在谷物出口的竞争就是一个很好的说明。①

但是没有哪一个超级金融寡头愿意乌克兰与西方的关系进一步恶化。因为他们在西方都有投资，无论是房地产还是各种商品出口，此外，越来越多由金融寡头控制的公司在西方证券交易所上市。② 因此，大的金融寡头是倾向于与欧盟进一步发展合作关系的，因为他们在西方市场有着很大的经济利益。所以，金融寡头们对乌克兰与欧盟签署“联系国协定”既不推进也不阻挠。

在乌克兰朝着欧盟的标准进行经济一体化改革的过程中，很难看出金融寡头发挥了怎样的协调作用。但是非常明显的是，亚努科维奇当选总统后，以贪污等罪名抓捕了季莫申科，西方要求释放季莫申科，因为一旦季莫申科被判刑，这意味着欧盟与乌克兰的“联系国协定”和建立深度全面自由贸易区（DCFTA）都会遭到阻挠和暂停，但是主要的

---

① Matuszak, Sławomir, “How Ukrainian oligarchs view economic integration with the EU and Russia,” OSW Studies, 14 September (2011).

② Sławomir Matuszak (2012), loc. cit., p. 68.

金融寡头并没有采取措施来避免这种情况的发生。① 2013 年，亚努科维奇拒绝与欧盟签订“联系国协定”，在基辅引发了大规模示威抗议，随后亚努科维奇被议会罢免总统职位，而金融寡头很快从支持亚努科维奇转而支持在基辅示威中获胜的亲欧派，包括暂时支持他们提倡的乌克兰倒向欧盟的改革。

根据金融寡头的偏好，欧盟可以为他们提供有针对性的激励，而不用为乌克兰提供入盟的动力，也可以加速乌克兰国内自下而上改革的进程。乌克兰最典型且最重要的金融寡头集团是顿涅茨克集团，该集团的核心金融寡头是乌克兰最富有的商人阿赫梅托夫，他拥有 125 亿美元。阿赫梅托夫从事的基础行业是冶金。他原先支持前总统亚努科维奇，但乌克兰危机后，转而支持新政府。阿赫梅托夫掌管了两家大型工厂，它们分别是 2010 年收购的位于乌克兰东部马里乌波尔市的伊里奇钢铁厂和 2011 年收购的扎波罗日钢铁股份有限公司，该公司之前属于俄罗斯塞浦路斯公司所有。2012 年年初，SCM 公司旗下的 DTEK 公司②大幅增强了其在电力工程市场的地位。DTEK 公司是乌克兰最大的私营能源公司，该公司利用国家的私有化拍卖，从国家购买了三个电厂公司（Zakhidenerho，Dnieproenergo 和 Kyivenerho）的控股权，作为招标的一部分。这次收购以及阿赫梅托夫在能源行业拥有的资产（顿涅茨克州的 Skhidenergo 公司）确保了阿赫梅托夫控制了乌克兰约超过 60% 的煤炭生产和发电量。此外，Zakhidenerho 公司包含了与西欧使用的电力系统相连接的发电厂，这使阿赫梅托夫可以控制出口到欧盟国家的电力能源，这是非常有利可图的。所以阿赫梅托夫在欧盟市场有着巨大的经济利益，他更容易接受欧盟的规则。此外，他在乌克兰东部有着很高的地位，目前乌克兰东部一直处于不稳定的状态，而阿赫梅托夫对东部地区的影响力帮助他在“乌克兰危机”后，重新获得了对乌克兰政治立场

① Sławomir Matuszak（2012），loc. cit.，p. 68.

② DTEK 公司成立于 2005 年，主要用于管理阿赫梅托夫的 SCM 集团公司旗下的能源资产。

的影响力。[①]“乌克兰危机”之后，DTEK公司也遭遇了经济危机，截至2016年4月初，DTEK公司所持欧洲债券和银行贷款的逾期欠款总额为7.592亿美元，而俄罗斯联邦储蓄银行和俄罗斯外贸银行是DTEK公司的主要债权人。[②] 这也将阿赫梅托夫推向了欧盟，在乌克兰与俄罗斯关系僵化的情况下，欧盟必须给予阿赫梅托夫的DTEK公司财政资助，从而鼓励阿赫梅托夫支持乌克兰的欧洲一体化改革。“乌克兰危机”爆发后，顿涅茨克集团的影响力遭到削弱，因为乌克兰失去了对顿涅茨克和卢甘斯克州被俄罗斯占领区域的控制。截至2016年4月12日之前，阿赫梅托夫的主要政治庇护人是总理阿尔塞·雅琴尼克，他和阿赫梅托夫十分交好，他在过去两年里一直保护阿赫梅托夫的利益。[③]

在亚努科维奇总统领导的政府于2014年2月被推翻后，乌克兰又恢复了2004年的议会制度，这减少了总统的权力，并再次加强了议会的作用。这一变化被视为民主的回归，并促成了接下来的公平选举。[④] 但驱逐了亚努科维奇并没有改变乌克兰金融寡头与政治之间的关系。金融寡头只是暂时失去了他们在政治上的庇护人，为了保护自己的利益和安全，他们很快就从亚努科维奇背后转移到乌克兰革命的胜利者背后，给予他们财政援助，帮助他们进行电视舆论宣传，并在议会中给他们投票。[⑤] 所以，金融寡头很快就找到了新的政治庇护人。在亚努科维奇被驱逐后，欧盟对18个支持他的人进行了制裁，其中包括亚努科维奇本人以及他的两个儿子亚历山大和维克托，其他前政府成员和谢尔盖·库尔琴科（Serhiy Kurchenko），这是为亚努科维奇家族经营多个商业计划的幕后智囊。然而，在亚努科维奇担任总统期间积累了大量财富的有影

---

① Nick Kochan, "Ukraine's oligarchs: who are they-and which side are they on?" the guardian, March 9, 2014, http://www.theguardian.com/world/shortcuts/2014/mar/09/ukraines-oligarchs-who-are-they-which-side-are-on.

② 中华人民共和国商务部：《乌克兰最大私营能源公司DTEK的逾期债务总额为7.592亿美元》，http://www.mofcom.gov.cn/article/i/jyjl/e/201604/20160401293753.shtml。

③ Leshchenko, Serhiy, loc. cit., p. 101.

④ Heiko Pleines, loc. cit., p. 111.

⑤ Serhiy Leshchenko, "Sunset and/or Sunrise of the Ukrainian Oligarchs after the Maidan?" in: Andrew Wilson (ed.): What does Ukraine think?, *European Council on Foreign Relations* (2015), p. 99.

响力的金融寡头都没有被列入制裁名单。[①] 与“橙色革命”一样，亚努科维奇的倒台并没有改变金融寡头体系的构成和运作。如金融寡头科洛莫伊斯基却增强了其影响范围。他不是投资在他支持的政治领导人身上，而是投资自己，他成为了第聂伯罗彼得罗夫斯克州的州长。然而好景不长，前总统波罗申科为了阻止他获得更多的权力，在 2015 年 3 月罢免了他的州长职位。但他仍然是金融寡头体系中的关键成员，对乌克兰的政治经济生活有着重要的影响。[②]

概言之，金融寡头属于乌克兰的精英群体，在乌克兰的政治经济生活中占据着主导地位，乌克兰自独立以来，政局不稳，政体也随着总统的换届从议会制到半总统制再到议会制来回变更了好多次，唯独金融寡头在乌克兰的地位没有改变，金融寡头始终能对政治领导人的政治外交决策发挥重要的影响。因此，金融寡头是推动乌克兰自下而上改革的主要力量。乌克兰实施倒向欧盟的外交政策后，还为此专门成立了融入欧洲一体化改革办公室，负责实施和监督乌克兰民主和经济一体化改革。但是，不稳定的乌克兰政局并不能保证改革的效果。所以欧盟还是继续鼓励金融寡头对政治领导人施加压力，加速乌克兰融入欧洲一体化的进程。

第三节　乌克兰参与欧盟外部治理的困境

20 世纪 90 年代苏联解体后，俄罗斯与乌克兰的关系就转变为正常国家之间的关系。由于俄罗斯与乌克兰享有很多共同的历史文化遗产，

① Serhiy Leshchenko，“Sunset and/or Sunrise of the Ukrainian Oligarchs after the Maidan?” in：Andrew Wilson（ed.）：What does Ukraine think?，*European Council on Foreign Relations*（2015），p. 99.

② Serhiy Leshchenko，“Sunset and/or Sunrise of the Ukrainian Oligarchs after the Maidan?” in：Andrew Wilson（ed.）：What does Ukraine think?，*European Council on Foreign Relations*（2015），p. 102.

存在着血缘、语言和宗教上剪不断的联系，所以俄罗斯与乌克兰原本应该是非常亲密无间的关系。正如俄罗斯总统普京说过的："俄罗斯和乌克兰之间不仅仅是一般国家之间的那种关系，更像是兄弟之间的关系，应该相互帮助。"① 但是乌克兰自独立以后，一直想摆脱俄罗斯的影响，想要回归欧洲。所以俄罗斯和乌克兰的关系自苏联解体后一直很微妙。一方面，俄罗斯和乌克兰享有很多共同的历史。乌克兰现在的首都基辅经常被称为俄罗斯城市的母亲②，从价值观念和历史文化上，俄罗斯将乌克兰视为自己的利益范围；另一方面，乌克兰对于俄罗斯而言有着重要的地缘政治安全利益和经济利益。乌克兰位于俄罗斯南部，直接面对俄罗斯两个最重要的经济区：南部（中央黑土）经济区和伏尔加经济区。乌克兰也靠近俄罗斯的北高加索石油区和里海气体区，俄罗斯内部不稳定的联邦机构距离乌克兰也不远。如果乌克兰更倾向于"欧洲选择"，它将会慢慢脱离俄罗斯的控制区，这会对俄罗斯造成巨大的安全威胁。此外，俄罗斯在乌克兰还有着非常重要的经济利益。俄罗斯通往欧盟国家的80%的天然气需要经过乌克兰的管道运输。③ 所以，面对欧盟对乌克兰的外部治理，俄罗斯一直保持警惕和防范。

乌克兰无论是经济上、军事上还是民族感情上都离不开俄罗斯，但是又很想摆脱俄罗斯，俄罗斯也非常清楚乌克兰对自己的重要性，布热津斯基曾经这么评价乌克兰对俄罗斯的重要性，他说，俄罗斯如果没有了乌克兰，就不再是一个欧亚帝国。④ 所以俄罗斯对欧盟在独联体地区尤其是在乌克兰的外交政策非常关注，也非常敏感。

在欧洲睦邻政策出台之前，乌克兰总统库奇马奉行"多向量外交"，力求在欧盟与俄罗斯之间保持平衡，所以乌克兰与俄罗斯的关系比较稳定。乌克兰也享受着作为独联体国家在俄罗斯购买天然气的优

---

① 李兴：《乌克兰独立以来与俄、美、欧（盟）关系演变述评》，载《东欧中亚研究》，2002年第4期，第57页。

② "Kievan Rus", in the Columbia Encyclopedia, Sixth Edition (2007).

③ "EU reaches gas deal with Ukraine," BBC News, August 1, 2009, http://news.bbc.co.uk/2/hi/europe/8179461.stm.

④ ［美］兹比格纽·布热津斯基：《大棋局——美国的首要地位及其地缘战略》，中国国际问题研究所译，上海，上海人民出版社，1998年版，第62页。

惠。但是，当亲西方的尤先科上台后，积极响应欧盟的睦邻政策，坚持“欧洲选择”后，俄罗斯与乌克兰的关系受到一定的影响。俄罗斯感受到乌克兰与欧盟越走越近带给自己的压迫感。因为俄罗斯与欧盟不同，俄罗斯对独联体国家的感情和政策是要最大程度地保证自己在独联体地区的主导地位和影响力。在政治、经济和军事方面与这些独联体国家保持紧密一致的联系①，这是俄罗斯作为曾经的强国和现在的大国的尊严。更何况俄罗斯清楚地明白乌克兰作为自己与西欧国家的前沿屏障，以及作为自己往西欧国家输送天然气的必经国，影响着俄罗斯的经济利益和国家安全。

乌克兰选择了欧洲睦邻政策并付诸实践后，俄罗斯也加紧采取措施想拉拢乌克兰，鼓励乌克兰加入关税同盟。俄罗斯主要以天然气价格优惠吸引乌克兰，同时俄罗斯也以实际行动对欧美发出了警告。2008 年在俄罗斯与格鲁吉亚冲突中，俄罗斯的强硬姿态就是在警告西方，不要再利用外交政策拉拢乌克兰，否则，乌克兰就是下一个格鲁吉亚。② 虽然乌克兰在权衡之下，还是选择了欧盟，没有加入关税同盟，但是尤先科也意识了俄罗斯的重要性，出于国家利益的考虑，还是选择与俄罗斯保持友好关系。

然而，亲俄的亚努科维奇上台后，乌克兰与俄罗斯的关系在 2013 年年末之后却发生了戏剧性的变化，由于亚努科维奇拒绝与欧盟签署欧洲睦邻政策下的“联系国协定”，乌克兰亲欧的反对派在基辅广场示威并推翻了亚努科维奇领导的政府，罢免了亚努科维奇的总统职位，“乌克兰危机”爆发并愈演愈烈，2014 年 3 月，克里米亚通过公投加入俄罗斯，该事件在乌克兰造成了连锁反应，5 月乌克兰东部重要城市顿涅茨克州和卢甘斯克州也举行了全民公投，决定独立。随后，乌克兰东部战乱不断，政局非常不稳。俄罗斯也在乌克兰边境集结兵力，并与乌克兰发生武装冲突，目前双方虽然已经签署了停火协议，但是在乌克兰东

① 沈莉华：《乌克兰融入欧洲战略及其对俄罗斯的影响》，载《俄罗斯学刊》，2012 年第 3 期，第 41 页。

② 同上，第 40 页。

部，仍然间断性出现武装冲突。

虽然乌克兰危机仍在持续发酵，但欧盟应对这一问题的信心不是减弱而是增强了。根据最新联合申明的内容和欧盟理事会2013年以来就乌克兰危机发布的报告，欧盟立场未来仍聚焦在二个方面：一是密切观察东部地区局势发展，监测明斯克协议的执行情况，加强对欧安组织的支持力度，继续谴责俄罗斯“非法吞并”克里米亚和塞瓦斯托波尔是对乌克兰领土主权的侵犯；二是落实已经和乌克兰签署的“联系国协定”和“深入全面的自贸协定”，向乌克兰政府提供坚定的政治支持和技术及经济援助，特别是邀请乌克兰加入了“欧盟2020计划”，加强双方技术合作与人员交流。乌克兰政府已经全面倒向西方。乌克兰总统波罗申科2015年4月24日宣布将通过举行全民公投的形式决定乌克兰加入北约的问题。2015年4月27日他呼吁欧盟成员国尽快批准“欧盟—乌克兰联合协议”。他甚至宣称乌克兰加入欧盟问题被视为乌克兰政府当前工作的优先方向，乌克兰能够在五年之内满足入盟条件并向欧盟提出申请。

2015年4月27日，第17届欧盟—乌克兰峰会在基辅举行，欧洲理事会主席图斯克、欧盟委员会主席容克和欧盟委员会内的欧洲睦邻与扩大政策专员哈恩出席了此次峰会。会议由乌克兰总统波罗申科主持。此次峰会通过的联合声明主要包括三项内容：第一，讨论欧盟与乌克兰签订的联系协定执行情况，欧盟援助资金的落实和乌克兰政治和经济改革内容。第二，分析乌克兰东部危机最新态势和新的明斯克协议的落实，欧安组织特别监测团提交相关报告，欧盟和乌克兰领导人一致认为，全面落实明斯克协议仍然是解决乌克兰危机的最佳途径。第三，讨论未来的地区合作内容，为召开第四届欧盟东部伙伴关系峰会做准备。

与此同时，欧盟与俄罗斯保持对话，向俄罗斯表明欧盟与伙伴国提升关系并不以牺牲俄罗斯利益为代价。比如，此前进行的欧盟、俄罗斯和乌克兰三方天然气供应会谈就是从能源合作等方面积极寻找双方利益共同点。俄罗斯在乌克兰局势的强硬态势不会改变。俄罗斯政府最大的恐惧不是和西方国家对抗，而是西方国家以乌克兰事件为由持续对俄制裁，引起俄罗斯民众对生活质量下降的不满，引发“颜色革命”式的抗议示威，导致（俄罗斯）政权更迭。为了维持政权合法性和继续赢得俄罗斯民众的支持，俄罗斯领导人会在乌克兰问题上保持强硬态度并继续巩固和推进已经攫取的战略成果。但这恰恰是俄罗斯的战略收缩而不是战略扩张，考虑到无法承受进一步的制裁和全面战争的爆发后果，俄罗斯已经放弃对乌克兰的全面影响而决定不断挑起冲突给基辅施压，最终迫使欧盟和北约退让，默认俄罗斯在乌克兰东部地区的影响。

欧盟目前的头等大事是调整非法移民监管和难民庇护政策。任何一个欧盟国家都无法承受乌克兰爆发全面战争，难民大量涌入欧盟国家边境的灾难性后果。中东欧国家最大战略利益是避免乌克兰危机引发全面战争。所以他们积极在欧盟层面、次区域层面参与危机的斡旋工作。欧盟还帮助乌克兰应对该国东部地区冲突造成的人道主义、社会和经济后果。自冲突开始以来，欧盟及其成员国共提供了超过 4.02 亿欧元的资金，共同成为最大的人道主义捐助者，满足了受冲突直接影响的地区，国内流离失所者和难民离开冲突地区的需要。

美国对欧洲目前采取的“绥靖主义”态度非常不满，认为欧盟成员国更看重自身的国家利益。即使在乌克兰危机背景下，北约 28 个成员国中也仅仅有 6 个国家国防开支占到了 GDP 2%，新美国中心高级研究员罗伯特·卡普兰日前指出，布鲁塞尔的精英仍然在指望美国为欧洲的安全防务埋单，但殊不知美国传统的以欧洲大陆为导向的外交和防务政策正在发生转变，美国现在和未来会更重视来自亚洲的安全挑战。换言之，欧盟和美国已经放弃与俄罗斯在乌克兰问题上激烈冲突的可能。乌克兰倒向西方的代价就是吞下这一苦果，日后换取美欧给予的经济与安全的回报。

从欧盟成员国对俄罗斯制裁阴奉阳违来看，在 2013 年年底开始的乌克兰危机中，欧盟为应对乌克兰局势，阻止俄罗斯对乌克兰的介入和干预，对俄罗斯采取了政治、经济制裁行动，如欧洲理事会决议要求欧盟成员国暂停俄罗斯加入经济合作与发展组织（OECD）和国际能源署（IEA）的谈判，取消欧盟—俄罗斯双边峰会，俄欧关于签证制度与新条约的谈判暂停。2014 年 7 月，欧洲理事会一致表决通过对俄罗斯进行经济制裁，并明确列出制裁的内容。① 包括要求欧盟成员国及其国内公司禁止参与俄罗斯五家国有银行、三家主要能源公司、三家主要防务公司以及其他涉及欧盟制裁的部门的合作等等。制裁期限也一再延长：2018 年7 月，欧盟部长理事会会议决定对俄罗斯经济制裁再度延长6 个月，至 2019 年1 月31 日；2018 年9 月，欧盟理事会决定因破坏乌克兰领土完整而对俄罗斯的制裁也再度延长至 2019 年 3 月 15 日。欧盟理事会发布消息称，该理事会正式将针对俄罗斯的经济制裁再次延长半年至 2020 年1 月31 日。② 但是欧盟共同的对俄制裁行动，之前以及目前并没有影响部分成员国各自进行的对俄合作政策。2014 年 1 月匈牙利与俄罗斯签署协议，俄罗斯国家原子能公司（Rosatom）为匈牙利核反应堆提供核原料。在欧盟制定对俄制裁后，欧盟对此进行了干涉，但并没有改变匈俄合作进程。2015 年 2 月塞浦路斯与俄罗斯签订协议，容许俄罗斯军舰停靠塞浦路斯港口。2015 年 6 月，希腊与俄罗斯签署了天然气管道建设的意向协议，参与俄罗斯天然气管道工程。这项合作，被认为降低了欧盟抵抗俄罗斯干预欧天然气市场的努力。虽然 2009 年生效的《里斯本条约》要求“成员国应克制任何与联盟利益向左或可能会损害联盟在国际关系中作为团结的力量的有效性的行为”③，但是以上3 个国家的对俄合作行为，明显违背了欧盟打击俄罗斯，对俄进行制裁的总体目标，与欧盟成员国之间“系统性合作”的精神要求相悖。④

2019 年年末，乌克兰危机相关方之间关系正在发生变化，俄欧、俄乌关系转暖。俄罗斯重获欧洲委员会成员国资格。法国、德国、挪

---

① Council of the European Union, “EU Sanctions Against Russia Over Ukraine Crisis,” European Union Newsroom, http://europa.eu/newsroom/highlights/special-coverage/eu_ sanctions/index_ en.htm.

② Council of the European Union, “Russia: EU Prolongs Economic Sanctions by Six Months,” https://www.consilium.europa.eu/en/press/press-releases/2018/07/05/russia-eu-prolongs-economic-sanctions-by-six-months/#.

③ Stephan Keukeleire, Tom Delreux, The Foreign Policy of the European Union, Palgrave Macmillan, 2014, pp. 156 – 159.

④ 参见《欧洲联盟条约》第 32 条关于“加强成员国在政策实施上的系统性合作”内容，http://europa.eu/european-union/law_ en。

威、意大利等欧洲国家纷纷呼吁解除对俄制裁。俄乌元首实现电话沟通，双方互换 35 名被扣人员，俄罗斯返还乌克兰刻赤海峡冲突中扣押的舰船。

诺曼底四方会谈重启是四方合力推动的结果。俄罗斯作为掌握主导权的一方，希望抓住乌克兰新人新政、美国战略收缩的时机阻止乌克兰继续西靠，加强俄欧关系，推动西方解除对俄制裁。法德两国作为相对中立方希望维护欧洲东部边界安全，与俄罗斯恢复经济联系。泽连斯基作为最弱势和最迫切一方希望履行竞选承诺，启动诺曼底协调机制，实现东部和平，从而巩固政权安全。为此，他顶住压力接受普京提出的启动“诺曼底会谈”的条件书面同意“施泰因迈尔模式”。

总之，俄罗斯主导的欧亚联盟与欧盟东扩战略围绕乌克兰的地缘博弈在未来相当长的时间内还将持续。俄欧关系的恶化会影响俄罗斯在一些急迫的非传统安全问题上与欧盟的合作。此外，受到西方制裁的俄罗斯采取了针对性的反制裁措施，俄欧之间密切的贸易关系受损，俄罗斯重新寻找替代性的贸易和投资伙伴，长远看势必会对美欧主导的全球经济秩序造成冲击。

本章小结

在欧盟外部治理的框架下，欧盟不能给乌克兰提供入盟的前景，而缺少了这一强大的动力激励，乌克兰政治领导人也仅仅是将融入欧洲一体化进程挂在嘴边，朝着欧盟标准的改革效果不大。但是，根据每年的欧盟“东部伙伴关系”计划实施报告显示，乌克兰的民主化程度是独联体国家中最好的，并且乌克兰参与欧盟的经济一体化程度也在逐步加深。乌克兰是欧洲睦邻政策伙伴国中改革效果最明显的，这也证明了欧盟“东部伙伴关系”计划可以为乌克兰提供经济利益，并推动乌克兰进行政治和经济改革。

由于国内因素的影响，乌克兰政治领导人不太可能下定决心深度而全面地进行民主改革和经济一体化改革。因此，自上而下的改革方式不适用于乌克兰。向欧盟靠拢的道路除了可以通过自上而下的改革实现，还可以通过自下而上的改革达成。自下而上改革的主力军是乌克兰民众和精英群体。2013 年底，亚努科维奇拒绝与欧盟签署“欧盟—乌克兰联系国协定”，引发了乌克兰民众和亲欧反对派的示威游行，结局是乌克兰民众和亲欧反对派获得了胜利，亚努科维奇遭到驱逐。这说明两点：第一，乌克兰民众已经构成了支持乌克兰进行趋近欧盟标准的内部改革的基础；第二，欧洲的外部治理在乌克兰实施的过程中创新性地发展出了“过程诱导”的新方式，欧盟外部治理虽然不能为伙伴国提供入盟的强大动力，但是对乌克兰这种有着强烈入盟愿望的国家来说，欧洲睦邻政策也能对乌克兰改革产生一定的影响，虽然这个过程有点漫长，但是效果可能更加深刻。

第六章

踟蹰不前：摩尔多瓦与欧盟的外部治理

冷战结束后的摩尔多瓦面临国内政治纷乱、领土争端与国家发展路线之争三大困境，而欧盟的外部治理对此三大发展困境产生了相当大的影响。在摩尔多瓦国内政治发展问题上，欧盟通过外部治理促使摩尔多瓦进行朝野对话、缓解政治冲突、修正选举制度与废除死刑；在领土争端解决面向上，透过“5+2”多边机制与边界管制协议达成区域稳定、降低军事冲突可能；在国家发展路线选择上，与欧盟发展更紧密的合作关系乃是摩尔多瓦基本共识。同时，欧盟外部治理局限性主要来自俄罗斯对该国的压力，俄罗斯在后冷战时期军事力量与经济力量虽不如冷战时期，但是干预摩尔多瓦更多地参与欧盟外部治理过程中仍不断产生阻碍作用，尤以体现在“德左”驻军、外债与天然气供应等问题上。

第一节　摩尔多瓦参与欧盟外部治理的原因

在领土争端问题上，摩尔多瓦地处东南欧，是典型的欧洲国家。地缘因素塑造民族国家的认同意识，所以摩尔多瓦民族对欧洲有天然的亲近感。早在罗马时期摩尔多瓦就被纳入欧洲文化圈，在之后的发展历程中与欧洲国家也存在着紧密联系。因此，摩尔多瓦文化中存在着很多欧洲因素，在基本的文化价值观念上摩尔多瓦与欧洲没有隔阂。摩尔多瓦地区旧称比萨拉比亚（Bessarabia），摩尔多瓦人的祖先为达契亚人。13—14 世纪，蒙古鞑靼人和匈牙利人入侵，达契亚人逐渐分为三支：摩尔多瓦人、瓦拉几亚人、特兰西瓦尼亚人。1359 年，摩尔多瓦人在喀尔巴阡山以东至德涅斯特河之间的大部分领土上建立摩尔多瓦公国（Principality of Moldavia）。历史上摩尔多瓦一地经常在罗马尼亚与俄国两地数次易手，在沙俄势力抵达这一地区之前，罗马尼亚民族始终是当地的主人。14 世纪，罗马尼亚人开始建立自己的民族国家，当时在多瑙河流域先后出现了 3 个封建公国：瓦拉几亚、摩尔多瓦和特兰西瓦尼亚。不久，特兰西瓦尼亚即被匈牙利王国征服，而瓦拉几亚和摩尔多瓦则延续了相当长的时间，历史上被称为“多瑙河两公国”。16 世纪，入侵巴尔干的土耳其奥斯曼帝国曾迫使罗马尼亚人接受其宗主权，但两公国仍保持了各自的领土完整和自治权，如马克思所指出的，“它们是在土耳其政府保卫它们不受任何外敌侵犯，同时决不干涉其内部管理的条件下向土耳其政府纳贡的”，因此实际上是“受土耳其政府庇护的主权国家”。[①] 这种状况一直延续到 18 世纪。1812 年沙俄通过对土耳其战争的胜利，根据《布加勒斯特条约（Treaty of Bucharest）》，将摩尔多瓦公国部分领土，即比萨拉比亚划入俄国版图，自此俄国在这个地区推动俄化政策，但作为一个特定的历史地理概念，比萨拉比亚并不等同于后来形成的摩尔达维亚苏维埃社会主义共和国，它专指位于德涅斯特河与普鲁特河之间的那块罗马尼亚民族居住的土地。当这一地区于 1812 年被俄罗斯帝国兼并时，当地的一个自然地名——比萨拉比亚即被正式用作这一面积达 4.4 万平方千米的行政区域的称谓。

1859 年摩达维亚西部和瓦拉西亚（Wallachia，今罗马尼亚多瑙河以北）组成罗马尼亚王国（Kingdom of Romania），萨拉比亚地区即今德

① 《马克思恩格斯全集》，第 10 卷，第 329 页。

涅斯特河以西和普鲁特河以东的地区，几乎涵盖今摩尔多瓦全境。① 第一次世界大战结束后，1918 年 1 月比萨拉比亚宣布独立，3 月被并入罗马尼亚。

但罗马尼亚 1940 年时慑于苏联的压力而将该地出让，1940 年 6 月，苏联进驻比萨拉比亚。为了淡化历史的痕迹，苏联当局有意识地摒弃比萨拉比亚的称谓，并将这一地区南端沿黑海的一部分划给乌克兰，而将其主要部分同德涅斯特河东岸的一小片乌克兰领土合并，组成面积为 3.37 万平方千米的摩尔达维亚共和国。将其大部分领土与德涅斯特河左岸的摩尔达维亚自治共和国合并，成立了摩尔达维亚苏维埃社会主义共和国，使其成为苏联 15 个加盟共和国之一。1941 年纳粹入侵苏联，罗马尼亚选择成为德国盟友，希特勒决定将比萨拉比亚划归罗马尼亚管辖。1944 年 9 月，"苏罗停战协定"规定恢复 1940 年的苏罗边界，比萨拉比亚被重新划归苏联，再次成为摩尔达维亚苏维埃社会主义共和国的一部分。1990 年 6 月，摩尔达维亚苏维埃社会主义共和国更名为摩尔多瓦苏维埃社会主义共和国，1991 年 5 月 23 日再次更名为摩尔多瓦共和国，1991 年 8 月 27 日宣布独立。

从历史发展过程来看，摩尔多瓦地区主要受到俄罗斯与罗马尼亚两大文化影响，罗马尼亚化（Romanianization）和俄罗斯化（Russification）是摩尔多瓦境内两种主要的文化同化过程。除罗马尼亚语和俄语外，摩尔多瓦南部的 Gagauz 语言（属土耳其语系）亦为境内另一语言区，境内有众多人口使用 Gagauz 语，因此 1991 年当摩尔多瓦正式宣布成为独立国家时，摩尔多瓦境内主要受到来自罗马尼亚、俄罗斯、土耳其与乌克兰（摩尔多瓦北部和德左地区）交互影响。摩尔多瓦语和罗马尼亚语有高度相似性（摩尔多瓦语为官方语言），而俄国统治期间俄罗斯人大规模人口迁徙与推动俄语教学的结果也使俄语使用人口大幅增

① Alina Mungiu-Pippidi, "Disputed Identity as Unescapable Pluralism: Moldova 's Ambitious Transition," Romanian Journal of Political Science, Vol. 7, No. 2 (2007), pp. 85 - 101.

加，其他乌克兰语和 Gagauz 语亦为摩尔多瓦境内区域性官方语言。① 从人口统计学来看，在335 万左右的人口中，摩尔多瓦人约占75.8%，乌克兰人和俄罗斯人约占14%，整个人口分布亦呈现西部的摩尔多瓦势力较为集中，越往东部的德涅斯特河沿岸共和国（Transnistria）地区（简称德左）则多以俄语和乌克兰语为主，同时受到俄国势力影响，目前已经是实质独立的德左地区因民族认同问题而独立于摩尔多瓦之外，目前仅差国际社会未给予正式承认而已。②

在国内政治问题上，摩尔多瓦转型初期宪政制度发展不利，是造成国内政治纷乱的第一大困境，在中央政治制度设计上，总统选举方式由国会 3/5 多数选出（亦即需要 60 +1 席国会议员同意），③ 此种选举门坎过高造成总统人选难以产生之困境，政治发展呈现纷乱局面，总统候选人几次难以产生。

摩尔多瓦原实行半总统制，修宪前两任总统米尔恰·扬·斯涅古尔（Mircez Snegur）（1990 年 9 月 3 日—1997 年 1 月 15 日）、彼得罗·卢钦斯基（Petru Lucinschi）（1997 年 1 月 15 日—2001 年 4 月 7 日）由人民直接选举，但 2000 年宪法修正案则决定实行单一议会内阁制，将总统产生方式由全民普选改为议会投票选举，削弱总统权力，不过此举却造成难以预料的后果：米哈伊·金普（Mihai Ghimpu）、弗拉德·费拉特（Vlad Filat）与马里安·卢普（Marian Lupu）均为代理总统，出现了无正式总统的局面。

2009 年 4 月，摩尔多瓦举行国会大选，首轮开票结果由共产党获得多数，但摩尔多瓦民众不信任开票结果，要求重新计算票数，反对阵营也认为应该重新举行大选，首都出现大规模群众示威运动，镇暴部队与反对群众冲突中并有多人死伤、百人被捕的消息传出。而后摩尔多瓦

① Oliver Schmidtke and Serhy Yekelchyk ed. , Europe's Last Frontier: Belarus, Moldova and Ukraine between Russia and the European Union (New York: Palgrave Macmillan, 2008), pp. 79 - 96.

② Charles King, The Moldovans: Romania, Russia and the Politics of Culture (Stanford: Hoover Institution Press, 2000), pp. 178 - 208.

③ Article 78, The Constitution of the Republic of Moldova, 1994.

在总统大选迟迟未能出炉以及欧盟和国际舆论压力下决定7月重新举行国会大选，7月底选举结果由反对联盟获胜，取得国会101位席次中的53席，共产党仅获得48席。根据摩尔多瓦宪法规定，总统需要国会2/3多数席次（也就是60+1席以上）议员同意，于是造成摩尔多瓦总统难以产生之窘境。因为摩尔多瓦国会2009年大选后反对派自由党（Liberal Party）、自由民主党（Liberal Democratic Party of Moldova）、我们的摩尔多瓦联盟（Our Moldova Alliance）仅以些微过半的差距击败前执政共产党（Party of Communists of the Republic of Moldova，PCRM），因此国会未能选出总统（需2/3多数，61席），故仅能由国会议长代理总统职务。2012年3月在民主党、自由民主党和自由党融入欧洲执政联盟的支持下，尼古拉·蒂莫夫蒂（Nicolae Timofti）出任摩尔多瓦总统，结束了国家三年缺少总统的尴尬局面，摩尔多瓦政局走出困境。直到2016年3月4日，摩尔多瓦宪法法院宣布修宪，为了弱化总统权力，将总统产生方式由议会选举改为全民直接投票选举。2016年10月30日和11月13日，经过两轮投票，摩尔多瓦社会主义者党候选人伊戈尔·多东（Igor Dodon）当选新一任总统。

此外，与议会选举相关之议题则是选举门坎限制，摩尔多瓦国会议员当选门坎规定，政党需要获得6%的选票才能分配席次，这对若干小党来说严重挤压其生存空间。[①] 摩尔多瓦自2000年实行议会制。2017年7月摩尔多瓦修改选举法，议会选举方式改为混合选举制，2019年2月24日举行独立以来第九次议会选举，社会主义者党、ACUM政治联盟、民主党、绍尔党及3名独立候选人进入议会。各党派进行了3个月组阁谈判，社会主义者党同ACUM政治联盟最终达成一致，社会主义者党主席齐奈达·格列恰内当选议长，ACUM政治联盟主席玛雅·桑杜出任政府总理。2019年11月两党矛盾激化，社会主义者党联合民主党通过对政府不信任案，桑杜政府下台，社会主义者党推举总统经济顾问基库出任政府总理，组建技术型政府。

① BBC News，"Q&A：Parliamentary Election in Moldova，" http：//news.bbc.co.uk/2/hi/europe/8164598.stm.

摩尔多瓦独立后第二个国家发展特征是领土争端成为政治发展核心问题。德左地区名义上虽为摩尔多瓦领土，但实际上并非摩尔多瓦管辖范围。1992 年摩尔多瓦内战与苏联介入使得内战持续至今，摩尔多瓦虽与俄罗斯签订停火协议，但俄罗斯国家杜马始终未批准该项协议，俄罗斯军队至今也未撤出该地。领土争端困扰摩尔多瓦的政治发展，这些困扰主要表现在军事冲突、边界稳定与经济发展几大面向。1999 年摩尔多瓦虽与俄罗斯在欧安组织主导下于伊斯坦堡签订停火协议，唯目前俄罗斯仍持续于德左地区以维和部队名义部署约 1200 名士兵，并储存大量军火弹药与军事设备，同时德左地区也独立于摩尔多瓦主权管辖之外；德左地区领土争议还与摩尔多瓦经济发展息息相关，由于长期军事对峙，因此双方边界经常关闭，导致日常贸易往来与货物运输遭遇相当大的阻挠，增加运输与时间成本压力，尤有甚者，因为边界关闭使多数交易仅能透过非法走私管道进行，因此跨国犯罪与人口贩卖问题更加严重，也连带影响使得摩尔多瓦成为东欧地区重要的人口输出与转运站，对欧盟边界管理问题产生极大压力。

摩尔多瓦独立后第三个国家特征是亲欧或亲俄的外交政策选择。摩尔多瓦虽然在其宪法中明确规定为中立国（第 11 条第 1 款），不允许外国在摩尔多瓦领土上驻军，也不允许利用摩尔多瓦领土进攻其他国家，摩尔多瓦不首先对他国发动军事行动。然其外交政策受限于两大环境制约因素：一是俄罗斯在德左地区驻军，此举造成国内政治严重对立，2001 年至 2009 年执政的摩尔多瓦共产党人党（PCRM）主张以缓和渐近方式解决领土纠纷，2009 年国会大选后的欧洲一体化联盟（Alliance for European Integration，AEI）则主张领土不容分裂态度，此种对立几乎大幅缩减可能的妥协空间，也连带造成总统人选难以产生的宪政僵局。二是制约摩尔多瓦外交政策选择则还有经济因素，摩尔多瓦能源主要从俄罗斯进口，除能源外，过去相当长时间主要贸易对象为独立国家联合体（Commonwealth of Independent States，CIS），其中又以俄罗斯为主要贸易对象，1997 年摩尔多瓦总出口贸易量约 69% 的目的地为独联体国家，俄罗斯则占摩尔多瓦总出口量的 57%，欧盟仅为 21%；但近年来贸易比重逐年调整，2010 年摩尔多瓦对独联体国家贸易比重下降为 40.48%，对俄罗斯贸易比重降为 26.21%，对欧盟比重则上升为 47.29%。①

在俄欧两大外部因素制约下，摩尔多瓦的外交路线因此很容易被划分为亲俄或亲欧的路线之争。近年来，由于和摩尔多瓦同文化渊源的罗马尼亚顺利加入欧盟，因此对摩尔多瓦外交政策路线产生极大冲击，摩尔多瓦期望能依循罗马尼亚入盟方式加入欧盟、回归欧洲主流价值，视融入欧洲为优先方向，重视发展同欧美关系，摩尔多瓦共和国是东部伙伴关系的优先合作国。欧盟致力于通过包括自由贸易协定，最终的签证自由化和欧盟资助的项目来加深与摩尔多瓦的联系。2014 年 4 月，摩尔多瓦获欧盟免签待遇，同年 6 月，摩尔多瓦与欧盟正式签署联系国协议和自由贸易协定。不过此项讨论在摩尔多瓦内部也引发更多类型讨论，如加入欧盟的可能性、何时加入、需要付出多大代价、俄罗斯支持或反对、以及加入欧盟与德左地区的关系问题都悬而未决。

第二节　摩尔多瓦参与欧盟外部治理的进程

一、欧盟对摩尔多瓦国内政治冲突的介入

欧盟对摩尔多瓦国内政治冲突的介入主要是体现在通过临时性对话平台参与解决政治危机。欧盟介入摩尔多瓦 2009 年国会选举危机，并以穿梭外交方式促进政府放弃以武力方式镇压示威群众、亦使反对党愿意接受重新验票裁决，终使危机和平落幕。

除 1990—1992 年摩尔多瓦独立初期与德左地区内战冲突外，摩尔

① External Trade of the Republic of Moldova, National Bureau of Statistics, 1997 - 2010.

多瓦最严峻的政治冲突表现在其 2009 年 4 月国会大选，该年摩尔多瓦原由共产党人党（PCRM）执政，PCRM 为求能继续执政、赢得国会大选，因此采用操控媒体、恐吓与选举舞弊等行为。不出预料，初次选举结果 PCRM 获得 49.48% 选票、60 席的国会议员自由党获得 13.13% 选票（15 席议员）、自民党获得 12.43% 选票（15 席议员）、我们的摩尔多瓦联盟获得 9.77% 选票（11 席议员）。[①] 但是这些不公平的选举方式很快遭网络媒体（Twitter）披露，借由这些网络工具的散布，摩尔多瓦首都随即出现大规模抗议人潮，警方与抗议民众对峙、推挤、镇压、石块攻击等行为在一周内层出不穷，此等政治冲突造成多人死伤与数百人遭到逮捕，此种大规模的示威抗议若无外力介入，通常只能以武力镇压解决。

欧盟将这一情况视为对摩尔多瓦进行外部治理的良机。欧盟首先由临时性的对话平台与摩尔多瓦各方政治势力进行对话，时任欧盟轮值主席国捷克总理托普拉尼克（Mirek Topolanek）、外交政策高级代表索拉纳（Javier Solana）、欧洲议会议员们迅速与摩尔多瓦政治危机各党派进行对话，要求摩尔多瓦政府在合乎宪政法治秩序下确保人民权利，避免出现各式暴力行为。[②] 托普拉尼克并对当时摩尔多瓦总统沃罗宁（Vladimir Voronin）提出要求：国会选举需重新验票。欧盟则保证双方关系将继续朝合作方向前进。[③] 欧盟释放给摩尔多瓦的讯息是如果摩尔多瓦继续民主改革道路，欧盟将继续推动与摩尔多瓦的各项交流，反之，如果摩尔多瓦继续采取违反武力镇压做法，摩尔多瓦将可能失去与欧盟“紧密”的联系，这其中包含援助、市场开放、政治支持与最终的加入欧盟的可能性。在上述因素相互影响的情况下，摩尔多瓦宪法法庭终于裁决 2009 年 4 月的选举无效，并在同年 7 月重新举行国会大选，选举结果显示共产党人党虽获得 101 席中的 48 席，但自民党 18 席、自由党 15

① Parliamentary Elections in Moldova, April 5, 2009, http://www.edemocracy.md/en/elections/parliamentary/2009/.

② People's Daily Online, "EU calls Moldovan Political Parties to Dialogue," http://english.people.com.cn/90001/90777/90853/6643085.html.

③ "EU Envoy Calls for Moldova Probe," http://news.bbc.co.uk/2/hi/europe/8011760.stm.

席、民主党 13 席、“我们的摩尔多瓦”联盟 7 席，后四党组成欧洲一体化联盟（共 53 席）击败了共产党人党。在欧盟的介入下，摩尔多瓦此次政治危机得以相对和平方式解决，而非招致更大的武力冲突。

摩尔多瓦虽然解决了 2009 年的政治冲突，但在总统人选产生问题上却陷入另一波危机之中，由于宪法规定总统由国会选举产生，在缺乏国会稳定多数的情况下没有任何一方能获得选举总统所需的 61 票，也造就摩尔多瓦 2012 年 3 月之前总统一职出缺情形，仅能依靠“代理总统”（acting president）方式延续总统职务，欧盟也关注到此政治危机之发展，敦促摩尔多瓦快速解决国内政治危机，最终在 2012 年 3 月选出无党派人士尼古拉·蒂莫夫蒂（Nicolae Timofti）为摩尔多瓦总统，他作为唯一总统候选人获得议会投票中的 62 票，当选为总统，结束了总统空缺近 3 年的尴尬局面。根据宪法，候选人须获得议会 101 名议员中至少 61 人支持才能当选，他获得了“欧洲一体化联盟”三党执政联盟的 59 票和半年前脱离了摩尔多瓦共产党人党的议员 3 票。此前，总统一职一直由议长马瑞安·卢普代理。2010 年 12 月摩尔多瓦议会选举后，民主党、自由民主党和自由党的领袖签署了创建欧洲一体化联盟的协议，亲西方的三党联合成为议会中的多数派，民主党主席马瑞安·卢普被选为议会主席。在新成立的议会常任委员会十人小组中，“欧洲一体化联盟”有 6 名代表，占主导地位，共产党人党占 4 人。至此，新政府在融入欧洲的道路上走得更坚定。

2012 年尼古拉·蒂莫夫蒂上台后的政策仍以融入欧洲为终极目标，在他的就职演说以及对欧盟、欧洲理事会的演讲中均提及摩尔多瓦将“保持在欧洲轨道”上（keep the pro-European course），愿意在司法改革、人权保障、多元媒体、德左地区冲突等议题上与欧盟保持协调立场。[①] 这也使得未来欧盟对摩尔多瓦的政治发展仍继续保有相当程度的影响力。

① Nicolae Timofti, “We Would Like to be Together with Romania in the European Union,” http: //eurodialogue. org/europe-east/Nicolae-Timofti-We-would-like-to-be-together-with-Romania-in-the-European-Union, 24 December 2012.

二、欧盟与摩尔多瓦经贸合作的加强

东部伙伴关系也为双方加强合作提供了双边和多边措施。双方正在加深与2014年6月签署的《欧盟—摩尔多瓦联系国协定》的关系。新框架具有创新性和雄心勃勃，包括深度和全面的自由贸易区（DCFTA）和旨在促进经济一体化的联系国议程（AA）以及摩尔多瓦与欧盟之间的政治联系。“联系国协定”已经取代了自1998年7月起生效的《伙伴关系与合作协议》。欧盟和摩尔多瓦签署了深度和全面的自由贸易区（DCFTA）协议。这极大地改善了摩尔多瓦商品和服务进入欧盟市场的机会，并改善了投资机会。经济合作扩展到众多领域。自主的贸易优惠规定了几乎所有摩尔多瓦商品进入欧盟市场的免税和免配额准入。这为摩尔多瓦公司与欧盟进行农产品贸易提供了相当大的支持。

欧盟已经是摩尔多瓦共和国（“摩尔多瓦”）最重要的贸易伙伴。自2005年以来，摩尔多瓦的贸易已急剧转向欧盟。2016年，摩尔多瓦约2/3（66%）的产品出口到欧盟，其次是俄罗斯（12%）和白俄罗斯（5%）。① 欧盟与摩尔多瓦之间的联系国协议带来了两个伙伴之间广泛而深入的自由贸易。自2014年9月起临时适用《联系国协定》，并于2016年7月全面生效。这意味着摩尔多瓦将从降低或取消向欧盟出口的关税，增加的服务市场以及更好的吸引外国投资的条件中受益。

向欧盟贸易的转变是由于自2008年以来与欧盟的贸易自由化而产生的。在实施《联系国协定》之后，欧盟从摩尔多瓦共和国的进口在2015年增加了5.5%，在2016年增加了7.7%。但摩尔多瓦出口的最大份额流向了罗马尼亚、意大利、德国和英国。一旦摩尔多瓦将其健康和安全标准与欧盟的健康和安全标准保持一致，进入欧洲市场的机会将进一步增加。食品安全改革将使摩尔多瓦出口其农产品，尤其是动物产

① https：//eeas. europa. eu/headquarters/headquarters-homepage/1538/republic-moldova-and-eu_ en.

品，其对消费者的安全在欧盟受到严格控制。目前摩尔多瓦出口到欧盟的主要产品包括：机械和器具，例如电缆、纺织品，包括衣服、针织品和鞋子；农产品和饮料，包括水果、坚果、玉米、小麦、向日葵种子、油；铁和钢。

与欧盟的结盟协议与摩尔多瓦共和国所属的所有其他自由贸易协议兼容。根据《联系国协定》，摩尔多瓦可以同时与欧盟、俄罗斯和独立国家联合体自由贸易。摩尔多瓦也不是任何关税同盟的成员，因此对其贸易政策拥有完全的主权。

三、欧盟与摩尔多瓦建立制度性合作框架

欧盟与摩尔多瓦制度性对话框架在“伙伴与合作协议”（Partnership and Cooperation Agreement，PCA）下展开。[①] 双方政治对话层级可区分为年度性“合作理事会”（Cooperation Council）、“合作委员会”（Cooperation Committee）、“次级委员会”（Sub-Committee）三大层级。首先，合作理事会由双方最高层级与部长级官员参加，每年定期举办；合作委员会则由各领域资深官员参加，由双方轮流主办；次级委员会则涵盖贸易投资、财税金融、自由与安全、能源环境等讨论范围；议会部门交流亦包含其中，双方的政治互动频繁。此外，欧盟与摩尔多瓦双方也自2009年起建立每年至少一次的人权直接对话机制，以教育、文化和青年人的公民参与为主，同时也鼓励摩尔多瓦与联合国、欧安组织等进行人员交流。

制度性对话框架能发挥影响力的最主要因素在于欧盟对摩尔多瓦发布的“年度报告”（annual Report），报告构想来自于欧盟东扩经验，当时候选国申请加入欧盟时，当时所有候选国均依照程序与欧盟委员会就交通、农业、环境、边界管制等数十章内容进行谈判，执委会并在各年度发布进度报告以为评估各候选国在各个议题领域的优劣表现，同时进

---

① European Union，EU-Republic of Moldova Cooperation Council，Twelfth Meeting，Luxemburg. 11101/10.

度报告还可以作为来年候选国加强改进的重要参考。通过年度报告，欧盟可以监督追踪伙伴国各项进度发展、作为审视伙伴国改革进度的重要参考（见表6—1）。①

表6—1 欧盟对摩尔多瓦的外部治理文件一览表

	文件标题	主要内容	发布时间
战略层次	European Neighbourhood Policy Strategy Paper, COM (2004) 373 final（欧洲睦邻政策战略文件）	效仿欧盟扩大政策，对邻近地区的战略规划和政策设想	2004. 5. 12
强化睦邻政策实践层次	Implementing and promoting the European Neighbourhood Policy（强化睦邻政策）	对摩尔多瓦的政治、贸易与经济、司法内政及个别议题提出改革建议	2005. 11. 22
睦邻政策工具	European Neighbourhood and Partnership Instrument（ENPI）: Moldova-Country Strategy Paper 2007 – 2013（欧洲睦邻政策与伙伴工具：2007—2013摩尔多瓦战略文件）	根据2006年10月欧洲共同体发布的ENPI（（Regulation no. 1638）对摩尔多瓦提出2007—2013年的战略文件，作为取代TACIS的援助工具	2007. 1. 1
对象国层次	European Neighbourhood Policy Country Report: Moldova, SEC（2004）566（欧洲睦邻政策国家报告：摩尔多瓦）	伴随战略文件发布的同时对摩尔多瓦的国情观察	2004. 5. 12

① European Commission, Directorate-General Enlargement, Information & Inter-institutional Relations, 2001; European Union, "Enlargement of the European Union: Guide to the Negotiations," http://ec.europa.eu/enlargement/archives/enlargement_process/future_prospects/negotiations/eu10_bulgaria_romania/chapters/index_en.htm.

续表

	文件标题	主要内容	发布时间
行动计划层次	EU/ Moldova Action Plan（欧盟/摩尔多瓦行动计划）	对摩尔多瓦提出10项优先处理的议题（包括建立稳定有效的民主制度、尊重言论和媒体自由、强化行政与司法能力、区域稳定等）	2004. 12. 9
行动计划层次	EU-Moldova Action Plan for Justice，Freedom and Security（欧盟/摩尔多瓦正义、自由与安全行动计划）	强化双方在内政、司法和安全方面的合作	2007. 6. 18
年度报告	ENP Progress Report：Moldova，COM（2006）726 final（欧盟睦邻政策进度报告：摩尔多瓦）	对摩尔多瓦的改革进度提出观察版本，其中包括综合性评估，着重在政治经济与社会改革	2006（每年定期发布）
东部伙伴关系计划	Eastern Partnership Plan（EAP）（东部伙伴关系计划）	欧盟将包括摩尔多瓦在内的6个国家视为一个整体，在睦邻政策基础上推进东部伙伴关系	2009. 5. 8

四、欧盟对摩尔多瓦推出多项政策工具

欧盟对摩尔多瓦推进外部治理的多项工具包括：

第一，塔西斯计划：早在1991年，欧盟就针对苏联周边国家提出了“塔西斯计划”（Technical Assistance to the Commonwealth of Independent States，TACIS），这是当时欧盟对这些国家最主要的政策性援助工具，援助主要目的即在于建立现代化政治制度与进行相关制度性改革，每项计划援助金额以100万欧元为标准。

第二，2007年欧盟又推出“欧盟睦邻与伙伴工具”（European Neighbourhood and Partnership Instrument，ENPI）作为协调欧盟对外各项援助政策的工具，ENPI协助伙伴国制订国家发展计划，再搭配欧盟委

员会发布之年度报告进行制度改革。2007 年 TACIS 与 MEDA（Financial Instrument of the Euro-Mediterranean Partnership）一同并入 ENPI 计划当中，但 TACIS 的执行直到 2008 年底停止。①

第三，直接以民主和人权为名的“欧洲民主与人权工具”（European Instrument for Democracy and Human Rights，EIDHR）则是欧盟另一项政策工具，“欧洲民主与人权工具”（EIDHR）起源于欧洲议会 1994 年倡导的“欧洲民主与人权倡议”（European Initiative for Democracy and Human Rights，EIDHR），而后成为欧盟的财政工具一环。顾名思义，EIDHR 主要协助伙伴国的民主与人权保障发展，不过 EIDHR 援助的主要对象并非中央政府部门或公务人员，EIDHR 聚焦于非政府组织及其人员培训，以巩固基层民主为目的，2007 年至 2013 年 EIDHR 援助预计拨款 11 亿欧元。从欧盟 2000—2006 年的预算来看，MEDA 与 TACIS 分别提供大约 53 亿欧元与 31 亿欧元的额度供伙伴国申请。以欧盟 2007 年至 2013 年总计约 5 亿欧元的援助款平均分配给 360 万摩尔多瓦人来看，摩尔多瓦每人援助金额约为 140 欧元，比较欧盟援助中东欧国家的援助金额来说，比例不可谓不大。总之，欧盟通过 TACIS、MEDA、EIDHR、EIB 等经济援助工具来敦促摩尔多瓦的民主转型发展（见表 6—2）。

表 6—2　欧洲睦邻与伙伴关系工具对摩尔多瓦经济援助统计

（单位：百万欧元）

年度	援助金额	统计来源
2007—2010	209.7	来自 ENPI 和 EIDHR 的数据
2011—2013	273.1	预估值
2008—2009	20	欧盟委员会下属睦邻政策设备投资项下开支（Neighbourhood Investment Facility，NIF）
2014	131	欧洲邻国政策工具（ENI）

① European Union，European Neighbourhood and Partnership Instrument，Republic of Moldova，National Indicative Program 2007－2010.

此外，“欧洲投资银行”（European Investment Bank，EIB）为了配合睦邻政策的推动，也提供37亿欧元（2007年至2013年）的经费，用于协助包括摩尔多瓦在内的东欧国家推动基础建设。根据统计，这些经费主要援助项目包括2010年通过的摩尔多瓦的水资源与下水道铺设，总计1000万欧元，2008年通过的摩尔多瓦首都机场重建计划，总计2000万欧元，2007年通过的符合欧洲标准的道路重建计划，总计3000万欧元。自2007年起至2010年欧洲投资银行对摩尔多瓦提供了近6000万欧元的贷款。

迄今为止，欧盟是摩尔多瓦最大的捐助国，支持政治和经济改革并提供人道主义援助。欧洲邻国工具（ENI）下对摩尔多瓦的双边援助从2007年的4000万欧元急剧增加到2014年的1.31亿欧元。摩尔多瓦是欧盟人均援助最大的接受国。欧盟的援助被用于司法、教育、经济发展和能源领域的重大改革。欧盟还资助了对空中和道路基础设施以及跨境合作（CBC）项目的投资。此外，摩尔多瓦还从众多专题方案中受益，这些专题方案主要支持民间社会和与跨欧洲网络有关的区域方案（见表6—3）。

表6—3　欧盟对摩尔多瓦的资助项目一览表①

改善公共行政和财务管理
改革社会救助制度
应对暖气费上涨的紧急援助
基于太阳能和农业废物的能源生产，废物收集
医疗改革和设备
老年人和老年人护理中心
自然灾害救济
农村经济活动
供水和废水处理基础设施
通过医疗保健和社会项目，支持在摩尔多瓦的德涅斯特河地区实施建立信任措施

① https：//eeas. europa. eu/headquarters/headquarters-homepage/1538/republic-moldova-and -eu_ en.

第四，敦促摩尔多瓦政治体制改革。欧盟对摩尔多瓦国会选举门坎过高（原门坎为 6%），提出降低门坎让更多政党得以分享国会席次的建议，摩尔多瓦选举法禁止具有双重公民身份的公民参与公职选举，欧盟认为此举限缩公民参政权，违反欧洲人权保障基本原则。[①] 欧盟敦促摩尔多瓦重新检讨总统选举方式，使其合乎宪政制度设计与避免总统人选难以产生。[②] 欧盟透过欧洲人权法院（European Court of Human Rights）宣告摩尔多瓦禁止其他国公民身份参与公职竞选违反了欧洲人权公约第一号议定书第三条自由选举权之规定，对此，摩尔多瓦在外部压力与解决内部政治危机之双重需求下很快做出回应，摩尔多瓦因此更改相关法律规定。摩尔多瓦将修宪门坎降为 5%，回应欧盟对摩尔多瓦尊重小党生存空间的要求，扩大政党政治的活动范围。另外对开放其他国公民身份参与公职竞选，摩尔多瓦也旋即于 2009 年 12 月做出调整，修正之前的规定。[③] 虽然摩尔多瓦的民主转型程度虽仍有诸多改进之处需要强化，但欧盟对此有持久的耐心加以推进。即便于摩尔多瓦共产党人党（Party of Communists of the Republic of Moldova，PCRM）执政时期，摩尔多瓦的民主转型改革仍受到欧盟肯定，欧盟提出的行动计划方案中特别将摩尔多瓦列入，主要也是鼓励摩尔多瓦继续朝此方向前进。

欧盟寻求改善摩尔多瓦共和国的民主、法治和人权，包括与欧洲委员会的联合计划。欧盟还支持为实现特涅斯特里亚定居点所做的努力。与摩尔多瓦共和国关系的其他优先事项包括加强体制、改革司法制度、改善商业环境、确保尊重言论自由、改善健康和社会条件以及就边境管理、移民和打击贩运等问题开展合作，打击有组织的犯罪、腐败和洗钱活动。

第五，和摩尔多瓦合作加强边界治理。与德左地区议题高度相关的

---

① European Union, European Security Strategy, Brussels, S407/08 (December 11, 2008), pp. 2 – 3; European Union, Progress Report Republic of Moldova, Brussels, SEC (December 5, 2010) 523, p. 4.

② European Union, Progress Report Republic of Moldova, Brussels, 12/05/2010 SEC (2010) 523.

③ Viorelia Gasca, Country Report: Moldova (Italy: Robert Schuman Centre for Advanced Studies, European University Institute, 2010), pp. 20 – 22.

则是边界问题，乌克兰人口走私偷渡可能经由摩尔多瓦转入罗马尼亚境内而进入欧盟，对欧盟产生边界管理与境内犯罪困扰。为解决摩尔多瓦边界问题，有两个重要尝试可以观察：一是透过“5 + 2”多边模式（摩尔多瓦、德左地区、俄罗斯、乌克兰与欧安组织 + 欧盟与美国）推动区域稳定议题，俄罗斯驻军虽然目前仍继续留守在德左地区，但透过信心建立措施使各方信息和行动更为透明则是目前正在进行的事项，多项合作亦在规划与推动之中；二是解决偷渡与走私问题需要依赖更强而有力的执行单位才能处理，欧盟对此的解决之道是透过“欧盟边境协助任务团”（EU Border Assistance Mission to Moldova and Ukraine，EUBAM）来综合管理边界问题。[①] 欧盟于摩尔多瓦首都和乌克兰城市敖德萨设立专责办公室，并派出百余位专家分别就边界管理事项进行协助，同时强化摩尔多瓦与乌克兰双方贸易管制、要求货物运输要有边界管制关防与正式海关人员陪同才可放行。

综上所述，在欧盟的外部治理参与下，摩尔多瓦无论在宪政制度安排、媒体自由、社会平等、司法独立等面向上均有诸多改善之处，虽然议会选举门坎与公民参政权保障议题获得修正，但总统选举制度改进并未成功，摩尔多瓦内部对此并未形成共识，宪政危机直至 2012 年 3 月才解除。欧盟在稳定摩尔多瓦外部环境的议题上，透过“5 + 2”模式和“欧盟边境协助任务团”双重途径稳固乌克兰与摩尔多瓦边界问题。不过“5 + 2”和 EUBAM 虽然有助于减少跨国性的人口贩卖和货物走私，却无法彻底解决德左地区领土争议问题。

第三节　摩尔多瓦参与欧盟外部治理的困境

对摩尔多瓦而言，俄罗斯是影响摩尔多瓦转型最重要的干扰变量，

① European Union，Commission Staff Working Document，ENP Progress Report，Moldova，SEC 1506/2，pp. 5 – 6.

俄罗斯这些努力主要期望避免摩尔多瓦步其他中东欧国家后尘，发展与欧盟、美国的紧密合作关系，从而离开俄罗斯的势力圈。俄罗斯对摩尔多瓦转型影响可从安全与经济等面向观察。

首先，俄罗斯对摩尔多瓦的影响力乃是借由德左地区作为平衡俄摩双方关系的楔子，俄罗斯透过政治、经济和军事方式有效控制德左地区从而影响摩尔多瓦内部政治发展与外交政策走向、钳制摩尔多瓦倒向西方路线。

在安全方面，实际上俄罗斯在德左地区驻军不多，与摩尔多瓦又无边界直接交会，驻军并不会对摩尔多瓦国防安全造成直接影响，即便2008 年8 月爆发俄罗斯与格鲁吉亚战争，德左地区议题仍相对平静，摩尔多瓦也无意趁此机会夺取德左地区。但俄罗斯军事力量的存在毕竟能影响摩尔多瓦政策走向，俄罗斯驻军何时撤离、俄罗斯如何支持德左地区未来走向都具有重要影响。俄罗斯对摩尔多瓦外交政策，特别是军事政策有较大影响，虽然摩尔多瓦参加了北约“和平伙伴计划”（NATO Partnership for Peace Program），不过摩尔多瓦现阶段仍无意愿寻求加入北约，或与北约举行联合军事演习；另外，摩尔多瓦也在宪法中明文规定摩尔多瓦为中立国，拒绝参加国际军事组织。

在经济方面，俄国对德左地区经济影响力也相当可观，德左地区境内以钢铁和纺织业为主要经济支柱产业。德左地区境内“摩尔多瓦钢铁厂”（Moldova Steel Works）超过全境钢铁生产总量的50%、占德左地区全境65%的税收，不过75%的股份掌握在俄罗斯 ITERA 公司手中，其余纺织业、能源业也大幅受制于俄罗斯。德左地区对俄罗斯贸易连年出现赤字，近年来已累积外债12 亿美元，其中俄罗斯比重最大，占比高达8 亿美元。对一个年 GDP 仅有 8 亿美元的地区来说，德左地区的外债比重是摩尔多瓦的 6 倍之多。

其次，俄罗斯也能够直接影响摩尔多瓦的政经发展，其方式则是透过能源供应与贸易往来作为手段，可以停止供应天然气方式与摩尔多瓦商讨能源供应与契约价格，以及以卫生和健康条件禁止摩尔多瓦葡萄酒类出口到俄罗斯。2006 年 1 月由于摩尔多瓦与俄罗斯未能就天然气价格问题达成协议，俄中断向其输送天然气。[①]

在苏联时期，为了提高经济发展效率，实行全苏范围内的劳动分工政策，各加盟共和国因地制宜，发展本国有优势的产业。摩尔多瓦拥有良好的气候条件，日照充足、土壤肥沃，十分有利于发展农业生产。因此在全苏社会劳动分工中，摩尔多瓦被定位为苏联的葡萄及其他水果、蔬菜、玉米、向日葵、烟草的生产基地。经过几十年的发展，摩尔多瓦形成了以农产品生产、加工为支柱的经济结构。而俄罗斯由于拥有丰富的自然资源和较为雄厚的科学、工业基础，成为苏联的资源供应者和重工业产品生产基地。两国的经济体之间存在着长期与深刻的依赖。苏联解体后，摩尔多瓦由于其相对弱小的国民生产能力和狭小的市场，一时难以吸引西方国家经济合作的兴趣，于是对俄罗斯市场形成的依赖惯性便一直贯穿下来。俄罗斯长期占据着摩尔多瓦第一大贸易伙伴的地位。2009 年摩尔多瓦出口总额为 12.977 亿美元，对俄罗斯出口占其出口总额的 22.1%。

另外，由于摩尔多瓦经济发展能力不足，其国民收入对外汇具有严重的依赖性。大约有 35 万摩尔多瓦人在国外务工，他们汇回国内的款项约占摩尔多瓦民生产总值的 1/3，其中有十多万人工作在俄罗斯。俄摩关系中紧密的经贸联系对俄罗斯而言是一种外交砝码，对摩尔多瓦而言则是外交政策上的一种负担。[②] 截至 2019 年，罗马尼亚、德国、土耳其、意大利和俄罗斯是摩尔多瓦的五大目的地市场，俄罗斯、罗马尼亚、中国、乌克兰和德国是摩尔多瓦进口的主要来源国。但罗马尼亚已经成为摩尔多瓦最大的贸易伙伴，双边贸易占摩尔多瓦贸易总额的 18.16%。

俄罗斯对摩尔多瓦的控制除了经济之外则是政治手段的运用，俄罗斯放弃按计划从德左撤军的承诺，暂缓撤军进程。同时，在能源领域撤销对摩尔多瓦的优惠政策。历次摩尔多瓦国会大选期间传出俄罗斯介入

① Steven Woehrel, "Moldova: Background and U. S. Policy," CRS Report for Congress, 2011, pp. 5 – 7.

② 李志庆：《当地俄罗斯与摩尔多瓦关系浅析》，载《西伯利亚研究》，2012 年第 6 期，第 45 页。

选举，支持特定立场候选人当选，2009 年 4 月国会大选期间俄罗斯总理普京还数度亲自奔走摩尔多瓦首都竞选，为亲俄候选人拉抬声势，目的即为排除反俄候选人胜选。

虽然俄罗斯对摩尔多瓦影响力如此广泛，不过就实际层次来看，俄罗斯对摩尔多瓦政治发展之影响力并不如预期①：首先，从摩尔多瓦内部来看，在俄罗斯支持下摩尔多瓦共产党人政党（PCRM）虽曾一度执政，但也是在沃罗宁执政期间决定大力推动与欧盟交往，第二任总统彼得罗·卢钦斯基（Petru Lucinschi）2003 年公开宣称与融入欧洲一体化战略是无可回头。摩尔多瓦 2009 年出台的欧洲一体化联盟（AEI），无论其意识形态与公共政策的制定，均偏离以俄罗斯为中心之发展模式甚远。其次，从外部因素来看，罗马尼亚于 2007 年加入欧盟效应对摩尔多瓦产生极大刺激，罗马尼亚入盟后，对摩尔多瓦民众认同冲击则是使罗马尼亚借此蜕变成一个发展前景可期的国家，真正回归欧洲主流文明价值，而摩尔多瓦与罗马尼亚同文同种，因此期望移民到罗马尼亚的摩尔多瓦人顿时激增。② 与移民罗马尼亚相关之议题则是摩尔多瓦未来能否加入欧盟的前景讨论，虽然摩尔多瓦加入欧盟讨论目前为之过早，不过这却对摩尔多瓦未来国家发展路线产生冲击，也对摩尔多瓦应该继续坚持中立路线抑亦或倒向欧盟或俄罗斯一方的看法产生冲击，就目前多数民意来看，摩尔多瓦在可预见的未来继续与欧盟发展密切的合作关系是可预期的。

1994 年 4 月 9 日，摩尔多瓦议会批准了《阿拉木图宣言》和《独联体经济联盟条约》，正式加入独联体。1994 年 7 月 29 日，摩尔多瓦颁布独立后的第一部宪法，规定摩尔多瓦共和国永久性中立。摩尔多瓦认识到，夹在欧俄之间的摩尔多瓦要实现外交的独立，就必须要实行双向的对外政策，在俄罗斯与欧洲之间寻找平衡。摩尔多瓦在一定程度上采取了与俄罗斯合作的态度。但是摩尔多瓦并未停止向西方迈进的步

① Andrey Makarychev, "Russia's Moldova Policy: Soft Power at the Service of Realpolitik?" *Ponars Eurasia Policy Memo*, No. 94, 2010, pp. 1 – 5.

② Adrian Pop, "Migration effects of Romania's Accession to the EU: The Case of Moldova," *Romania Journal of European Affairs*, Vol. 9, No. 1, 2009, pp. 1 – 25.

伐。1994 年 3 月 16 日摩尔多瓦继乌克兰之后成为第二个加入北约《和平伙伴关系计划》的独联体国家。1995 年 7 月，摩尔多瓦在独联体国家中第一个加入欧洲委员会并与欧盟签订《伙伴与合作条约》。在独联体合作中摩尔多瓦也持消极态度，逐渐向独联体中的持消极合作态度的国家靠拢，并于 1997 年 10 月同乌克兰、格鲁吉亚、阿塞拜疆组建了带有鲜明离俄罗斯倾向的古阿姆集团。作为其抵制西方打压的地缘战略依靠。普京上台后把发展与独联体国家关系作为俄罗斯对外政策的优先方向，切实加大对独联体国家的外交力度。与此相适应，俄罗斯对摩尔多瓦的态度开始发生变化，着力恢复和提升与摩尔多瓦的关系。

2000 年普京上台后，面对北约和欧盟对俄罗斯战略空间的挤压，俄罗斯更加看重和关注其传统势力范围独联体的情况，把独联体作为其抵制西方打压的地缘战略依靠。2000 年 6 月普京访问摩尔多瓦，把摩尔多瓦视为维护俄罗斯在巴尔干影响的重要国家之一，称摩尔多瓦为俄罗斯可靠和善良的朋友，承认摩尔多瓦为唯一的国际法主体，并在能源、债务问题上向摩尔多瓦让利。在摩尔多瓦，这一时期也出现了对发展两国关系有利的因素。在 2001 年 2 月提前进行的议会选举中，摩尔多瓦共产党 50.2% 的票数，获得单独组阁的权力。在随后的总统选举中，摩尔多瓦共第一书记沃罗宁获胜，执掌了国家大权。面对与俄罗斯在经济、政治领域的紧密联系。原本就具有一定亲俄倾向的共产党人在执政初期，自然而然地向俄罗斯靠拢。共产党在 2001 年竞选中提出的口号就是推动摩尔多瓦加入俄白联盟，给予俄语第二国语的地位。同时摩尔多瓦对古阿姆集团的兴趣也降低，酝酿已久的古阿姆由非正式地区联盟向正式地区国际组织转变的计划曾因此几度推迟。

同年沃罗宁总统再次访俄，与普京总统签署了《俄摩友好合作条约》。为了回应摩尔多瓦发展对俄罗斯关系的积极态度，俄罗斯表示将按照欧安组织伊斯坦布尔峰会规定的期限，从摩尔多瓦领土上撤出军队和武器。在经济领域，俄罗斯同意根据巴黎俱乐部的标准重组摩尔多瓦所欠债务，并以较为低廉的价格向摩尔多瓦提供天然气。两国商定建立联合金融工业集团和联合农工综合体。

夹在暗中角力的欧美与俄罗斯之间。在民族意识已然觉醒的摩尔多瓦，面对一面是富裕 、强大而又被视为“文明”发展样本的欧美；另一面是落后、相对弱势（两大力量较量之中）、阻碍其国家统一又曾给其带来巨大伤害的俄罗斯，摩共在权衡利弊之后，毅然选择了东欧多数国家的道路，即在与俄罗斯维持一定程度的合作基础上，回归欧洲，融入西方。2002 年 2 月摩尔多瓦宣布把欧洲一体化作为国家对外战略的优先方向，摩尔多瓦外交政策随即开始变化。在 2005 年举行的议会选举中，摩共再次获得多数选票，但这一次共产党的竞选口号却是致力于加入欧盟，把摩共转变为新型欧洲政党。2006 年 5 月 23 日，沃罗宁总统参加在基辅举行的古阿姆峰会，签署宣言同意把这一地区联盟升格为正式国际组织，更名为古阿姆民主与发展组织。但是俄罗斯与摩尔多瓦的关系也没有完全破裂，在 2008 年俄格冲突中，沃罗宁并没有像乌克兰总统尤先科那样亲自前往第比利斯支持自己的古阿姆盟友萨卡什维利，而是在战争进行最激烈时会晤了俄罗斯总统梅德韦杰夫，并在国际上谴责了格鲁吉亚对南奥塞梯的“侵略”，声明应通过和平的方式实现领土完整。

一方面，俄罗斯希望把摩尔多瓦拉入自己的怀抱，构建对抗欧美的阵营；摩尔多瓦则希望融入欧洲一体化进程，两国战略在根本上存在着分歧。另一方面，摩尔多瓦出于地缘政治和安全的考虑，离不开俄罗斯；俄罗斯从其地区和全球战略角度出发，也放弃不了摩尔多瓦，双方在独联体多边合作框架内以及双边经贸领域和德左和谈进程中，仍须保持密切合作与联系。

在摩尔多瓦，对俄摩关系不同认知的分裂更为严重，整个国家社会明显地分为三个阵营：第一种观点认为，俄罗斯是入侵者，于 1812 年、1940 年和 1944 年三次入侵摩尔多瓦，摩尔多瓦是比萨拉比亚的一部分，摩尔多瓦人是罗马尼亚人的分支，应驱逐俄罗斯在摩尔多瓦势力，实现与罗马尼亚的统一，其代表者是自由党；第二种观点更加现实、理性，坚持德左是摩尔多瓦领土不可分割的一部分，催促俄罗斯尽快撤离驻军，但承认德左问题的解决以及摩尔多瓦政治、经济、社会等方面问题的解决均需要俄罗斯的参与和配合，因此强调全面发展与俄罗斯在各领域的联系，其代表者是自由民主党、民主党、社会民主党，这种观点也是当前的主流观点；第三种属于亲俄派，认为罗马尼亚才是摩尔多瓦的入侵者，摩尔多瓦应抵制罗马尼亚的渗透，与俄罗斯保持亲密联系，其主要代表为俄语居民。对比双方对两国关系发展的态度可以看出，德左问题是两国关系中的核心问题，务实理性的外交思维和全面积极发展的认识成为俄罗斯与摩尔多瓦两国政府和社会的出路。

本章小结

摩尔多瓦融入欧洲一体化并不符合俄罗斯的利益，加入北约更是遭到俄罗斯的极力反对，因为这攸关俄罗斯领土安全议题。摩尔多瓦参与欧盟外部治理说明政经发展逐渐脱离俄罗斯势力范围圈，代表一种更为深层的、难以挽回的脱离，所以俄罗斯极力中止、减缓摩尔多瓦向欧洲化方向移动的意图。俄罗斯在扶植摩尔多瓦亲俄政权之表现上近期遭遇较大挫折，除了 2009 年摩尔多瓦欧洲一体化联盟取代摩共执政外，2011 年 6 月地方性选举（县市长）共产党人党亦仅占 22. 61% 席次；摩俄经济交流的长期发展也呈现弱化趋势，俄罗斯无法阻止越来越紧密的摩欧双方贸易往来。从近几年政治发展演变过程来看，摩尔多瓦亲俄力量衰退是不言而喻的。

对摩尔多瓦来说，罗马尼亚尤其为摩尔多瓦提供一个重要的参考指标，摩民众中产生一种“罗马尼亚行，为什么我们不行”的普遍性疑问，摩尔多瓦民众期望透过欧盟提供正当且持续性的外部治理使得摩尔多瓦获得更大的回馈。就欧盟对摩尔多瓦接受欧盟规范的影响来看，现阶段已经促成摩尔多瓦内部支持民主共识、修正制度力量的效果。不过从欧洲化更深化的决定阶段与巩固阶段表现上，摩尔多瓦仍有相当长的路径，需要在加强改革、司法独立、媒体开放、打击贪污腐败、强化中央与地方治理、提高行政效率等方面继续改进。

中东欧地区素为强权竞逐战略利益的地区，该区领土疆界经常出现变动局面，伴随此出现的则是居民的多样化。领土争议通常极难获得单一国家独立解决，尤其当领土争议还牵涉区域外强权时，解决难度更高，因此外部强权间如何针对领土争议提出解决方案、以及当事国是否愿意接受，皆为影响领土争议是否能获得解决的关键。摩尔多瓦与乌克兰、摩尔多瓦与德左地区边界争议以及俄罗斯在德左地区的驻军议题对摩尔多瓦的欧洲化进程均是重大挑战。

第七章

沉默接受：亚美尼亚与欧盟的外部治理

亚美尼亚参与欧盟外部治理进程是学界对欧盟外部治理既有认识的悖论。欧盟外部治理讨论的是欧盟施加给邻国的影响力是否能推动欧盟既有规则覆盖到周边国家，以及分析和解释欧盟的政策规范在正式成员国之外的适用性和适用范围。[①] 在2009—2013年期间，亚美尼亚政府愿意采用欧盟标准在全国积极推动改革，在提高能源效率、反腐败和移民政策方面取得了明显进步。尽管亚美尼亚出于安全等方面的考虑，于2013年9月放弃与欧盟签署“联系国协定”并于2015年1月加入欧亚经济联盟，但目前仍在不触怒俄罗斯的情况下，积极寻求与欧盟落实已经达成的协议。欧盟在2014—2017年，继续与亚美尼亚开展总额达1.7亿欧元的金融合作。[②] 2017年11月，欧盟与亚美尼亚签署的《欧盟—

① 欧盟外部治理理论讨论参见 S. Lavenex, “EU external governance in ‘wider Europe’,” *Journal of European Public Policy*, Vol. 11, No. 4, 2004, p. 683; Kelley, J., “New wine in old wineskins: policy adaptation in the European Neighborhood Policy,” *Journal of Common Market Studies*, Vol. 44, No. 1, 2006, pp. 29 – 55; Lavenex, S., and F. Schimmelfennig, “EU rules beyond EU borders: theorizing external governance in European politics,” *Journal of European Public Policy*, Vol. 16, No. 6, 2009, pp. 791 – 812; Franke, A., A. Gawrich, I. Melnykovska, and R. Schweickert, “The European Union's relations with Ukraine and Azerbaijan,” *Post-Soviet Affairs*, Vol. 26, No. 2, 2010, pp. 149 – 183。

② 欧盟理事会2015年10月授权欧盟委员会和高级代表与亚美尼亚就一个新的、具有法律约束力的总体协定展开谈判，并通过了相应的谈判授权。该协议将取代目前欧盟—亚美尼亚伙伴关系与合作协议。欧盟致力于进一步发展和加强同亚美尼亚的东部伙伴关系框架内共同感兴趣的各领域的全面合作。参见 http://eeas.europa.eu/delegations/armenia/eu_armenia/political_relations/index_en.htm, last accessed on 6 May 2016。

亚美尼亚全面加强伙伴关系协议（CEPA)》。而与上述事实相反的对欧盟外部治理的普遍认识是：

首先，欧盟外部治理缺乏入盟的最终承诺，所以只对那些有加入欧盟意愿的周边国家比较有效果。没有入盟意愿就不会响应欧盟的要求进行改革。2009 年出台的欧盟“东部伙伴关系”计划的 6 个对象国中的格鲁吉亚、乌克兰和摩尔多瓦，一直寻求与欧盟更加紧密的一体化，都十分热衷于大声宣布他们亲欧洲的愿望。要不然就像白俄罗斯或者阿塞拜疆那样，明确表示不在意欧盟对其的评估，而亚美尼亚在积极与欧盟规则接轨的同时从来没有表示过加入欧盟的意愿。其次，对象国的民主程度与该国乐意接受欧盟规制的程度呈正相关关系。而亚美尼亚国内政治为一党独大的金融寡头控制，有过操纵选举的记录，国内政治腐败程度高，内部进行民主改革的意愿比较低，因此欧盟的价值观对现政府没有吸引力。① 最后，欧盟外部治理的有效性取决于对象国对欧盟资源的依赖和相互依存关系。比起乌克兰和摩尔多瓦来说，当时的亚美尼亚对欧盟没有很强的经济依存度，2012 年亚美尼亚对欧盟出口占该国出口总量的 39.4%，而从欧盟进口占总量的 26.5%。② 比起摩尔多瓦和格鲁吉亚，亚美尼亚居民对申根签证的兴趣也较低。③

欧盟与亚美尼亚的关系将基于 2017 年 11 月 24 日签署的《欧盟—亚美尼亚全面加强伙伴关系协议》。该协议规定了加强相互领域的合作利益，尤其是在政治、经济和部门领域。在《欧洲邻国政策和东部伙伴关系》的框架内，新协议取代了先前的《欧盟—亚美尼亚伙伴关系与合作协议》(1999 年)。通过亚美尼亚在国内推行欧盟规制改革的案例

① Iskandaryan, A., “Freedom House, Nations in Transit 2012 - Armenia,” June 6, 2012, http://www.refworld.org/docid/4fd5dd343.html, last accessed on 3 May 2016; Giragosian, R. “The political dimension: Armenian perspective”, In The *South Caucasus* 2018: *facts*, *figures*, *scenarios*, Berlin: Konrad Adenauer Stiftung, 2013, pp. 12 - 13.

② DG Trade, “European Union, Trade in goods with Armenia,” http://trade.ec.europa.eu/doclib/docs/2006/september/tradoc_113345.pdf, last accessed on May 6, 2016.

③ European Commission DG Home, “Visa statistics for 2012,” http://ec.europa.eu/dgs/home-affairs/what-we-do/policies/borders-and-visas/visa-policy/index-en.htm, last accessed on 6 May 2016.

研究，可以检验欧盟外部治理在没有入盟承诺的前提下，即欧盟在对象国所推行改革的有效性和深度不能达到扩大政策所实现的欧洲化程度时，如何对没有入盟前景的周边国家实现“内部政策的外部扩展”，从政治、经济、社会等领域逐一对东部邻国进行漫长的“规范化改造”。

第一节　亚美尼亚参与欧盟外部治理的进程

欧盟推进外部治理有两个前提：一是欧盟价值观念与对象国家的传统、制度和惯例的兼容性；二是基于实力不对称的考虑，对象国对欧盟经济的依赖度。根据周边国家的不同情况，欧盟采用科层制，网络化或者市场化为主的不同外部治理模式。现阶段，欧盟外部治理主要特征体现为以条件性为前提的科层制治理正逐渐向水平化的网络化治理转移。[①] 科层体系强调制定具有约束力和权威性的法律，即欧盟通过立法形式逐渐入侵第三国的自治权。而网络治理基于双方的协议与互动，其中的利益冲突不是通过谈判或者自愿协议来解决。在水平化的网络化治理中，欧盟首先选择与当地政府合作，其次是与对象国非政府组织和民间社会的合作。[②]

亚美尼亚是一个人口将近300万，面积约2.9万平方千米的内陆国家。在苏联时期，亚美尼亚积累了一定的现代化经济基础。1991年成为独立主权国家之后，亚美尼亚经济出现严重衰退，到20世纪末趋于稳定，进入21世纪迎来了一段快速增长期。截至2016年亚美尼亚城市化率为63.6%。但亚美尼亚的经济自生能力较差，容易受外部因素影响，2008年全球金融危机和2014年俄罗斯石油和卢布危机都给亚美尼

① 宋黎磊：《从科层制治理向网络化治理的转移——基于欧盟东部外部治理的分析》，载《欧洲研究》，2015年第3期，第43—59页。

② Nicholas Ross Smith, “The EU's Two-Track Promotion of Democracy in its Eastern Neighbourhood: Examining the Case of Armenia,” *Asia-Pacific Journal of EU Studies*, Vol. 10, No. 1, 2012, p. 43.

亚经济带来不小的冲击。欧盟与亚美尼亚的关系发展经过三个阶段：（1）从1991年建立双边关系开始，双方经过一段时间的谈判与磨合，于1996年签订了《伙伴关系与合作协定（PCA）》。（2）从2005年以来双方关系置于欧盟邻国政策协定（ENP）之下。在前两个阶段，亚美尼亚与欧盟的联系相对薄弱，双方维持政治对话并且在合作打击毒品走私与经济和商业领域的接轨方面逐步加强了合作。[①]（3）2009年欧盟推出"东部伙伴关系"计划后，亚美尼亚更加积极地与欧盟规则接轨。2012年欧盟与亚美尼亚开启深入和全面的自由贸易协定（DCFTAS）谈判进程后，亚美尼亚向欧盟出口的7200种商品都获得欧盟免关税待遇。[②] 部分欧盟规范在亚美尼亚也得以落实和推进。[③]

首先，亚美尼亚在食品安全领域与欧盟的合作说明部分欧盟食品安全标准规范可以在周边国家落实并推进。亚美尼亚政府按照欧盟要求在2010年12月建立了一个新的综合国家服务食品安全机构，并随之建立了一个食品风险评估中心和专门的试验室。国家服务食品安全机构的建立拉开了亚美尼亚改革序幕。按照欧盟要求，一个包括食品安全、动植物检疫专家的政府间工作组按期成立，确保亚美尼亚国家食品安全立法进一步接近欧盟的要求。继而一系列的法律，以及众多的规范在食品卫生、渔业产品、食品添加剂的技术规则，食品风险分析，兽药和植物检疫登记各领域出台。考虑到在努力达到欧盟食品安全标准方面需要相当大的成本投入（如建立实验室和培训检疫人员），亚美尼亚食品安全领域的改革远远领先于其他东部伙伴国家。

其次，亚美尼亚与欧盟就移民审批与签证程序的合作说明欧盟迁移管理理念已经有一部分扩展到了周边国家。2009年，按照欧盟的建议，国家移民局升级了政策制定和协调程序，特别是便利了前往邻国格鲁吉

---

① Kocamaz, S., "The EU's Relations with the Transcaucasian Countries within the scope of the ENP," *Eurolimes*, Vol. 7, 2009, p. 49.

② L. Barkhudaryan and K. Danielyan, *Armenia-EU economic relations*, Armenia: Centre for European Studies, Yerevan, 2012, p. 76.

③ Babayan, N., and N. Shapovalova, "Armenia: the Eastern Partnership's unrequited suitor," *Fride Policy Brief*, No. 94, September 2011, p. 1.

亚的签证程序。2010 年，亚美尼亚建立政府间工作组。在欧盟顾问的帮助下，关于移民的国家行动计划草案在 2011 年被国会批准，2011 年与亚美尼亚签署了“流动伙伴关系”。双方承诺改善双方双向流动，同时努力确保更好地管理移民流，包括防止和减少非正常移民。从 2012 年开始，亚美尼亚与欧盟开始就签证便利化问题和重新接纳协议进行谈判。[①] 2012 年 12 月，《签证便利化协议》和 2013 年 4 月《重新接纳移民协议》的签订体现了该国在移民领域的改革已经符合欧盟标准。《欧盟—亚美尼亚签证简化和再入境协议》于 2014 年 1 月签署并生效。2016 年 6 月在埃里温举行的上一届欧盟—亚美尼亚联合委员会将其整体实施情况评估为总体良好。

继而，亚美尼亚统计系统按照欧盟标准进行现代化改革说明欧盟能与周边国家就关键性领域开展合作。2011—2012 年，欧盟资助的“竞争和国家援助”结对项目（twinning project）与亚美尼亚国家委员会对接，该项目旨在推动亚美尼亚统计系统符合欧盟标准，确保亚美尼亚与欧洲乃至世界的统计数据进行比对。该项目预算金额为 100 万欧元，在 2017 年 8 月 7 日完成。项目完成后将改善亚美尼亚统计分析的战略、吸引更多消费者参与、更加完善人口统计机制、移民统计系统、劳动力核算和公布数据、劳动力价值指数和收入统计等。“竞争和国家援助”结对项目涉及对国家税收和产业政策的限制，在这些较为敏感的领域，亚美尼亚也表现出了相当程度的开放，欧盟专家长期待在亚美尼亚国家委员会内监督相关决议的实施和进展。为了进一步促进创新和提高竞争力，亚美尼亚参与欧盟最大的研究与创新计划“地平线 2020”（HORIZON 2020），双方谈判已于 2015 年结束，亚美尼亚于 2016 年 5 月签署了该协议。该计划为亚美尼亚研究与创新提供资金并支持中小企业。亚美尼亚参加的欧洲 COSME 计划（企业和中小型企业的竞争力）于 2015 年年底签署。该计划促进了企业家精神和企业家文化，改善了中小企业的融资渠道，并增强了它们的竞争力。从 2016 年至 2020 年，欧盟—亚

① Ademmer, E. and T. BÖRZEL, “Migration, energy and good governance in the EU's Eastern neighbourhood,” *Europe-Asia Studies*, Vol. 65, No. 4, 2013, pp. 581 – 608.

美尼亚中小型企业（SME）获得融资提供超过2300万欧元。

最后，作为欧洲邻国政策的对象国，亚美尼亚从欧洲邻国工具（ENI）中受益。2014—2017年该框架内3个欧盟优先支持的事项是：私营部门发展、公共行政改革、司法部门改革。欧盟不断向亚美尼亚提供财政援助，并将通过援助以确保CEPA的有效实施。欧盟在2017—2020年向亚美尼亚提供的援助计划金额高达1.6亿欧元。分配比例见表7—1。

表7—1　欧盟在2017—2020年向亚美尼亚提供的援助计划金额分配比例①

内容	双边合作中的百分比
经济发展与市场机会	35%
加强体制和善政	15%
连通性、能源效率、环境和气候变化	15%
流动性和人与人之间的联系	15%
对能力建设/机构建设和战略沟通的补充支持	5%

亚美尼亚参加了由ENPI/ENI资助的区域计划主要是环境、能源、交通、文化和青年计划，东部伙伴关系旗舰计划，跨界合作以及向所有邻国开放的计划：SIGMA和邻里投资基金（NIF）。亚美尼亚的NIF主要针对交通基础设施、小型企业融资、废物管理、水和能源效率的投资项目。

在人员流动方面，亚美尼亚目前有21个正在进行的欧盟教育（Tempus）和5个“伊拉斯谟+能力”建设项目，亚美尼亚22所大学和31个其他组织（包括私营企业、政府部门和非政府组织）参与了该项目。每个项目的实施期为3年。此外，在2004—2014年期间，亚美尼亚大学约800名学生和教职员工参加了欧盟伊拉斯谟世界计划和伊拉斯谟世界联合硕士学位课程。亚美尼亚的23所学校还参加了eTwinning

① https：//eeas. europa. eu/diplomatic-network/eastern-partnership/896/armenia-and-eu_ en.

plus（外部链接）行动。亚美尼亚高等教育机构正在开展许多“Erasmus + 国际信贷流动”项目。这些项目为学士、硕士、博士生和大学员工提供奖学金。到目前为止，已有 1443 名年轻的亚美尼亚人和青年组织从“Erasmus + 国际信贷流动”项目中受益，还有 123 个已经参与了针对年轻人和决策者的特定活动。亚美尼亚大学参与了 2015 年“Erasmus + 高等教育能力建设（CBHE）计划”中的 5 个项目。

综上所述，为了与欧盟开启“深度全面的自由贸易区协定”谈判，亚美尼亚一直积极按欧盟的规制要求进行改革。按照欧盟建议，亚美尼亚政府确立了对欧盟援助款项的使用和监督机制，并以立法形式监督欧盟援助的流向。保护经济竞争力的亚美尼亚国家委员被确立为监督政府援助的关键部门。2011 年，亚美尼亚采取了“加速东部伙伴关系框架下亚美尼亚共和国改革战略”，在诸多改革议程的推动下，欧盟于 2012 年 3 月对亚美尼亚开启了“深度全面的自由贸易区协定”谈判，甚至有欧盟官员认为相比乌克兰或格鲁吉亚，与亚美尼亚的谈判进展相对迅速。[①] 亚美尼亚与欧盟就深度全面的自由贸易区协定的各项细则谈判在 2013 年 6 月就已经完成。目前，欧盟是亚美尼亚产品的第一大进口地，也是亚美尼亚的主要贸易伙伴之一。欧盟从亚美尼亚进口的商品主要是制成品、原材料、饮料和烟草。欧盟对亚美尼亚的出口包括机械和运输设备、制成品以及化学药品。从亚美尼亚向欧盟的进口总值从 2014 年的 4200 万欧元增加到 2016 年的 1.08 亿欧元。

那么如何理解 2009 年以来亚美尼亚与欧盟的接近？这需要分析亚美尼亚当时的国内外环境与政治优先议程。考虑到亚美尼亚当时显著恶化的经济形势和地缘政治困境，欧盟的东部伙伴关系政策当时被该国领导人视为其外交的突破口。[②]

---

① 作者在 2015 年 10 月在布鲁塞尔 ECFR 会议中与欧盟委员会官员就上述问题进行了交流。

② Hayrapetyan G. and V. Hayrapetyan, “Economic Relations between Armenia and the EU within the Framwok of Eastern Partnership,” in Piotr Bajor and Kamila Schöll-Mazurek eds, “Eastern Chessboard-Geopolitical Determinants and Challenges in Eastern Europe and the South Caucasus,” KSI Ę GARNIA AKADEMICKA, 2015, pp. 231 – 232.

第二节　亚美尼亚参与欧盟外部治理的原因

在20世纪90年代，欧盟对南高加索国家缺乏兴趣。虽然在20世纪90年代与上述国家签署了《伙伴关系与合作协定》，但是在整个90年代欧共体只有一位驻第比利斯的经贸代表负责格鲁吉亚、亚美尼亚和阿塞拜疆南高加索三国。直至欧盟新一轮东扩后，欧盟发现这些原本遥远的国家成为了自己的近邻。因而在2004年欧盟推出欧洲睦邻政策，将上述三国纳入了欧盟外部治理的重点。但是当时进入欧盟内部市场的动力并不足以刺激亚美尼亚向欧盟靠拢。2008年之前，亚美尼亚对于欧盟邻国政策知之甚少。独立之初的亚美尼亚，受到经济基础薄弱和与阿塞拜疆就纳戈尔诺—卡拉巴赫的地区争端持续等负面因素的影响，经济状况一度低迷。2008年爆发的国际经济危机暴露出亚美尼亚经济模式的脆弱性。

亚美尼亚经济对外依赖严重。首先，其经济增长严重依赖从在国外的劳工移民汇款，据民政部门统计，尽管亚美尼亚总人口只有300万，但从独立至今其海外劳务移民已累计达300万人。赴海外劳务，一方面为亚美尼亚带来了大量的侨汇收入，成为亚美尼亚国民收入的重要来源，2015年这一收入在GDP中占比将近20%。另一方面，海外移民也正在损害亚美尼亚国内的人力资本质量。而大量人口移居海外正是由于国内经济不景气和就业机会减少造成的。其次服务业和建筑业。国外汇款作为国内生产总值的重要组成部分，已经成为越来越不可靠的来源。但是2001年起亚美尼亚年均GDP增长率基本保持在10%以上，博得“高加索之虎”的美名。[①] 重要原因一是来自上百万遍布美国和欧洲的

① 2007—2012年，亚美尼亚在俄打工人员的海外汇款占亚美尼亚本国GDP的16%。参见Ghazaryan，A.，and G. Tolosa，Remittances in Armenia：Dynamics Patterns and Drivers，https：// www. imf. org/external/country/arm/rr/2012/062012. pdf，last accessed on 6 May 2016.

亚美尼亚裔对其给予大量投资；二是国外打工的劳工移民汇款促进了该国服务业和金融业的发展，也拉动了零售业的繁荣。由于苏联计划经济时期形成的地区分工结构和加盟共和国之间的分工关系，1991 年年底亚美尼亚独立之后，俄罗斯一直是亚美尼亚最主要的经济贸易伙伴。这一方面是由既有的技术体系和分工关系决定的，另一方面是由亚美尼亚所处的地缘经济环境决定的。2008 年金融危机之前，亚美尼亚的外部经贸伙伴中，俄罗斯占据绝对的统治地位。金融危机暴露了俄罗斯经济的结构性问题，2014 年的卢布和石油危机严重地打击了俄罗斯对周边国家的经济影响力，亚美尼亚的外部经贸伙伴也发生了一些带有多元化性质的积极变化。作为一个以农业和采矿业为主要支柱并具有一定现代化经济基础的内陆国家，亚美尼亚的经济发展主要取决于两方面因素：一是在开放经济条件下，当亚美尼亚经济融入外部经济循环时，发挥自身的优势，并形成竞争优势，从而与外部建立有利于本国经济发展的分工与经济合作关系；二是亚美尼亚经济增长必须建立在提高投资率的基础上，投资率的提高可以通过两个途径实现：一是提高自身的积累率；二是引进国际资本，利用外资构建本国的产业技术基础。尽管亚美尼亚是居于内陆的小国，但经历了市场化经济转型之后，其经济开放度（进出口占 GDP 比重）已经达到较高的水平，2012 年其进出口占 GDP 的比重达 53.1%，接近 59% 的世界平均水平。

自然资源匮乏、现代产业基础落后和地缘经济环境恶劣是亚美尼亚经济发展的三个最大障碍。其中最为明显的就是亚美尼亚的地缘环境的脆弱性。亚美尼亚与土耳其的关系因历史问题无法正常化，因为边境争端受到阿塞拜疆的封锁。而另外两个邻国格鲁吉亚和伊朗都是经济发展程度相对落后的国家，无法为亚美尼亚经济发展提供市场和资本支持。上述情况意味着它总是需要不断寻找同盟国来保障安全。因为无法与俄罗斯在该地区的势力匹敌和缺乏对地区冲突有效的干预手段，基于经济而不是安全上的考虑，欧盟希望改善域内国家的治理能力，促进改革与民主。[①] 亚美尼亚自独立以来非常重视与欧盟的关系，其对外政策上追求“多方互补”，力求与欧盟、俄罗斯和美国保持稳固关系。在当前区域性地缘政治形势下，亚美尼亚的首要任务是维护和保障本国及纳戈尔诺—卡拉巴赫地区的安全。亚美尼亚也将欧盟作为地区安全的多重保障器之一。

亚美尼亚领导人和官员非常积极地参与欧盟东部伙伴关系计划有 3 个关键原因：

第一，欧盟的东部伙伴关系的提出恰好满足了亚美尼亚经济改革的需要。东部伙伴关系没有明确承诺未来加入欧盟的可能性，而亚美尼亚从没有成为欧盟成员的愿望，因此也不会像乌克兰、摩尔多瓦等国那样在欧盟宣布延迟考虑东部伙伴入盟可能时感到失望。相反，欧盟东部伙伴关系中的“深入全面的自由贸易区协定”对亚美尼亚的改革需求而言非常及时。亚美尼亚预先存在的改革意向和欧盟对该国改革进程的指导高度契合。亚美尼亚政府的考虑是通过短期的投入获得欧盟长期的支持的收益，比如与欧盟食品安全标准接轨以便今后进入食品出口到欧盟单一市场。欧盟认为亚美尼亚的欧亚经济同盟条款虽然与深入全面的自由贸易区协定条款存在矛盾，但是在地区稳定与非法移民问题的合作上有很高的互补性。[②]

2009 年欧盟“东部伙伴关系”计划正式启动。东部伙伴关系是欧盟邻国政策的升级版，而《联系国协定》与“深入全面自由贸易区协定”的提出恰好满足了 2010 年以来亚美尼亚的迫切需要经济改革的需要。尽管欧盟的东部伙伴关系政策在很大程度上回避了亚美尼亚的安全问题，但增加的技术援助条款和网络治理的制度安排却为亚美尼亚提供了一个与欧盟全面合作的机会。[③] 东部伙伴关系的双边和多边合作形式促使亚美尼亚高级别官员、专家和民间社会组织不断地熟悉欧盟的规

---

① DelcourL. and H. Duhot, Bringing South Caucasus closer to Europe: achievements and challenges in ENP implementation, *College of Europe Natolin Research Paper*, Warsaw, April 3, 2011.

② Ibid.

③ Dragneva R. , and K. Wolczukeds, *Eurasian Economic Integration*: *Law*, *Policy*, *and Politics*, Cheltenham: Edward Elgar, 2013, pp. 56 – 58.

则、准则和惯例，极大促进亚美尼亚遵守欧盟治理规约。2009 年之后，欧盟开始被视为亚美尼亚在现代化进程中的主要合作伙伴。2011 年 12 月亚美尼亚总统萨尔基相宣称："欧盟不仅成为我们全球最重要的合作伙伴之一，也在亚美尼亚国内改革中起到显著作用，协助我们推动改革的实施和加强国家的经济和整体稳定性。"①

第二，欧盟东部伙伴关系提供了亚美尼亚政府推进政治改革的机会。该国长期处于孤立状态需要调整自身的步伐。地缘环境的恶化也增加了亚美尼亚经济困境。亚美尼亚与周边国家隔离的状况已经固化，由于亚美尼亚与土耳其就亚美尼亚大屠杀事件达成谅解的失败，与阿塞拜疆就纳戈尔诺—卡拉巴赫地区的争端长期存在，导致邻国土耳其和阿塞拜疆关闭了与亚美尼亚的边界。格鲁吉亚是与亚美尼亚与外部世界联系的唯一陆上通道。有经济学家估算这一隔离状况导致亚美尼亚至少年均损失其 GDP 增长的 30% 。考虑到外部情形与内部政治精英们急于克服该国的地缘政治和经济的脆弱性的压力，到 2010 年，亚美尼亚国内改革的呼声日益高涨。亚美尼亚政府别无选择，只能走上国内改革之路。

事实上亚美尼亚高度集中的政治体制迅速地接受了欧盟改革模式并有效排斥了国内少数反对派的阻挠。在亚美尼亚国内政治中，亚美尼亚政府与欧盟谈判"联系国协定"受到反对党的频繁指责。由前总统列翁·捷尔—彼得罗相领导的亚美尼亚国民大会（ANC），改变了过去亲西方的自由派立场，批评政府过度亲欧盟，认为这会威胁到该国与俄罗斯的关系。该国的第二大政党，繁荣亚美尼亚内部意见一直不统一，也反对和欧盟过于接近。但是欧盟没有通过施加民主条件性和人权以及法治方面的改革威胁到这些国家精英的政治权力，并在短期内通过欧盟官员与这些精英的接触调和了不同党派的政治利益。

欧盟"东部伙伴关系"计划侧重于长效化，低政治层面的技术领

---

① President Sargsyan, speech before the plenary meeting of the 20th Congress of the European People's Party, Marseille, December 7, 2011, http://www.president.am/en/foreign-visits/item/2011/12/07/news-344/, last accessed on 6 May 2016.

域合作以及行业监管规则与欧盟的趋同。[①] 欧盟促进的是在对象国关键部门的政策改革，以规则保障深入全面的自由贸易区协定下的产品质量和交易安全。同样，在签证便利化的过程中，欧盟优先考虑安全相关性而不是人权相关规定。[②] 这意味着欧盟接受了2008年危机之后亚美尼亚的政治现状，没有明确的政治变革作为紧密合作的先决条件，或者扶植当地的非政府组织。[③] 虽然亚美尼亚民众对政府腐败的指责不绝于耳。[④] 但是亚美尼亚经济利益集团可以继续不受阻碍地通过政治手段促进他们的商业利益，而政治精英们在该国现代化进程的推进中会增加其合法性。而国内政治精英也考虑到部分满足欧盟条件性不需要付出太多的政治代价。[⑤] 萨尔基相总统在2013年维尔纽斯东部伙伴关系峰会上大胆宣称东部伙伴关系在民主、人权和法治原则下为亚美尼亚的现代化改革提供新的动力，推动了亚美尼亚广泛的改革议程。[⑥]

第三，参与欧盟联系国协定被亚美尼亚视为对俄罗斯为中心的地区安全机制的补充。亚美尼亚外交是小心翼翼追求与俄罗斯的战略伙伴关系和亲西方二者之间的互补性。萨尔基相总统宣称“我们已经选择欧洲模式加强亚美尼亚国家地位，而且这个过程是不可逆的。因此，基于与

① Freyburg, T., S. Lavenex, F. Schimmelfennig, and A. Wetzel., "EU promotion of democratic governance in the neighbourhood," *Journal of European Public Policy*, Vol. 16, No. 6, 2009, pp. 916 – 934.

② Trauner, F., I. Kruse, and B. Zielinger, "Values versus security in the external dimension of the EU migration policy: a case study on the EC Readmission Agreement with Russia," In G. Noutcheva, K. Pomorska, and G. Bosseeds, "Values versus security? The choice for the EU and its neighbours", Manchester: Manchester University Press, 2013, pp. 201 – 217.

③ Chatham House, *The Eastern Partnership and the Future of EU's Engagement*, REP Conference summary, London, March 16, 2011, p. 6.

④ Marianna Grigoryan, "Armenia: Can the Protests Bring Change?" in *Eurasia Net's Weekly Digest*, June 29, 2015, http://www.eurasianet.org/node/74071, last accessed on May 6, 2016.

⑤ Hale, H., "Democracy or Autocracy on the March? The Colored ReVolu-tions as Normal Dynamics of Patronal Presidentalism," *Communist and Post-Communist Studies*, Vol. 39, No. 3, 2010, pp. 305 – 329.

⑥ President Sargsyan, Speech at the third Eastern Partnership Summit, Vilnius, November 29, 2013, http://www.president.am/en/press-release/item/2013/11/29/President-Serzh-Sargsyan-speech-at-the-third-Eastern-Partnership-summit/, last accessed on 6 May 2016.

欧盟的互动，一方面将反映我们的社会、政治和经济的深层本质关系，另一方面将与其他合作方式兼容。[①] 由此可见，亚美尼亚一贯致力于避免直接挑战俄罗斯。俄罗斯至今仍是关键的安全保障，因此欧盟在亚美尼亚的作用是补充而不是取代对俄罗斯的依赖。在亚美尼亚学者看来，与俄罗斯保障下的亚美尼亚安全问题相比较而言，趋近欧盟的经济利益考虑是第二位的。亚美尼亚政府认为通过参与联系国协定提升亚美尼亚经济实力有助于提高该国在西方国家眼中的战略价值，同时也可提升其作为俄罗斯在南高加索区域唯一可靠地区盟友的价值。[②] 亚美尼亚虽然是小国但是民族个性顽强，互补政策的宗旨是为满足亚美尼亚对安全的需求。在继续依靠其与俄罗斯的安全联盟的同时培育与西方正相关关系。无论是欧盟还是俄罗斯并不被视为亚美尼亚现代化的模板。所以亚美尼亚“平衡互补”的外交是军事上依赖俄罗斯保护，而期待欧盟推动其国家的经济发展。

此外，亚美尼亚不仅将融入欧洲政治经济一体化的进程视为外交选择，而且将其视为文化与精神价值回归欧洲的良机。考虑到亚美尼亚作为世界上第一个基督教国家及其与欧洲历史关联性，它希望加入欧洲一体化并非完全由经济因素所决定，而是取决于亚美尼亚人民的传统价值观念。甚至可以回溯到起源为印欧的亚美尼亚人民与欧洲始祖有着意义深远的基因纽带。[③] 亚美尼亚在301年将基督教定为国教，是世界上最早一个把基督教定为国教的国家，此后在长期的外族统治中，亚美尼亚人虽然丧失了政治独立，但其民族特征和基督教信仰却始终保持着，并凝结成强大的民族凝聚力，目前国内94%左右的民众信奉基督教。

---

① President Sargsyan, Speech at the third Eastern Partnership Summit, op. cit.

② Giragosian, R., *Monthly closed briefing agenda*, Yerevan: Regional Studies Centre, December 22, 2011, p. 3.

③ ［亚美尼亚］阿依科·马尔季罗相：《亚美尼亚加入欧盟的前景分析》，载《俄罗斯中亚东欧研究》，2008年第3期，第61页。

第三节 亚美尼亚参与欧盟外部治理的困境

亚美尼亚的“平衡互补”外交由于俄罗斯担心亚美尼亚在经济上过度依赖欧盟而被迫终结。2013 年 4 月，亚美尼亚与欧亚经济委员会签署备忘录。2013 年 9 月，亚美尼亚总统萨尔基相正式宣布放弃过去四年与欧盟就“深入全面的自由贸易区协定”一直进行的谈判，宣布加入俄罗斯主导的关税同盟。这是欧盟“东部伙伴关系”计划遭受的重大挫折，也被称为亚美尼亚外交的 U 形转折（U-TURN）。① 亚美尼亚总统对这一外交转变给出的理由是参与该地区的集体安全条约组织（CSTO）就不可能脱离该地区的地缘经济组织。② 有亚美尼亚学者惋惜亚美尼亚错过了这个难得机会来克服地理上与西方的隔离，经济体积小和根深蒂固的腐败等不利于长远发展的因素。由此看来，欧盟对亚美尼亚推行外部治理仍然受到俄罗斯与亚美尼亚间传统联系的制约。

从经济效益的角度考虑，加入欧亚关税同盟实际上带来的贸易或经济效益相当微薄。亚美尼亚起初是被排斥在欧亚经济联盟之外的。一方面，亚美尼亚与欧亚关税同盟其他成员国：俄罗斯、白俄罗斯与哈萨克斯坦之间没有共同边界；另一方面，以服务业拉动的亚美尼亚在经济结构上与欧亚关税同盟的成员并不相同，依靠高关税来扶植内部制造业的欧亚经济一体化模式在亚美尼亚并不适用。③ 亚美尼亚加入欧亚关税联盟后，国家生产和贸易数量和外国直接投资下降了 15%—20%。因为

---

① R. Giragosian, “Armenia's strategic U-turn”, April 22, 2014, http://www.ecfr.eu/page/-/ECFR99_ ARMENIA_ MEMO_ AW.pdf, last accessed on May 6, 2016.

② President of the Republic of Armenia, http://www.president.am/en/press-release/item/2013/09/03/President-Serzh-Sargsyan-working-visit-to-Russian-Federation/, last accessed on May 6, 2016.

③ Emil Danielyan, “PM Cites Another Hurdle To Armenian Entry Into Russian Bloc”, *Radio Free Europe/Radio Liberty*, 4 February 2013, http://www.azatutyun.am/content/article/24892837.html, last accessed on May 6, 2016.

亚美尼亚不得不提高进出口关税以匹配欧亚关税成员俄罗斯、哈萨克斯坦和白俄罗斯现行的关税政策。这可能对欧盟成员国与亚美尼亚的贸易关系造成不利影响。但是如果亚美尼亚不成为关税同盟的一员，其面临的安全风险和政治后果将更具有破坏性。[①] 此外，亚美尼亚必须克服体制性障碍，从立法、监管，甚至通过宪法改革进程来符合亚美尼亚加入关税同盟的诸多条款。虽然俄罗斯竭力保证亚美尼亚加入关税同盟，但关税联盟之间缺乏政治意愿。加之俄罗斯的经济发展过于倚重能源，在产业发展上措施不力。[②] 白俄罗斯和哈萨克斯坦都不愿意延长优惠条件以确保亚美尼亚顺利过渡。更为显著的是，欧亚经济联盟成员国经济并不处于世界先进的技术水平和劳动生产力水平上，无法对亚美尼亚经济的现代化发展提供足够的资金、技术和市场规模支持。与此同时，欧亚经济联盟成员国间的经济结构存在很强的同构性——对自然资源依赖严重以及基础设施落后，因此亚美尼亚与成员国之间的经济一体化在很大程度上是低技术水平的一体化，这种一体化对亚美尼亚经济现代化发展的积极意义有限。因此亚美尼亚加入俄罗斯主导的欧亚关税同盟更多是出于安全的考虑。欧盟也表示亚美尼亚的欧亚经济同盟条款虽然与深入全面的自由贸易区协定不兼容，但是在移民问题的合作上还是有很高的互补性。

在亚美尼亚和俄罗斯关系中，俄罗斯将亚美尼亚视为传统盟友和合作伙伴，对其外交重点是巩固俄罗斯的军事安全提供商的主导地位，同时确保其对亚美尼亚经济的控制。[③] 为了防止俄罗斯周边产生另一个“乌克兰”，普京很可能动用其所有的软、硬实力资源来阻止亚美尼亚

① 笔者在亚美尼亚埃里温国立大学与部分学者就亚美尼亚加入欧亚经济联盟所引发的问题进行了交流。

② 陈新：《欧洲一体化与乌克兰道路的选择》，载《欧洲研究》，2014 年第 6 期，第 57 页。

③ R. Giragosian, The South Caucasus: The Lilits of a Resurgent Russia, Feb. 24, 2014, https://ge.boell.org/en/2014/02/24/south-caucasus-limits-resurgent-russia, last accessed on 6 May 2016.

向西方靠拢。①

第一，究其本质而言，俄罗斯与周边国家关系的维系主要依靠的是俄罗斯的硬实力。俄罗斯在南高加索地区依然扮演着最为重要的角色。② 亚美尼亚国统治者寻求安抚俄罗斯政权而保障自身的生存。在双方的安全合作上，亚美尼亚提供俄罗斯在南高加索地区重要的立足点，并且是唯一在该地区的俄罗斯军事基地所在国，同时也是俄罗斯主导的集体安全条约组织的成员。③ 目前亚美尼亚国内学者的共识是安全与生存是该国处理外交事务第一位的考虑。有学者表示亚美尼亚政府既重视欧盟，又重视俄罗斯，这一外交选择是其在二者之间小心翼翼平衡的典范，妥善处理了大国关系，不像格鲁吉亚或者乌克兰那样因为倒向欧盟而引起地区性战争。④ 亚美尼亚一贯致力于避免直接挑战俄罗斯。互补性的政策提升了该国在西方国家眼中的战略价值，同时增强了其作为俄罗斯在南高加索区域唯一可靠的盟友的价值。

第二，亚美尼亚与阿塞拜疆未解决纳戈尔诺—卡拉巴赫冲突给亚美尼亚带来很多的不安全。俄罗斯对于亚美尼亚的地区安全起到重要的保障作用。当前亚美尼亚和阿塞拜疆两国军队在纳卡地区仍处于军事冲突状态。2014 年，亚阿两国曾在纳卡地区发生过严重军事冲突，造成数十人死亡。后在俄罗斯总统普京的斡旋下，亚阿两国总统到索契会面，防止了冲突进一步升级。亚美尼亚是独联体集体安全条约组织成员国，是俄罗斯的盟友。1997 年，亚美尼亚与俄罗斯结成战略军事联盟。俄罗斯传统上是亚美尼亚最重要的盟友。一旦阿亚两国爆发战争，俄罗斯将被迫卷入其中，这完全不符合当前俄罗斯的国家利益。同时，俄罗斯

① A. Golts, "Russia's Top Brass Preparing to Battle Dissent," in *The Moscow Times*, June 29, 2015, http://www.themoscowtimes.com/opinion/article/524619.html, last accessed on 6 May 2016.

② Frieire, M. R. and L. Simao, "The Armenian Road to Democracy: Dimension of a Tortuous Process," *CEPS Working Document*, 2007, p. 267.

③ Dimitrova, A., and R. Dragneva, "Constraining external governance: interdependence with Russia and the CIS as limits to the EU's rule transfer in the Ukraine," *Journal of European Public Policy*, Vol. 16, No. 6, 2009, pp. 853 – 854.

④ 笔者 2015 年 10 月 8 日在埃里温采访了"European Integration"研究所的学者。

也重视与阿塞拜疆在能源、军事等方面的合作，不希望与阿塞拜疆交恶而使后者倒向西方。同时，欧盟正致力于将阿塞拜疆天然气经“南部天然气走廊”输送至欧洲，断然不希望该地区的稳定被破坏，影响其未来能源安全。欧盟呼吁双方立即停火、保持克制，将全力支持欧安组织明斯克小组的促和行动。作为该地区影响力最大的国家，俄罗斯不会放任纳卡冲突走向失控，危及自身战略利益。在适当时候，俄罗斯一定会出面斡旋，再次使局势处于可控状态。纳卡冲突未来仍然是俄罗斯在亚美尼亚和阿塞拜疆之间坐收渔翁之利，亚美尼亚依赖俄罗斯的安全承诺和优惠的武器价格，与此同时俄罗斯也是阿塞拜疆头号军火供应商。

第三，俄罗斯对亚美尼实现了经济控制。因为不同政党间与当地的利益群体盘根错节，所以俄罗斯不会明确支持该国某政党，而是直接与利益集团绑定，支持利益集团的代理人。亚美尼亚分析家指责萨尔基相总统的政府支持俄罗斯国有企业在亚美尼亚的商业利益。[①] 俄罗斯私营企业和政府企业在过去的十年中通过收购保持对亚美尼亚多个经济部门的控制。包括该国唯一的核电厂和能源产业，以及亚美尼亚铁路网，并且在采矿和电信部门占有优势。亚美尼亚完全依赖于俄罗斯的天然气供给。俄罗斯天然气工业公司是亚美尼亚唯一的天然气供应商。在 2013 年，公司提高了天然气价格。虽然亚美尼亚政府与之经过长时间的谈判，但是还是没有能获得价格优势。[②] 因为亚美尼亚政府 20% 的股份被俄罗斯天然气公司收购，导致 2015 年 6 月末外国对亚美尼亚直接投资下降 58.2% ，与此同时俄罗斯天然气工业公司控制了通往亚美尼亚的伊朗天然气管道，成为了亚美尼亚唯一的天然气供应商。[③]

此外，亚美尼亚经济上依赖俄罗斯和其货币绑定俄罗斯卢布。因为油价下降和西方的制裁，俄罗斯经济衰退造成的问题也直接影响到亚美

① D. Shanazaryan, “The RA government authorities defended the interests of the Russian corrupted system,” in *Aravot. am*, June 24, 2015, http://en. aravot. am/2015/06/24/170765.

② D. Hovhannisyan, “100 Days: The Foreign Policy Dimension,” in *Caucasus Analytical Digest*, No. 53 – 54, July 17, 2013, pp. 23 – 26, http://www. css. ethz. ch/publications/DetailansichtPubDB? recid = 2627.

③ G. Lomsadze, “Is the Yerevan Protest Risky for Russia?”, in *Tamada Tales* EurasiaNet blog, June 24, 2015, http://www. eurasianet. org/node/74006. last accessed on May 6, 2016.

尼亚经济，当地货币自2014年以来已贬值15%。[①] 同时大量亚美尼亚人在俄罗斯工作，并汇款给在国内的家人。然而，在俄罗斯遭受经济制裁以来，俄罗斯经济严重衰退，来自俄罗斯的汇款下降了约40%。

2015年6月亚美尼亚民众对两年内电价第三次上涨的抗议背后就隐藏着对俄罗斯的抗议。[②] 成千上万的亚美尼亚（大部分是年轻人）在首都埃里温以及其他城市示威游行。从2014年起仅1年时间电价就上涨了几乎40%，这对普通人的生活影响很大。专家称，电价上涨1%就会带来0.1%的通货膨胀。[③] 电价上涨对生产的影响首当其冲的就是高耗能企业，如轧材厂。其次对食品行业、轻工行业的影响也很大。亚美尼亚工业和企业家联合会主席吉拉克相称，目前国家正在积极实施工业发展战略，可是电价上涨导致的生产成本增加会削弱企业在国际市场上的竞争力。因为俄罗斯国有垄断控制全国电力分销网络，即亚美尼亚议会被迫增加电费的压力来自俄罗斯的国有垄断控制全国电力分销网络，或者称为亚美尼亚电网（ENA）的要求，而民众抗议是认为亚美尼亚领导人对俄罗斯言听计从。通过2015年亚美尼亚民众就电费上调问题的抗议活动可以发现，该国社会内部潜藏着诸多不和谐，民众对政府的不满意程度较高。欧盟敦促亚美尼亚政府加强与公民社会之间的对话。[④]

突然中断与欧盟联系国协定谈判而签署欧亚联盟协定对于国内民众来说，反应不一。政府如何说服民众就是政府公信力的体现。非政府组织和企业一直存在的紧张和疑虑被社会的总体平静掩盖了。民调显示

① A. Sahakyan, "Russia's colonialist mentality lives on in Armenia", in *Kyiv Post*, June 26, 2015, http://www.kyivpost.com/opinion/op-ed/armine-sahakyan-russias-colonialist-mentality-lives-on-in-armenia 392052.html.

② Yerevan) Poliee) Detain) 237) Partidpants) of) Sit-in) Against Electricity) Price) Hike", http://news.am/eng/news/273214.htmU.

③ Electricity Price in Armenia) Up) by) 6.93) Drams, http://news.am/eng/newS/272266.html.

④ European Union Delegation to Armenia, *Local EU Statement on recent clashes between protestors and police in the Republic of Armenia*, Yerevan, June 23, 2015, http://eeas.europa.eu/delegations/armenia/documents/news/20150623_ local_ eu_ statement_ on_ recent_ clashes_ between_ protestors_ and_ police_ in_ armenia_ en.pdf.

80%的民众理解政府的选择。① 青年人比较担心反响强烈，他们害怕未来与欧盟的联系中断；中年人相对实际，了解国家的处境。老年人对苏联时代还有记忆与怀念。据2013年高加索地区的民意调查晴雨表显示，在亚美尼亚民众中间有65%的不信任自己的议会，57%不信任他们的总统。民众普遍认为是亚美尼亚对俄罗斯形成了政治依赖。高级别政府职位的更迭需要俄罗斯的首肯，亚美尼亚大选前后政治家都要访问俄罗斯。

俄罗斯有可能在未来全面控制亚美尼亚的外交。亚美尼亚对俄罗斯的安全依赖已经根深蒂固，未来的亚美尼亚与邻国格鲁吉亚、伊朗、土耳其关系的发展可能会受到俄罗斯更大的影响。② 继而俄罗斯现在可能会阻止亚美尼亚与如法国、德国、希腊和美国等通过广泛的双边协议试图加深与西方的联系，并阻止亚美尼亚通过与北约的积极参与和平伙伴关系（PFP）计划以及接受来自美国与北约的军事顾问。同时亚美尼亚官员一直持谨慎态度，反复排除加入北约的可能性，并坚持宣称在俄罗斯领导的集体安全条约组织内。此外，俄罗斯可能转移到限制亚美尼亚导向北约支持的军事教育改革和防务改革，甚至可能设法阻止亚美尼亚执行国际维和任务。目前亚美尼亚在科索沃西部、伊拉克和阿富汗都在执行联合国维和。俄罗斯也可能阻止亚美尼亚扩大在黎巴嫩和马里的维和。

但是必须指出，亚美尼亚和俄罗斯的关系存在潜在的风险。亚美尼亚越来越意识到加入欧亚经济联盟和过分依赖俄罗斯所带来危险的“机会成本”。有亚美尼亚学者认为亚美尼亚人对俄罗斯傲慢态度心中充满了深深的无奈。③ 例如在2015年1名俄罗斯士兵在久姆里（所在的城市俄罗斯军事基地所在地）杀害了一个亚美尼亚家庭的7名成员。起初，俄罗斯拒绝让亚美尼亚政府缉拿该名士兵，但鉴于当地民众强烈抗议俄

① http：//www. soyuzinfo. am/rus/books/detail. php？ELEMENT_ ID＝896.

② Tonoyan，A.，“Rising Armenian-Georgian Tensions and the Possibility of a New Ethnic Conflict in the South Caucasus，” *Demokratizatsiya*，Vol. 18，No. 4，2010，pp. 287－308.

③ 笔者2015年10月8日在埃里温采访了“Regional Studies Center”研究所的学者。

罗斯决定让亚美尼亚调查委员会处理该起刑事案件。[①] 而早在2013年俄罗斯签署与阿塞拜疆的军火交易时亚美尼亚出现大规模民众示威。甚至有评论认为虽然亚美尼亚民众频繁的抗议示威活动不会导致突破亚美尼亚外交瓶颈，并立即调转亚美尼亚国内外政策重点，但亚美尼亚与俄罗斯之间的价值体系的冲突正在形成。亚美尼亚与俄罗斯之间的关系建立在亚美尼亚对自身安全和经济问题的考虑，而不是基于共同的价值观，在这一点上，限制了亚美尼亚深度融入欧亚联盟的未来前景。[②] 亚美尼亚和俄罗斯之间的冲突很可能会在适当的时候爆发。今后亚美尼亚在很大程度上可能仍然亲俄，但不太赞成亲普京。亚美尼亚领导人面临的挑战仍然是未来国家经济状况如何好转及其领导人在外部势力干预下与本国利益考虑之间的平衡。[③]

2018年4月亚美尼亚改行议会制，共和党主席、卸任总统谢尔日·萨尔基相转任总理，引发反对派强烈抗议，就任7天后被迫辞职。2018年5月8日，亚议会进行新一届总理选举，抗议活动领袖帕什尼扬作为唯一候选人当选后随即任命新政府成员，并获总统批准。2018年6月7日，亚议会审议通过新政府施政纲领。新政权将促进经济持续发展、打击腐败、改善民生和社会保障、加强军队建设、筹备议会提前选举等列为政府工作目标。

2019年年初，新一届领导人登台，国内政治情况有所转圜，需要更大的外部合法性。2017年11月亚美尼亚与欧盟签署了《全面加强伙伴关系协议》。亚美尼亚继续享受欧盟给予的GSP+贸易优惠待遇，6400种商品可以低关税或零关税向欧盟国家出口。该国还与美国、日本、加拿大、瑞士和挪威使用同一套特惠体系。同时，亚美尼亚在

---

① "Russian Soldier Will Be Tried In Armenia, Reportedly By Russian Court," in *Radio Free Europe/ Radio Liberty*, July 13, 2015, http://www.rferl.org/content/article/26803699.html. last accessed on May 6, 2016.

② Nona Mikhelidze, "Why Armenia's future is in Europe," http://www.iai.it/sites/default/files/iaiwp1522.pdf, last accessed on 6 May 2016.

③ M. Grigoryan, "Armenia: Electric Yerevan Powers Protests in the Regions," in *Eurasia Net's Weekly Digest*, 2 July 2015, http://www.eurasianet.org/node/74116, last accessed on May 6, 2016.

2019 年 1 月 1 日接任欧亚经济联盟轮值主席国，继续推动欧亚一体化进程。总理帕什尼扬接受俄媒采访时表示，在欧亚经济联盟一体化道路上存在约 80 个障碍，其中有法律障碍，也存在事实障碍。当前的主要目标是至少消除其中一部分。①

亚美尼亚面临的挑战仍然是国家治理能力建设及其领导人是否能承受俄罗斯压力和胁迫。但相比较该地区的安全来说，欧盟以价值观外交为核心的外部治理模式始终不是优先选项。但是也有学者评论亚美尼亚新兴的公民社会足够成熟。虽然欧盟的外部治理只能维持在低层次层面，不能触及当前政府敏感问题，但是与当地公民社会的频繁接触，对年轻人思想的影响会导致这个国家在未来 10—15 年内发生变化，特别值得关注的是亚美尼亚的政府相对弱势，难以限制当地有西方势力扶植的非政府组织的发展，和管控网络上的不利舆论。② 欧盟对政治稳定和经济繁荣的南高加索地区具有浓厚的兴趣。纳戈尔诺—卡拉巴赫冲突仍然是亚美尼亚社会经济发展的主要障碍，并加剧了区域不稳定。欧盟对欧安组织明斯克小组为和平解决冲突所做的努力进行了补充，包括通过欧盟南高加索问题特别代表和格鲁吉亚危机进行的努力。为了促进冲突各方之间建立信任，欧盟在“欧洲和平解决纳戈尔诺—卡拉巴赫冲突伙伴关系”（EPNK3）的框架内通过小额赠款计划促进“能力增强和公民参与来建设和平”（PeACE）。

本章小结

亚美尼亚领导人在详细核算了接近欧盟付出的经济成本和收益之

① 《亚美尼亚总理：欧亚经济联盟一体化道路上约有 80 个障碍》，2019 年 2 月 28 日，http：//www. mofcom. gov. cn/article/i/jyjl/e/201902/20190202837379. shtml。

② 我就碰到德国议会议员去亚美尼亚国立大学欧盟中心介绍德国议会的发展情况，这种讲座每个月都有 2—3 次，欧盟各国的官员和学者也经常去该研究中心，包括伊拉斯谟计划在内都开放给该国学生交流，也资助当地知识分子前往欧盟国家参加讨论和培训。欧盟在当地年青人中间很有认知度。

后，在2009年决定接受欧盟东部伙伴关系的规制。这主要基于三个因素的考虑：（1）亚美尼亚国内精英要求改革的呼声很高，亚美尼亚政府受到了内部改革的压力；（2）欧盟所提供的联系国协定条款符合亚美尼亚经济转型的要求；（3）欧盟所要求的改革模式与亚美尼亚对俄罗斯的安全依赖存在兼容性。正是这三个因素的交互作用才导致亚美尼亚2009—2013年与欧盟的逐步趋近。但是亚美尼亚这一“平衡互补”外交由于俄罗斯担心亚美尼亚在经济上过度依赖欧盟而被迫终结。亚美尼亚的首要任务是在国内和纳卡地区为亚美尼亚人民的基本安全创造一个可靠的保障。欧盟缺乏处理南高加索地区复杂的地缘和安全形势的能力，没有满足亚美尼亚对该问题的预期。

欧盟通过“东部伙伴关系”计划影响俄罗斯认为是“近邻”或者是“势力范围”的东部六国。亚美尼亚的安全转向体现了俄罗斯作为外部干预力量对欧盟东部伙伴关系政策的影响。俄罗斯在亚美尼亚与欧盟近4年的谈判进程中没有明确反对，这是因为当时俄罗斯严重低估了欧盟推进东部伙伴关系的决心和能力。当俄罗斯发现欧盟东部伙伴关系的切实成效后，立刻对乌克兰和摩尔多瓦采取强制措施和贸易制裁。亚美尼亚的及时转向起到了俄罗斯期望的对其他周边国家的震慑作用。俄罗斯军队2014年年初开始的对乌克兰的行动标志着俄罗斯对西方外交更加自信。

欧盟与亚美尼亚的案例表明，欧盟外部治理的推进要考虑三重变量之间的相互作用，即欧盟规则本身给予的回报、对象国具体情况特别是欧洲化的成本与收益以及外部力量的影响。特别是在缺乏入盟终极诱惑的情况下，对象国参与欧盟外部治理的收益往往成为了关键性因素。亚美尼亚外交转型后的调整期已经基本结束，在商品贸易领域，亚美尼亚对包括肉和肉制品在内的一些商品先采用有别于欧亚经济联盟的关税税率，在2022年之前逐步向欧亚经济联盟统一关税过渡。亚美尼亚和欧盟谈判通过了更加“量身定做”的协议，即《欧盟—亚美尼亚全面加强伙伴关系协议》，以此取消与欧亚关税同盟相冲突的条款。亚美尼亚政府表示不会放弃已经和欧盟达成的各种交流渠道。欧盟也不会放弃对亚美尼亚的援助。

结　语

欧盟外部治理的困境与启示

欧盟东扩是欧盟整合欧洲大陆政治经济新秩序的重要途径，配合北约，欧盟通过2004年、2007年和2013年的三次东扩基本完成了对苏联空间的整合。大规模东扩结束后，欧盟通过“东部伙伴关系”计划继续东进到独联体国家，独联体国家是俄罗斯外交战略的首要对象，也是它和西方最后的缓冲区。俄罗斯对欧盟东扩态度是默许，但对欧盟东部伙伴关系计划的态度是公开反对。欧盟与俄罗斯在该地区开展了三种角力：一是世俗化的基督教文明与泛斯拉夫正统主义的文明的角力；二是后威斯特伐利亚的国际规范与民族国家主权规范的角力；三是欧盟代表的欧洲经济区域与俄罗斯主导的欧亚经济联盟的经济一体化模式的角力。以2014年乌克兰危机爆发为重要转折点，欧亚联盟与欧盟经济一体化兼容的地区一体化发展前景落空。俄欧双方都迫使欧盟东部伙伴对象国做出二者择一的选择。欧盟承认之前低估了俄罗斯的战略意志。但欧盟仍将“东部伙伴关系”计划作为稳定其东部边界的一个重要环节而持续推进。俄欧在欧盟东进问题上的激烈博弈还将持续。

第一节　欧盟外部治理的轨迹

欧洲联盟从来不是一个封闭性的概念，它的疆域一直在扩大。欧洲联盟是欧洲一体化的具体表现形式，扩大则是实现欧洲一体化的主要路径之一，欧洲联盟扩大的合法性一直得到相关法律法规的保障。在欧共体成立伊始，各创始成员国就已经确立了欧共体作为开放性国际组织的构想，其目标是消除欧洲国家间的分裂状态，促进欧洲联合以至于最终的欧洲统一。从《罗马条约》《欧洲煤钢共同体条约》《欧洲经济共同体条约》《欧洲原子能共同体条约》到《欧盟条约》（马斯特里赫特条约）都遵循了同样的概念，对于愿意接受条约义务的欧洲国家，皆欢迎其入会。在新的《里斯本条约》中，欧盟秉持之前的一贯立场：仍然定位于一个不断扩展的组织，“联盟向所有尊重条约第一部分第一条所指的联盟价值观并承诺共同发展联盟价值观的欧洲国家开放。”① 欧盟的扩大政策是欧盟以自身的价值规范整合欧洲大陆政治经济新秩序的重要途径。欧盟以扩大方式证明欧洲一体化在地理上的合法性，完成构建“大欧洲”的责任。

欧盟东扩是冷战结束以来中东欧国家加入欧洲一体化的进程，也是20世纪末最重要的一次欧洲大陆地区秩序的调整。20世纪90年代随着东西方冷战的结束，中东欧国家要求“回归欧洲”，纷纷提出加入欧共体的申请。“回归欧洲”除了明显的经济与安全利益考量之外，也体现了中东欧国家历史渊源、地理因素和心理需求的一种根本性的逻辑。转型和重构的中东欧国家尝试加入每一个重要的欧洲区域组织，通过与西欧建立更多的联系，获得更多的能力来抵御俄罗斯的威胁。与此同时，它们也通过加入北约组织建立与美国之间的联系来获得自身安全的双重保障。欧盟东扩某种程度也是配合美国为首的北约，在北约填补苏联解体带来的战略真空的同时，欧盟从经济层面帮助中东欧区域牢固树立西方价值观。

在当时的时代背景下，欧盟开始东扩进程也是历史赋予欧盟的责任。欧盟的东扩采取了审慎态度并采取严苛标准。欧共体与中东欧国家

① 参见 Official Journal of the European Union，C306，Volume 50，December 17，2007。本书引用的原文与译文均以此文本为准。参见欧共体官方出版局编：《欧洲联盟法典》第三卷，苏明忠译，北京：国际文化出版公司，2005年版。

签订《联系国协定》，并通过《法尔计划》和欧洲重建与发展银行向中东欧国家大规模转移资金，将中东欧国家拖入政治对话并为东扩奠定基础。欧洲理事会在1993年6月的哥本哈根高峰会上通过了新加盟国家应有的入会标准，即哥本哈根标准（Copenhagen Criteria）。[①] 它反映了一个加盟成员应该具备的经济和政治前题要件，囊括了欧盟的核心价值和规范。这一入盟标准是建立在回馈原则上的：如果候选国实施了欧盟所设置的规则，最终将获得成员国资格的回报。2000年11月8日欧盟委员会发表了《扩大战略文件》，明确了2002年年底完成和中东欧国家的入盟谈判，并从2003年开始吸收新的成员。

配合北约东扩，欧盟在短短十余年的时间内完成了对苏联空间的整合，这对于欧盟自身和东扩对象国也是互利的。在政治方面，由于欧盟对入盟国家的政治要求，促使申请国在民主和法制上向欧盟成员国看齐，因而在十几年内，这些国家完成了从冷战后的混乱状态到民主国家的转变。在经济方面，由于扩大的带动，1997年至2005年，新成员国的经济增长率平均达到3.75%，10个新成员国2005年的人均收入水平相当于老成员国的52%，欧盟的新老成员国形成了一个欧盟区域内的新的劳动分工体系，并且通过这个体系的发展增加了欧盟对外的整体竞争力。在战略方面，经过欧盟2004年、2007年和2013年的三次东扩后，中欧东部、巴尔干半岛的东部和西北部被纳入欧盟版图，原东欧国家回归欧洲的梦想得以实现。欧盟基本接管了冷战时期苏联的势力范围后，开始谋求对欧洲事务的主导权。

2004年以来大规模东扩进程结束后，欧盟面临一个不稳定的弧形包围，这个弧形从白俄罗斯沿着乌克兰、摩尔多瓦、高加索、西巴尔干、中东一直延伸到北非。欧盟所面临的主要任务之一就是要培育和构造与仍然停留在欧盟大门之外的欧洲国家的关系。欧盟要把这些邻国分为两类以区别对待：一方面是要改变作为欧盟东南屏障的西巴尔干国家

---

① "Schlussfolgerung des Europäischen Rates in Kopenhagen; Anlage II: Zusammenarbeit mit den assoziierten Länder mit Blick auf die spätere Mitgliedschaft" in Weidenfeld, Werner (ed.), *Jahrbuch der Europäischen Integration* 1993/94, Bonn: Europa Union Verlag, 1994, pp. 427 – 430.

不稳定和落后现状并促使其最终融入欧盟。欧盟通过签署《稳定与联系协议》、提供财政援助、推行贸易优惠政策、建立“欧洲伙伴关系”等方式促进西巴尔干国家的发展；另一方面是避免在扩大的欧盟和其欧洲邻国之间出现新的分界线，在不承诺入盟的情况下，向周边国家提供一个比合作伙伴关系密切但低于欧盟成员国待遇的合作机制，就成为了欧盟的当务之急。基于这一考虑，欧盟2004年以创造一个“繁荣和睦邻友好”的周边区域为目标推出了“欧盟邻国政策”。该政策当时涵盖欧盟东部和南部邻国共16个国家，2008年后细化为欧盟“东部伙伴关系”计划与欧盟地中海联盟政策。“欧盟邻国政策”一直把向欧盟周边国家推广欧盟价值观放在首位。欧盟认为通过推广价值观促使邻国转型就是促进稳定，就可以创造一个“繁荣和睦邻友好”的周边区域。随着欧盟周边势力范围的不断扩大，其周边随时面临的国内或地区冲突外溢对欧盟的安全和稳定构成了威胁。欧盟外交政策的重心回到了其周边地区并将邻国政策细化为欧盟东部伙伴关系政策与欧盟地中海联盟政策。

自2007年罗马尼亚和保加利亚入盟后，边界的进一步向东和东南方向延伸使欧盟意识到了与独联体伙伴国建立更紧密关系的重要性。2008年8月的俄格冲突和2009年年初的俄乌天然气之争更加强了欧盟巩固周边安全的决心。乌克兰、格鲁吉亚等东部邻国在政治和经济上都存在严重危机，欧盟希望帮助这些国家应对内部挑战，在经济和政治上进一步向欧盟靠拢。出于上述地缘政治与经济的考虑，2009年欧盟将原有邻国政策的东部面向提升为针对6个东部邻国的“东部伙伴关系”计划（Eastern Partnership，EaP）。该计划仍然涵盖乌克兰、摩尔多瓦、白俄罗斯这3个独联体国家和亚美尼亚、阿塞拜疆和格鲁吉亚这3个南高加索国家。欧盟与对象国签署的《东部伙伴关系宣言》以“民主”“经济”“安全”为关键词。[①] 这被认为是“欧洲邻国政策”基础上的“深化和加强版”。在欧盟层面，“东部伙伴关系”计划强调共同利益和

① “Joint Declaration of the Prague Eastern Partnership Summit,” European Commission, May 7, 2009, http://europa.eu/rapid/press-release_PRES-09-78_en.htm.

共同价值观，没有明确赋予目标国家最终的入盟前景。欧盟试图在其东部边界之外，建立一个稳定、繁荣的地区，更大程度地促进经济一体化和人员流动性，在维护地区安全与解决冲突时拥有更多渠道并能开展多边合作。

在欧盟看来，该计划实施十年以来，已在欧盟原睦邻政策的基础上构筑了欧盟与东部邻国双边和多边合作的完整框架，伙伴国与欧盟签署联系国协定是其中重要一环。在双边层面签署“联系协定”（Association Agreements）以取代1994年签署的“伙伴关系与合作协定”，作为规范双边关系的新的基础性文件。联系协定中最有价值的经济部分，即深入和全面的自由贸易协定：其目标是减少关税壁垒，按照欧盟标准和欧盟既有法规与伙伴国就贸易有关的法律取得一致，建立双边自由贸易区以期建立一个深入和广泛的经济共同体。截止到2017年，乌克兰、格鲁吉亚和摩尔多瓦三国已经完成联系国协定和深入和全面的自由贸易协定，并进入免签证制度。2017年乌克兰政府通过了落实乌欧联系国协定计划，从内部程序和机制建设方面确保了乌克兰同欧洲一体化政策的不可逆转性。这虽然满足了乌克兰亲欧人士的意愿，但可能给未来的乌俄、欧俄关系带来深远的冲击。

究其本质，“东部伙伴关系”计划是欧盟东扩思维的延续，仍然是欧盟期望中的从政治、经济、社会等领域逐一对6个东部邻国按欧盟规范进行改造的漫长进程。在政策层面上，欧盟将与这些国家建立自由贸易区，让东部邻国进入欧盟单一市场。该计划为东部国家公民进入欧盟提供签证便利，加强能源合作，提高财政援助，推动欧盟与东部邻国就安全与防务问题进行磋商，鼓励这些邻国相互开展合作，拉近欧盟同其东部邻国的政治关系并以此带动后者内外政策的变化。在战略层面上，“东部伙伴关系”计划是一项重要的地缘政治举措，标志着欧盟对独联体政策的新发展。欧盟意在确保其东部边界的稳定、安全与繁荣，同时加强能源供应安全，扩大在独联体地区的影响力，促使独联体伙伴国从中立的立场转向疏俄亲欧，进而实现挤压俄罗斯利益空间的目的。①

第二节　欧盟外部治理的困境

俄罗斯对欧盟东扩和北约东扩采取区别态度，在某种意义上，俄罗斯默许了欧盟东扩的合法性，而对北约东扩极为排斥。叶利钦时代结束了俄罗斯对美"一边倒"政策的导火索就是北约东扩，20 世纪 90 年代，解体、衰退令俄罗斯经历了真正的休克，国力不可避免地全面衰弱。② 在此情势下，叶利钦仍然极力反对北约东扩，其目的不仅在阻止北约这个历史上敌对的军事集团靠近自己家门，也要阻止其垄断欧洲大陆的安全事务，削弱俄罗斯在欧洲事务中的发言权和决策权。尽管明确表示反对北约东扩，俄罗斯还和北约在 1997 年通过成立北约—俄罗斯联合常设理事会（NATO-Russia Permanent Joint Council）建立了工作接触和磋商机制，以便在维护自身利益的同时总体上也与西方保持合作关系。但是迫于需要西方经济援助的压力，俄罗斯在北约东扩的问题上不

① 关于欧盟与俄罗斯安全空间问题的探讨，如 Dr Derek Averre，"Russia and theEuropean Union：Convergence or Divergence?" *European Security*，Vol. 14，No. 2，2005，pp. 175 – 202；Joan De Bardeleben，eds.，The Boundaries of EU Enlargement：Finding a Place for Neighbours，Palgrave Macmillan，2008；Judith Kelley，"New Wine in Old Wineskins：Promoting Political Reforms through the NewEuropean Neighbourhood Policy，" *Journal of Common Market Studies*，Vol. 44，No. 1，2006，pp. 29 – 55；Roger E. Kanet，Maria Raquel Freire，eds.，Competing for Influence：The EU and Russia in Post-Soviet Eurasia，2012；Dimitrovova Bohdana，"Imperial Re-bordering of Europe：The Case of the European Neighbourhood Policy，" *Cambridge Review of International Affairs*，Vol. 25，No. 2，2012，pp. 249 – 267；Licínia Simão，Rémi Piet，eds.，Security in Shared Neighbourhoods：Foreign Policy of Russia，Turkey and the EU，Palgrave Macmillan，2016；Tom Casier，"From Logic of Competition to Conflict：Understanding the Dynamics of EU-Russia Relations，" Contemporary Politics，22，2016，pp. 376 – 394；Tom Casier，Jone De Bardeleben，eds.，EU-Russia Relations in Crisis：Understanding Diverging Perceptions，Routledge，2017，pp. 11 – 30；Licínia Simão，The EU's Neighbourhood Policy towards the South Caucasus：Expanding the European Security Community，Palgrave Macmillan，2018。

② ［俄］普京著：《普京文集（2012—2014）》，编委会编译，北京：世界知识出版社，2014 年版，第 9 页，

断做出妥协。普京的第一任期秉持“国家利益至上”的务实主义原则，但是也不断批评北约东扩威胁到了俄罗斯的安全和世界的稳定。① 在2002年北约开始第二轮东扩时，普京重申北约东扩是错误的，但是对北约东扩的反应较叶利钦时期相对冷静，俄罗斯不希望无谓的过激反应影响“9·11”事件后大为改善的俄美关系，也不希望影响和它与欧洲国家特别是欧盟国家日益紧密的经贸合作。

在20世纪90年代，俄欧双方在欧盟东扩，在建立统一大欧洲问题上展开了积极对话与合作。苏联解体后，俄罗斯开始了艰难的社会转型和经济转轨，在外交上也完全摒弃了苏联时期以意识形态为界划分敌我的基本原则。在经历了独立初期短暂的亲美外交后，俄罗斯回归现实，提出了欧美并重的对外战略构想，加之俄罗斯有很深的“欧洲情结”，当时俄罗斯将融入欧洲作为其发展的优先考虑之一，俄罗斯表示愿意参与欧洲一体化。1994年俄欧签署的《伙伴关系与合作协定》，在政治安全领域加深合作。1996年3月，俄罗斯加入欧洲委员会，这有利于俄罗斯与欧盟加强相互理解和沟通。而欧盟东扩就是双方政治对话中的一个主要话题，对此，俄罗斯的立场是，只要欧盟在东扩的过程中考虑到俄方利益，俄方原则上不反对欧盟东扩。而当时认为，欧盟作为欧洲经济一体化程度最高的国际组织，其拓展对象虽然是中东欧，只要处理得当，俄罗斯也能从中受益。②

最初，俄罗斯是“欧洲睦邻政策”的目标国之一，因为欧盟的很多东部成员国和俄罗斯接壤，俄罗斯是欧盟最大的邻国，但是俄罗斯拒绝了欧盟的邀请。俄罗斯一直认为自己是欧盟的关键伙伴国，它拒绝被欧盟划为普通的邻国，它认为“欧洲睦邻政策”不能显示欧盟对俄罗斯的重视。有学者认为俄罗斯不接受“欧洲睦邻政策”是因为欧盟在制定该政策的时候并没有和俄罗斯商量，俄罗斯认为这是一个不平等的政策。③ 欧盟与俄罗斯关系的法律基础是“伙伴关系与合作协议”，面

① ［俄］普京著：《普京文集（2012—2014）》，编委会编译，第102页，

② 郑羽主编：《俄罗斯东欧中亚的对外关系》，北京：中国社会科学出版社，第123页。

③ Vsevolod Samokhvalov, “Relations in the Russia-Ukraine-EU Triangle ‘Zero-sum Game or Not?’” European Union Institute for Security Studies, No. 68, September, 2007.

对俄罗斯对“欧洲睦邻政策”的不满，欧盟最终同意与俄罗斯在“伙伴关系与合作协议”的框架下，长期创建4个“共同空间”：即共同的经济和环境空间，共同的自由、安全和司法空间，共同的对外安全合作空间，共同的研究、教育和文化空间。①

2005年举行的莫斯科首脑峰会上，俄欧签署了关于建立俄欧4个统一空间“路线图”的一揽子文件，这标志着当时俄罗斯与欧盟着力推动没有分界线的统一欧洲的进程。但是该路线图也是双方妥协的结果，在规范性问题上，双方分歧仍然很大，俄罗斯承诺政治和经济自由的同时也强调自己的民主标准，这与欧盟强调的欧洲标准的要求相去甚远。这实质上是后威斯特伐利亚的国际规范与民族国家主权规范的角力。俄欧在构建欧洲安全新格局的目标上也不尽相同，欧盟希望建立既排斥美国也排斥俄罗斯的独立防务，而俄罗斯希望能主导欧洲安全新格局或者作为一个主要参与者。俄欧双方就构建统一欧洲进程的分歧也为2008年以来双方关系的转折埋下了伏笔。

与欧盟东扩所不同的是，“东部伙伴关系”计划使欧盟东进的触角拓展到了俄罗斯的“势力范围”内的独联体国家。中东欧和独联体国家在俄罗斯外交政策中的排序不同，独联体国家是俄罗斯外交战略的首要对象，也是它和西方最后的缓冲区。当俄罗斯看到欧盟不断挤压其生存空间时，必然有这样的反应。而欧盟对俄罗斯做出了错误的判断，低估了俄罗斯的战略意志。当欧盟强调“东部伙伴关系”计划的意识形态标准及其排他性的时候，俄罗斯还再三声明，欧亚联盟与欧盟的理念并无二致，两者可以兼容。对于欧盟而言，虽表面上也不排斥兼容，但是，显然是把“东部伙伴关系”计划和“关税同盟”直接对立起来，当事国只能做出二者择一的决定。②

不出意外，俄罗斯将“东部伙伴关系”计划视为一个严格的反俄

① European Union External Action, “EU relations with Russia,” http://eeas.europa.eu/russia/about/index_en.htm.

② 冯绍雷：《欧盟与俄罗斯：缘何从合作走向对立？——论围绕乌克兰“东—西”取向的三边博弈》，载《欧洲研究》，2015年第4期，第51页。

倡议，认为这是北约东扩的替代品①，俄罗斯自 2009 年“东部伙伴关系”计划出台以来，持续通过 3 个渠道对该计划施加压力。② 第一，通过与欧盟对话渠道，以直接或间接的声明抗议欧盟机构来影响“东部伙伴关系”计划的进展。第二，利用与欧盟国家的双边关系来制衡计划实施。一些欧洲国家不希望以更大的政治、经济及外交成本影响彼此关系的发展。例如，保加利亚支持俄罗斯主导的“南溪”计划。基于与俄罗斯更紧密的经济联系，德国也很难把东部伙伴国的利益置于与俄罗斯的关系之上。“东部伙伴关系”计划的主要推动国波兰也不愿因为竭力推动这一计划而与俄罗斯交恶，担心这样做将大大影响其在欧盟的话语权。③ 第三，基于文化和历史因素，俄罗斯对大多数东部伙伴国仍然有相当的影响力。俄罗斯宣称，这些国家很难推行西方的自由民主机制，支持白俄罗斯推行“主权民主或有管理的民主”。④ 此外，俄罗斯近年来大力推动“欧亚一体化”来实现原苏联空间的一体化。替代经济一体化的“关税同盟”（CU）和推进中的“欧亚联盟”（EuAsU）是“东部伙伴关系”计划的有力竞争者。白俄罗斯和亚美尼亚已经加入处于俄罗斯领导下的关税同盟，并签署了《欧亚经济联盟条约》。

2014 年年底爆发的乌克兰危机及欧俄之争给欧盟“东部伙伴关系”计划的前景蒙上更多阴影。俄罗斯对乌克兰倒向欧盟一方反应强烈。乌克兰危机效应外溢并持续发酵也是俄罗斯决心展示硬实力的体现。尤其在克里米亚和塞瓦斯托波尔“公投”宣布加入俄罗斯后，进一步导致

---

① Julia Langbein, “Transationalization and Regulatory change in the Transnationalization and Regulatory Change in the EU's Eastern Neighbourhood: Ukraine between Brussels and Moscow,” *Public Administration*, Vol. 10, 2016, p. 52.

② Andras Racz, “Russian Approaches to the ‘Common Neighbourhood’: Change or Preservation of the Status Quo?” SPES Policy Papers, November, 2010, http://iep-berlin.de/wp-content/uploads/2014/08/SPES_ Policy_ Papers_ 2010_ Andras_ Racz.pdf.

③ Paweł Dariusz Wiśniewski, “Poland's Strategy for Dealing with Russia's Human Rights Record,” Carnegie Moscow Center, March 1, 2013, http://carnegie.ru/2013/03/01/poland-s-strategy-for-dealing-with-russia-s-human-rights-record/fn0t.

④ Michael McFaul and Regine A. Spector, “External Sources and Consequences of Russia's ‘Sovereign Democracy,’” in Peter Burnell and Richard Youngs, eds, New Challenges to Democratization, New York: Routledge, 2010, pp. 126 – 128.

乌俄关系雪上加霜。为何乌克兰危机是俄罗斯对欧盟东进态度的转折点？实际上，俄罗斯与格鲁吉亚战争就是危险的前奏，普京在2013年就乌克兰加入欧盟的关税同盟已经发出了警告，他说得很清楚：在文化上，乌克兰是独立的国家与俄罗斯是同一个民族，乌克兰是大俄罗斯世界的一部分；在经济上，如果乌克兰加入俄罗斯主导的关税同盟，是乌克兰和俄罗斯双赢的局面。但如果选择欧洲一体化，乌克兰产品冲击俄罗斯市场时，俄罗斯将采取防御手段捍卫自己的市场。①

围绕乌克兰签署《联系国协定》引发的欧俄持续博弈说明，“东部伙伴关系”计划有战略冒进嫌疑，没有深入考虑俄罗斯对该地区的影响力。事实上，欧盟东进实现“大欧洲”目标离不开与俄罗斯的合作，欧盟当时为了不再进一步触怒俄罗斯，部分推迟履行乌欧《联系国协定》至2016年。在争取乌克兰的全面和平进程中，欧盟强调在调解乌克兰危机三方联络小组（乌克兰—俄罗斯—欧安组织）明斯克会议框架下共同解决乌克兰危机，不承认俄罗斯“吞并”克里米亚和塞瓦斯托波尔。2015年2月，乌克兰、俄罗斯、德国和法国领导人签署了新明斯克协议并确认各方继续履行承诺。但俄罗斯主导的欧亚联盟与欧盟东扩战略围绕乌克兰的地缘争夺在未来相当长的时间内还将持续。但爆发全面战争的可能性极小，极可能演变为一个长期的间歇性地区冲突，并随着时间推移淡出公众视线。

乌克兰危机的实质是乌克兰坚持实行“亲西疏俄”路线和德俄争夺相互交织而引发的一场区域性地缘政治动荡，根本原因是反映了两个经济联盟——业已成熟且影响力巨大的欧洲联盟和正在成型但影响力有限的欧亚联盟——为贸易自由和贸易保护而展开的激烈博弈。从经济角度考虑，“东部伙伴关系”计划要求与欧盟经济—法律空间实行一体化，而这六国中有四国是独联体自由贸易区的伙伴国，欧亚经济联盟的基础是关税同盟，核心是共同关税区。欧盟内的商品和服务可以通过这一渠道进入俄罗斯市场，俄罗斯将欧盟在该地区推进的“深入和全面的

① ［俄］普京：《普京文集（2012—2014）》，编委会编译，第447页。

自由贸易协定”视为对其经济安全的威胁。换言之，欧亚经济联盟的关税同盟与欧盟推进的“深入和全面的自由贸易协定”（DCFTAs）互不兼容源于两种一体化倡议的制度设计。受到西方制裁的俄罗斯采取了针对性的反制裁措施，俄欧之间密切的贸易关系受损，俄罗斯重新寻找替代性的贸易和投资伙伴，长远看势必会对美欧主导的全球经济秩序造成冲击。

从安全角度考虑，乌克兰危机正是对后里斯本时代欧盟共同外交及安全政策（CSFP）的一次测试，虽然欧盟不仅在成员国范围内，也与东部伙伴国继续在共同安全与防务政策领域加强合作，但是各国的国家利益高于欧盟整体利益是欧盟对外政策的致命弱点。德国、英国、法国以及意大利等国都因经济利益反对与俄罗斯交恶。俄欧关系的恶化也会影响俄罗斯在一些急迫的非传统安全问题上与欧盟的合作。近几年来，欧盟重启欧洲防务一体化也主要是针对非传统安全问题。2017 年欧盟 25 个成员国签署防务领域“永久结构性合作”联合协议，在此框架下初步开展 17 个防务合作项目，大多是在网络安全、后勤支持、救灾和战略指挥等方面。而在解决周边传统安全问题上效果有限。2018 年 11 月俄罗斯与乌克兰在刻赤海峡爆发的冲突也充分说明了欧盟在与俄罗斯就乌克兰危机上的角力上相对被动。

蕴含欧盟“欧洲化”理念的“东部伙伴关系”计划主要满足欧盟对周边的期待，而不考虑对俄罗斯造成的战略压力，因而“东部伙伴关系”计划并没有给欧洲带来安全和稳定。一方面欧盟高度依赖俄罗斯能源，另一方面欧盟推动的又不是真正包容俄罗斯的周边外交战略。欧盟应与俄罗斯基本达成协议，并将俄罗斯视为这一政策的重要合作方。但这又是一个悖论，“东部伙伴关系”计划中蕴含着欧盟的规范性原则，促进这些东部邻国走向欧盟期望的欧洲经济一体化轨道是这一政策工具的重要目标，乌克兰朝着这个方向努力势必动摇俄罗斯对其影响力。欧盟迫使乌克兰在自己与俄罗斯之间做出选择，乌克兰已经签署联系国协定，把加入欧盟作为长期目标。因而，欧盟与俄罗斯关系的前景是黯淡的，这些行动者之间的合作将是困难的。尽管如此，欧盟没有其他更好的政策选择。在推进欧盟机制建设和克服成员国分歧的愿景下，欧盟仍将“东部伙伴关系”计划作为稳定其东部边界的一个重要环节而持续推进。

第三节　欧盟外部治理的调整

欧盟目前的对外战略重心重新回到大周边地区。从范围上看已将传统的东南两翼为重点的周边战略拓展为自西亚北非经中东延伸至俄罗斯、中亚的大周边来统筹经营。虽然面临俄罗斯的战略挑战，欧盟仍然坚持维护周边安全的重要性，强调通过金钱、市场和流动性，塑造周边国家对欧盟倾向性的既定宗旨。秉持这一宗旨，2016 年 6 月发布的《欧盟外交与安全政策的全球战略》（简称《全球战略》）报告指出，欧盟地缘政治环境全面退化，更广泛的近邻地区变得更加不稳定和不安全。欧盟外交重心将回到周边。① 欧盟对外行动署也在同年发布了新的欧盟邻国政策文件，对周边邻国的外交政策进行 10 年来第一次大调整。在文件中，欧盟表示其周边战略核心之一是改善域内国家的治理能力，促进改革与民主，增强相关国家韧性。此前，欧盟因债务危机内顾而错失了引导西亚北非局势发展的良机，致使欧盟吸引力下降，“阿拉伯之春”演变为“阿拉伯之冬”。而近期乌克兰与摩尔多瓦的局势发展说明部分东部邻国的国家脆弱性和市民阶层、媒体等求变心态迫切。欧盟利用其内部市场和人员流动性的吸引力和规制力，与周边国家执政阶层加大政治接触，促进周边区域国家的经济改善和治理改革。② 欧盟扩大与

① The European External Action Service, “Shared Vision, Common Action: A Stronger Europe—A Global Strategy for the European Union's Foreign and Security Policy,” http://eeas. europa. eu/top_ stories/pdf/ eugs_ review_ web. pdf.

② Giovanni Grevi and Daniel Keohane eds. Challenges for European Foreign Policy in 2014The EU's extended neighbourhood, http://fride. org/download/Challenges_ for_ European_ Foreign_ Policy_ in_ 2014. pdf, p. 12.

睦邻政策委员菲莱甚至呼吁在推行东部伙伴关系上展示更大决心和力量，赋予乌克兰、格鲁吉亚和摩尔多瓦入盟前景。①

在扩大进程方面，新的欧盟战略报告再次承诺了欧盟对于巴尔干地区的责任。欧盟希望同巴尔干6国（阿尔巴尼亚、波黑、科索沃、马其顿、黑山、塞尔维亚）开启区域性共同市场谈判。由于连续多年的经济危机问题、高失业率、疑欧派和欧元民粹党派等因素影响，欧盟希望扩大实施从严从缓战略，欧盟除了增加入盟条件外，在对部分国家如黑山和马其顿等入盟谈判不再从最容易的部分开始，而是让这些国家始终面临人权、自由、法治和腐败等最大问题开始，直至达到欧盟标准。

比起入盟资格，欧盟联系国资格并不能保证周边国家稳定、民主和欧洲化的效果。欧盟扩大十年以来，没有一个与欧盟接壤的国家在和欧盟签订《联系国协定》却没有成为欧盟成员国前景的情况下，被视为欧盟稳定、民主和可靠的政治盟友与经济合作伙伴。② 16个邻国政策对象国只有少数的国家想效仿欧盟国家或者对欧盟的软实力持正面看法，周边国家采取更加务实的态度看待欧盟，东部的邻国更乐于在欧盟和俄罗斯之间寻求平衡。虽然欧盟不愿意承认这一点，但是欧盟周边外交的3个动向也说明了欧盟对周边外交从价值观外交向务实外交的转向：

第一，稳定期待取代转型期待。2004年来的欧盟邻国政策一直把向欧盟周边国家推广欧盟价值观放在首位。欧盟认为通过推广价值观促使邻国转型就是促进稳定，就可以创造一个“繁荣和睦邻友好”的周边区域。但时至今日，16个邻国政策对象国只有少数的国家想效仿欧盟国家，可见该政策的失败。为吸取教训，新的邻国政策终于把欧盟与邻国的自由贸易与价值观念趋同二者脱钩。新政策基于欧盟对自己利益的关注，强调的是周边区域的稳定与安全，能源供应、经济发展、创造就业机会，重点是处理难民危机。欧盟的关注力从促进周边国家的政治

① “EU commissioner supports Ukraine's accession,” http://www.dw.de/eu-commissioner-supports-ukraines-accession/a-17673773.

② Ulrich sedelmeier, “Anchoring democracy from above? The European Union and democratic backsliding in Hungary and Romania after accession,” *Journal of Common Market Studies*, Vol. 52, No. 1, 2013, pp. 105-121.

改革转向传统的地缘政治的安全考量。更注重在能源安全、非法移民和跨国犯罪等方面加强跨界管理。欧盟外部治理力图将重点放在欧盟扩大了的跨边境治理范围上。① 同时落实已经签署的《联系国协定》和深入和全面的自贸协定。向伙伴国提供坚定的政治支持和技术及经济援助，应对地区局势发展。

第二，由进攻政策转为防御政策。建立稳定、安全和繁荣的“周边友邦圈”是欧盟邻国政策最初的设想。欧盟利用其内部市场和人员流动性的吸引力和规制力，与周边国家执政阶层通过政治接触，促进周边区域国家的治理改革。欧盟深知进一步的扩大战略不再可行，迫于欧盟内部对扩大政策的强烈反对之声，欧盟只得在战术上非攻即守，在现有的27个成员国内进一步推进深化，同时在周边地区从大幅跃进到小幅度试探。② 同时伴随欧盟对扩员进度的掌控和成本意志的增强，新政策在对待改善周边国家的治理能力的态度上消极。2014年，欧盟与乌克兰、格鲁吉亚和摩尔多瓦签署《联系国协定》，进一步巩固了与东部部分伙伴关系的联系，但是欧盟不仅没有对渴望融入欧洲一体化的乌克兰、格鲁吉亚、摩尔多瓦、突尼斯及摩洛哥等邻国提供新的入盟承诺，还削减了对周边国家新一轮的发展援助，新政策强调更加灵活处理各个邻国之间的差异，恪守“差异化”原则，特别是欧盟要对那些建立更密切的联系不感兴趣的邻国采取务实合作。在与签署联系国协定的伙伴加强合作的同时，欧盟仍将与亚美尼亚、阿塞拜疆和白俄罗斯推进双边关系。

第三，欧盟不敢正面应对地缘政治的挑战，尤其不愿进一步恶化对俄罗斯关系。欧盟继续与俄罗斯进行对话，向俄罗斯表明欧盟与伙伴国提升关系并不以牺牲俄罗斯利益为代价，寻找双方利益共同点。东部乌克兰危机的持续效应使欧盟东进的大欧洲计划停滞，只能与东部邻国暂时加强经济一体化层面的合作。在应对南部危机方面，叙利亚问题造成

① Tanja A. Börzel and Vera van Hüllen, “One voice, one message, but conflicting goals: cohesiveness and consistency in the European Neighbourhood Policy,” *Journal of European Public Policy*, Vol. 21, Issue 7, 2014, pp. 1033 – 1049.

② Gergana Noutcheva, Institutional Governance of European Neighbourhood Policy in the Wake of the Arab Spring, *Journal of European Integration*, Vol. 37, Issue 1, 2015, p. 19.

的难民危机使得欧洲国家通过共同边境管控等措施来限制难民的流入，筑好“外墙”。但欧盟对消除难民潮和恐怖主义的来源应对消极，在影响西亚北非地区局势和打击“伊斯兰国”的军事行动方面跟从美国；不愿意考虑那些迫切需要的战略倡议，也不愿提供真正的政治领导力。在处理东部危机上，尽管目前欧盟与俄罗斯修复关系前景不明，其对俄罗斯的制裁措施仍在持续，但欧盟内部民粹主义政党的崛起也对欧盟继续对俄罗斯制裁带来了变数。欧盟总体上相信，尽力拉俄罗斯参加乌克兰问题的降温、和解，危机平稳落地才有更大机会。

在理论上欧盟外部治理在不同部门层面上都以欧盟规范性为目标，借此推广民主治理的规范。欧盟将自身视为一个强有力的地区性行为体和作为一种规范性力量，甚至可以认为欧盟从成立之初就怀有将其规范和价值超越边界，推广欧盟的成功经验，超越地区性力量，对欧盟周边进行整合进而达到外部区域“欧洲化”的使命感。在实践中欧盟外部治理的重要特点是努力加强其周边地区的政治稳定和经济发展，积极预防冲突。因而欧盟不断对外输出一体化模式的规范和原则。[①] 欧盟扩大带来安全，同时也对一体化的深化带来消极影响，包括农业市场在结构基金方面支出的增加，以及在渔业政策上做出的强制性调整都让部分老成员国感到不满。过于广泛的扩大可以证明地理上的合法性，但是严重损害了欧盟在外部治理和全球经济和政治体系中作为一个区域和全球角色的行动力的效率和成效。这一无法解决的悖论促使欧盟将周边外交的重心从扩大转向睦邻政策，给予邻国“比成员国少但比伙伴国多的”待遇。[②]

国际行为体都希望构建自己的政治、安全、经济、文化区域与领域空间。欧盟视野下的“大欧洲”边界迄今没有被明确限定，扩大可以证明地理上的合法性，但是也损害了欧盟在全球经济和政治体系中作为

① ［比利时］尤利·德沃伊斯特、门镜著，门镜译：《欧洲一体化进程——欧盟的决策和对外关系》，北京：中国人民大学出版社，2007 年版，第 91 页。

② Kristi Raik, The EU as a Regional Power: Extended Governance and Historical Responsibility in Hartmut Mayer and Henri Vogt, eds, A Responsible Europe? *Ethical Foundations of EU External Affairs*, 2006, p. 77.

一个区域和全球角色的行动力的效率和成效。欧盟完成构建“大欧洲”的责任会不断经受挑战，一方面，促进欧陆稳定的扩大政策在政治、财政、社会和文化意义在欧洲建设的历史上是没有先例的，东扩以来，欧盟没有根本上消除新入盟地区及周边存在的固有问题，而是通过扩大将对外政策问题转换为欧盟内部问题，欧盟现在仍然在消化近几轮大规模扩大的结果，所以 2017 年欧盟峰会重新签署《罗马宣言》时特别强调各国要团结一致。如果西巴尔干国家实现了加入欧盟的愿望，那么欧盟就如同 19 世纪的哈布斯堡王朝那样，将欧洲三种文化交汇的地区统一起来。这样欧盟就可以扩大自身的战略回旋空间，在世贸组织和其他相关国际贸易机构里扮演更加重要的角色，以增强在国际舞台上的影响力。同时，欧盟可以建立更加完整的共同安全和防务，增强快速反应和远距离军事投放能力。这同样强化了与欧洲睦邻政策对象国的联系。

另一方面，如果欧盟不能处理好扩大进程与周边睦邻的关系，那就会失去其合法性。欧盟目前的努力是在传统的防御体制和合作安全之间的尝试。[①] 超越欧盟边界的外部治理的主要目标是促进欧盟的价值观在周边的推广，但是现在在欧盟与睦邻政策周边国家之间建立了一种不平等非对称性的关系。这种关系限制了周边国家的民主和自我决定。迄今为止，成员国前景仍然是欧盟最为有效的外部治理工具，也是那些愿意接受欧盟一整套规范的终极的动力，但是睦邻政策没有提供这样一种动力，虽然其效仿了扩大政策中曾经获得成功的方式与工具，并没有能燃起欧盟各周边国家想要被纳入欧盟体系内的期望。

欧盟对该地区继续推进外部治理的影响因素一方面在于欧盟与俄罗斯关系的发展。欧盟与俄罗斯的战略伙伴关系仍然缺乏包括能源战略、经济合作、政治对话之间的平衡机制。欧盟与俄罗斯的三大角力还将持续：一是文明的角力：世俗化的基督教文明与泛斯拉夫正统主义角力；二是规范的角力：后威斯特伐利亚的国际规范与民族国家主权规范的角

① Michael Leigh, “A New Strategy for Europe's Neighborhood,” September 1, 2014, http: //www. gmfus. org/wp-content/blogs. dir/1/files _ mf/1409689683Leigh _ NewStrategyforNeighborhood_ Aug14. pdf.

力；三是区域经济一体化模式的角力：欧盟代表的欧洲经济区域与俄罗斯主导的欧亚经济联盟的角力。而泛斯拉夫主义的正统主义和民族主义在巴尔干和苏联地区复兴，会增加这些地区的不稳定，甚至是文明冲突的图景。

欧盟对该地区继续推进外部治理的影响因素另一方面在于欧盟规范的韧性转向是否能促进对象国进一步改革的意愿。目前的反思是，欧盟规范的韧性转向是以一种更加务实的方式向邻国推行欧盟的政治经济规范，以应对危机和维护欧盟安全。韧性讨论也可以为欧盟外部治理带来更多合法性，在这一概念中，强调外部干预先于地方能动性。虽然韧性侧重个体应对逆境的内部能力，但更加重视外部干预以帮助做出更具韧性的反应。换言之，欧盟的假设是东部伙伴关系对象国只有服从外部治理，才能发展韧性，而服从欧盟外部治理有助于内部获得知识和资源，帮助其恢复和转型，从而降低未来的风险。因此，欧盟外部治理的韧性转向"甚至可能允许霸权观念和话语不断延续下去"，从而在与邻国的主客体关系中嵌入并保持权力的不对称性。这无疑为后续对欧盟规范的韧性转向提供了新的思路，如"什么需要保持韧性、为谁保持韧性"，以及"如何推进关于政治主体性、根本性变革或替代性民主模式的讨论"，这些内容目前在韧性理论文献中仍然是模糊的。① 欧盟外部治理的规范性转向仍然是"旧瓶装新酒"。

欧盟的规范性韧性转向表明欧盟放弃了对邻国民主化的直接干预，呼吁建立国家和社会的韧性，将责任转移至合作伙伴，官方言辞中提出加强伙伴国所有权和韧性来使外部干预合法化。韧性转向不过是欧盟传统外部治理模式的再包装，并未实现根本性的变革。一方面，韧性、地方所有权等概念并不会自动转化为诸如国家能力建设和减贫战略之类的实践。欧盟认为外部治理可以帮助弱势群体发展其技术和行政能力，但真正目的是作为约束对象国国家及其政府的一种手段。将促进政策对象

① Maureen Biermann, Kevin Hillmer-Pegram, Corrine Noel Knapp & Richard E. Hum, "Approaching a Critical Turn? A Content Analysis of the Politics of Resilience in Key Bodies of Resilience Literature", *Resilience: International Policies, Practices and Discourses*, Vol. 4, Issue 2, 2016, pp. 59 – 78.

国的韧性作为干预目标，主要关注点是制度改革和监督，使它们能够为全球资本利益而改革其机构，以消除开放市场的障碍。[①] 另一方面，通过促进对象国恢复韧性，将其作为一个自我组织的系统，这种外部治理模式经常陷入“全球化”和新自由主义的思维，牺牲了“本地化”的利益，与“本地化”脱节。欧盟推动东部伙伴对象国增加韧性的主要目的是有针对性地在各个民生领域接触各国，并逐步深入到经济和政治领域，建立欧盟的规则和标准。在某种程度上，韧性思维已经融入欧盟的安全优先事项，而不是邻国的真实需求，也不能应对俄罗斯带来的外部压力。欧盟在东部伙伴对象国构建的是新自由主义外部治理形式的韧性，而不是赋予当地真正的权力，并以其对融入欧洲一体化的愿景的理解作为合作议程的基础。[②]

第四节　欧盟外部治理的启示

2016 年欧盟在新的安全战略报告中指出欧盟外交重心放在周边，中国也同样重视周边外交，2014 年 11 月召开的中央外事工作会议进一步确立周边外交的优先地位。提出要抓好周边外交工作，打造周边命运共同体，秉持亲诚惠容的周边外交理念，坚持与邻为善、以邻为伴，坚持睦邻、安邻、富邻，深化同周边国家的互利合作和互联互通。欧盟的外部治理的理论对中国的启示意义体现在以下 4 个方面。

第一，周边外交工作中需积极进行自身的价值观塑造并争取邻国的认同。自 20 世纪 90 年代以来，欧盟将自身视为一个强有力的地区性行为体和作为一种规范性力量，甚至可以认为欧盟从成立之初就怀有将其规范和价值超越边界，推广欧盟的成功经验，超越地区性力量，对欧盟

---

① John Joseph, “Resilience as Embedded Neoliberalism: a Governmentality Approach,” *Resilience*, Vol. 1, No. 1, 2013, pp. 38 – 52.

② Elena A. Korosteleva, “Reclaiming Resilience Back: A Local Turn in EU External Governance”, *Contemporary Security Policy*, 2019, pp. 1 – 22.

周边进行整合进而达到外部区域“欧洲化”的使命感。欧盟价值观输出的使命感体现在其外部治理中就是对于半内部国家的扩大政策以及半外部国家的睦邻政策。中国也致力于塑造与周边国家的共同价值，中国国家主席习近平多次明确提出构建“人类命运共同体”的主张。从国与国的命运共同体，到区域内的命运共同体，再到人类命运共同体，习近平主席一次次向世界传递了对人类文明走向的中国判断。这一主张表达了中国追求和平发展的愿望，成为中国外交的崇高目标和对外行动原则。人类命运共同体的主旨在于，在追求本国利益时兼顾他国合理关切，在谋求本国发展中促进各国共同发展。具体到周边国家，我们致力于“让共同体意识在周边国家落地生根”，并切实推动建立中国—东盟命运共同体、亚洲命运共同体。①

第二，对周边国家战略目标的制定需采取务实合作态度。2004 年以来的欧盟邻国政策一直把向欧盟周边国家推广欧盟价值观放在首位。欧盟认为通过推广价值观促使邻国转型就是促进稳定，就可以创造一个“繁荣和睦邻友好”的周边区域。但时至今日，16 个邻国政策对象国只有少数的国家想效仿欧盟国家，可见该政策的失败。为吸取教训，新的邻国政策终于把欧盟与邻国的自由贸易与价值观念趋同二者脱钩。新政策基于欧盟对自己利益和周边国家利益结合点的关注，强调的是周边区域的稳定与安全、能源供应、经济发展、创造就业机会，重点是处理难民危机。新政策强调更加灵活处理各个邻国之间的差异，特别是欧盟要对那些对建立更密切的联系不感兴趣的邻国采取务实合作。比较而言，中国周边外交的战略目标也是考虑到自身利益和周边国家的共同利益的，即服从和服务于实现“两个一百年”奋斗目标、实现中华民族伟大复兴，全面发展同周边国家的关系，巩固睦邻友好，深化互利合作，维护和用好我国发展的重要战略机遇期，维护国家主权、安全、发展利益，努力使周边国家同我国政治关系更加友好、经济纽带更加牢固、安全合作更加深化、人文联系更加紧密。

---

① 曾伟：《习近平外交新战略“命运共同体”助推国际格局新秩序》，人民网，2014 年 7 月 23 日，http：//politics. people. com. cn/n/2014/0723/c1001 –25328439. html。

第三，采取切实有效的周边外交方针，建立稳定、安全和繁荣的“周边友邦圈”是欧盟邻国政策最初的设想。欧盟利用其内部市场和人员流动性的吸引力和规制力，与周边国家执政阶层通过政治接触，促进周边区域国家的治理改革。但伴随欧盟对扩员进度的掌控和成本意志的增强，新政策在对待改善周边国家的治理能力的态度上相当消极，欧盟不仅没有对渴望融入欧洲一体化的乌克兰、格鲁吉亚、摩尔多瓦、突尼斯及摩洛哥等邻国提供新的入盟承诺，还削减了对周边国家新一轮的发展援助。中国周边外交的战略方针，即坚持“与邻为善、以邻为伴”，坚持“睦邻、安邻、富邻”，突出体现“亲、诚、惠、容”的理念，具体包括：“亲”即坚持睦邻友好，守望相助；讲平等、重感情；常见面，多走动；多做得人心、暖人心的事，使周边国家对我们更友善、更亲近、更认同、更支持，增强亲和力、感召力、影响力。“诚”即诚心诚意对待周边国家，争取更多朋友和伙伴。“惠”即本着互惠互利的原则同周边国家开展合作，编织更紧密的共同利益网络，把双方利益融合提升到更高水平，让周边国家得益于我国发展，使我国也从周边国家共同发展中获得裨益和助力。“容”即倡导包容的思想，强调亚太之大容得下大家共同发展，以更开放的胸襟和更积极的态度促进地区合作。①

第四，切实推进多层次治理的周边外交布局：欧盟外部治理的模式更多地依赖互动的网络方式，而非扩大时采用的科层制政策输出的方式。外部治理较少关注欧盟既有法规的输出，而是更多关注提升相近的欧盟规范和惯例，至少在与欧洲睦邻政策国家的关系上是这样的。欧盟强调与周边国家的战略沟通，包括全方位参与公共外交，使外交政策贴近民众，便于与伙伴国沟通，提高传播自身原则与行动的一致性和速率。换言之，欧盟周边外交中已经从科层制治理转向网络化治理方式。包括政府到政府，政府到民众，民众到民众三个方面。中国的周边外交推行“三管齐下”的战略布局：经济上“要着力深化互利共赢格局”；安全上“要着力推进区域安全合作”；文化上“要着力加强对周边国家

① 陈向阳：《习近平以周边外交战略思想主动塑造周边新秩序》，中国网，2016 年 1 月 12 日，http://news.china.com.cn/world/2016-01/12/content_37554548.htm。

的宣传工作、公共外交、民间外交、人文交流，巩固和扩大我国同周边国家关系长远发展的社会和民意基础”。

虽然欧盟外部治理的理论不断丰富与发展，但是欧盟外部治理的实践并不成熟。欧洲睦邻政策推行十年以来，并未能避免欧盟周边三大安全危机的爆发：东部区域爆发的乌克兰危机；叙利亚内战和“伊斯兰国”组织在叙利亚和伊拉克的持续的恐怖活动；而中东、北非多国局势引发持续动荡，由此带来的难民潮、有组织犯罪、非法移民等深深困扰着欧盟。从 2013 年开始，欧盟周边政策出现了两个显著变化：其一是对周边国家来说，他们采取更加务实的态度看待欧盟，东部的邻国更乐于在欧盟和俄罗斯之间寻求平衡，包括乌克兰在内虽然与欧盟签署了联系国协定但并未启动退出独联体进程。南部的邻国将更注重如何进入欧盟内部市场和获取欧盟发展援助，而不再将欧盟视为国内改革的驱动力和引领者。其二是欧盟的关注力从促进周边国家的政治改革转向传统的地缘政治的安全考量。更注重在能源安全、非法移民和跨国犯罪等方面加强跨界管理。欧盟外部治理力图将重点放在欧盟扩大的跨边境治理范围上。[①] 但是由于欧盟面临内外诸多危机，欧盟外部治理的调整的成效短期内难以实现。欧盟 2016 年最新发布的《全球战略》指出，欧盟地缘政治环境全面退化，更广泛的近邻地区变得更加不稳定和不安全。欧盟现阶段同时面临东部和南部的安全挑战，东部乌克兰危机的持续效应使欧盟东进的大欧洲计划停滞，只能与东部邻国暂时加强经济一体化层面的合作。南部由中东冲突，特别是叙利亚问题造成的难民潮导致欧洲大陆反移民情绪逐渐蔓延，与此同时，西亚北非的恐怖分子亦借地缘之便，向欧洲渗透。英、法、德等国都出现反移民势力上升，迫害移民事件日益频密，欧盟为自身塑造开放的国际形象破灭。针对这一严峻态势，欧盟对外行动署也发布了最新的欧盟邻国政策文件，对周边邻国的外交进行十余年来的第一次大幅收缩。

---

① Tanja A. Börzel and Vera van Hüllen, “One voice, one message, but conflicting goals: cohesiveness and consistency in the European Neighbourhood Policy,” *Journal of European Public Policy*, Volume 21, Issue 7, 2014, pp. 1033－1049.

基于现有结论，未来进一步研究的问题是需要探究周边国家对欧盟既有规则的吸收和规则应用之间的差异。虽然欧盟处理与周边国家关系时集中于其规则应用，甚至在促使第三国将欧盟规则适用于国内立法方面也有所成就。欧盟外部治理模式的研究未来会更少地着眼于欧盟在推广其规范方面的所作所为，而更多地关注在第三国国内有效地贯彻政策的条件。所以跳出欧盟外部治理理论的窠臼，进一步研究欧盟外部治理实践的挫折必然给中国周边外交工作以启发。

参考文献

一、中文书目

（一）中文专著

1. 陈劲：《欧洲联盟之整合与体制运作》，台北：五南图书出版有限公司，1999 年版。

2. 陈玉刚：《国家与超国家：欧洲一体化理论比较研究》，上海：上海人民出版社，2001 年版。

3. 陈志敏、古斯塔夫·盖拉茨：《欧洲联盟对外政策一体化——不可能的使命?》，北京：时事出版社，2003 年版。

4. 陈志强、关信平等：《欧洲联盟的政治和社会研究》，天津：天津人民出版社，2002 年版。

5. 戴炳然译：《欧洲共同体条约集》，上海：复旦大学出版社，1993 年版。

6. 戴炳然主编：《里斯本条约后的欧洲及其对外关系》，北京：时事出版社，2010 年版。

7. 董晓阳、何卫、顾志红：《乌克兰国情初探》，北京：中国社会科学院俄罗斯东欧中亚研究所编印，1994 年版。

8. 董晓阳、何卫：《乌克兰：东西方争夺的焦点》，北京：东欧中亚研究所，2001 年版。

9. 韩慧莉：《欧洲一体化思想研究》，长春：吉林人民出版社，2005 年版。

10. 何卫主编：《十年剧变——新东欧卷》，北京：中共党史出版社，2004 年版。

11. 胡瑾、王学玉主编：《发展中的欧洲联盟：第七届欧洲联盟国际学术研讨会文集》，济南：山东人民出版社，2000 年版。

12. 胡瑾等：《欧洲当代一体化思想与实践研究：1968 ~ 1999》，济南：山东人民出版社，2002 年版。

13. 金安：《欧洲一体化的政治分析》，上海：学林出版社，2004 年版。

14. 兰天：《欧盟经济一体化模式》，北京：中国社会科学出版社，2006 年版。

15. 李道刚：《欧洲：从民族国家到法的共同体》，济南：山东人民出版社，2003 年版。

16. 李明明：《超越与同一：欧盟的集体认同研究》，上海：上海世纪出版集团，2009 年版。

17. 李世安、刘丽云等：《欧洲一体化史》，石家庄：河北人民出版社，2003 年版。

18. 李小圣：《欧洲一体化起源与发展研究》，北京：世界知识出版社，2007 年版。

19. 李巍、王学玉编：《欧洲一体化理论与历史文献选读》，济南：山东人民出版社，2001 年版。

20. 林甦、张茂明、罗天虹主编：《欧盟共同外交和安全政策与中国—欧盟关系》，北京：法律出版社，2002 年版。

21. 林燕：《欧洲一体化与欧盟内外政策》，北京：中国社会出版社，2003 年版。

22. 刘立群、连玉如主编：《德国 · 欧盟 · 世界》，北京：社会科学文献出版社，2009 年版。

23. 刘文秀、埃米尔 · J. 科什纳（Emil J. Kirchner）等：《欧洲联盟政策及政策过程研究》，北京：法律出版社，2003 年版。

24. 刘雪莲主编：《欧洲一体化与全球政治》，长春：吉林大学出版社，2008 年版。

25. 刘昀献：《欧洲联盟的建立与发展》，郑州：河南人民出版社，2005 年版。

26. 陆齐华：《俄罗斯和欧洲安全》，北京：中央编译出版社，2001 年版。

27. 罗建国：《欧洲联盟政治概论》，成都：四川大学出版社，2001 年版。

28. 施正锋编：《欧盟的深化与广化》，台北：前卫出版社，2004 年版。

29. 夏保成、王保庆主编：《欧洲一体化与欧洲安全》，长春：长春出版社，2001 年版。

30. 肖元恺：《世界的防线：欧洲安全与国际政治》，北京：新华出版社，2001 年版。

31. 宋黎磊：《欧盟周边治理中的睦邻政策研究》，上海：上海人民出版社，2011 年版。

32. 苏欲晓、武媛媛、张晗编：《欧盟的对外关系》，厦门：鹭江出版社，2006 年版。

33. 田德文：《欧盟社会政策与欧洲一体化》，北京：社会科学文献出版社，2005 年版。

34. 汪波：《欧盟中东政策研究》，北京：时事出版社，2010 年版。

35. 王彩波主编：《欧盟政体与政治》，长春：吉林大学出版社，2007 年版。

36. 王坚：《欧盟完全手册》，北京：中央编译出版社，2010 年版。

37. 伍贻康主编：《欧洲一体化的走向和中欧关系》，北京：时事出版社，2008 年版。

38. 伍贻康、戴炳然编：《理想、现实与前景：欧洲经济共同体三十年》，上海：复旦大学出版社，1988 年版。

39. 严双伍：《第二次世界大战与战后欧洲一体化起源研究》，武汉：武汉大学出版社，2004 年版。

40. 杨烨、梅耶斯特克：《欧盟一体化：结构的变迁与对外政策》，上海：华东师范大学出版社，2009 年版。

41. 姚勤华：《欧洲联盟集体身份的建构》，上海：上海社会科学院出版社，2003 年版。

42. 尹斌：《软实力外交：欧盟的中东政策》，北京：光明日报出版社，2010 年版。

43. 于沛：《斯拉夫文明》，北京：中国社会科学出版社，2001 年版。

44. 张海冰：《欧洲一体化制度研究》，上海：上海社会科学院出版社，2005 年版。

45. 张茂明：《欧洲联盟国际行为能力研究》，北京：当代世界出版社，2003 年版。

46. 张晓静：《欧盟东扩：区域差距与经济凝聚》，北京：经济科学出版社，2008 年版。

47. 张亚中、甘逸骅等主编：《欧盟全球战略与对外关系》，台北：晶典文化事业出版社，2006 年版。

48. 郑启荣主编：《全球视野下的欧盟共同外交和安全政策》，北京：世界知识出版社，2008 年版。

49. 郑羽：《独联体 1991—2002》，北京：社会科学文献出版社，2005 年版。

50. 周弘主编：《欧盟是怎样的力量：兼论欧洲一体化对世界多极化的影响》，北京：社会科学文献出版社，2008 年版。

51. 周弘、［德］贝娅特·科勒—科赫主编：《欧盟治理模式》，北京：社会科学文献出版社，2008 年版。

52. 周弘：《欧洲发展报告 2009—2010 世界金融危机冲击下的欧洲》，北京：社会科学文献出版社，2010 年版。

53. 周弘：《欧洲发展报告 2010—2011 “里斯本条约”与欧盟的未来》，北京：社会科学文献出版社，2011 年版。

54. 周弘主编：《认识变化中的欧洲》，北京：社会科学文献出版社，2013 年版。

55. 朱贵昌：《多层治理理论与欧洲一体化》，济南：山东大学出版社，2009 年版。

56. 朱明权：《欧盟共同对外和安全政策与欧美协调》，上海：文汇出版社，2002 年版。

57. 朱晓中：《中东欧与欧洲一体化》，北京：社会科学文献出版社，2002 年版。

58. 《世界发展报告》，北京：时事出版社，1998 年版。

（二）中文译著

1. ［英］巴里·布赞：《美国和诸大国：21 世纪的世界政治》，刘永涛译，上海：上海世纪出版集团，2007 年版。

2. ［美］保罗·库比塞克：《乌克兰史》，北京：中国出版集团，2009 年版。

3. ［德］贝娅特·科勒—科赫等：《欧洲一体化与欧盟治理》，顾俊礼等译，北京：中国社会科学出版社，2004 年版。

4. ［美］布鲁斯·拉希特、哈维·斯塔尔：《世界政治》，王玉珍译，北京：华夏出版社，2001 年版。

5. ［美］戴维·卡莱欧：《欧洲的未来》，冯绍雷等译，相兰欣校，上海：上海世纪出版集团，2003 年版。

6. ［英］戴维·米勒、韦农·波格丹诺：《布莱克维尔政治学百科全书》，邓正来等译，北京：中国政法大学出版社，1992 年版。

7. ［法］法布里斯·拉哈（Fabrice Larat）：《欧洲一体化史：1945—2004》，彭姝祎、陈志瑞译，北京：中国社会科学出版社，2005 年版。

8. 汉斯—尤根·扎赫卡（Hans-Juergen Zahorka）编著：《欧盟事务手册》，阎淑凤译，北京：国家行政学院出版社，2006 年版。

9. ［美］贾恩弗朗哥·波齐：《国家：本质、发展与前景》，陈尧译，上海：上海人民出版社，2007 年版。

10. ［美］肯尼思·华尔兹：《国际政治理论》，信强译，苏长和校，上海：上海世纪出版集团，2004 年版。

11. ［乌克兰］库奇马：《乌克兰：政治、经济和外交》，北京：东方出版社，2001 年版。

12. ［美］罗伯特 · A. 帕斯特编：《世纪之旅——世界七大国百年外交风云》，胡利平、杨韵琴译，上海：上海世纪出版集团，2001 年版。

13. ［德］罗伯特 · 米歇尔斯：《寡头统治铁律：现代民主制度中的政党社会学》，任军锋等译，天津：天津人民出版社，2002 年版。

14. 玛丽娅 · 格拉齐亚 · 梅吉奥妮：《欧洲统一贤哲之梦——欧洲统一思想史》，陈宝顺等译，北京：世界知识出版社，2004 年版。

15. 欧共体官方出版局编：《欧洲联盟法典》，苏明忠译，北京：国际文化出版公司，2005 年版。

16. ［德］维尔纳 · 魏登费尔德、沃尔夫冈 · 韦塞尔斯主编：《欧洲联盟与欧洲一体化手册》，北京：中国轻工业出版社，2001 年版。

17. ［比利时］尤利 · 德沃伊斯特、门镜：《欧洲一体化进程——欧盟的决策和对外关系》，门镜译，北京：中国人民大学出版社，2007 年版。

18. ［美］约翰 · W. 克雷斯维尔：《研究设计与写作指导》，崔延强等译，重庆：重庆大学出版社，2007 年版。

19. ［美］詹姆斯 · 多尔蒂、小罗伯特 · 普法尔茨格拉夫：《争论中的国际关系理论》（第五版），阎学通等译，北京：世界知识出版社，2003 年版。

20. ［美］兹比格纽 · 布热津斯基：《大棋局——美国的首要地位及其地缘战略》，中国国际问题研究所译，上海：上海人民出版社，2007 年版。

二、英文书目

（一）英文著作

1. Amy Verdun and Osvaldo Croci（eds.），*The European Union in The*

Wake of Eastern Enlargement: *Institutional and Policy-Making Challenges*, Manchester University Press 2005.

2. Beate Kohler-Koch and Rainer Eising (Hrsg.), *The Transformation of Governance in the European Union*, London/New York: Routledge, 1999.

3. Cameron, Fraser, *The Foreign and Security Policy of the European Union*: *Past*, *Present and Future*, Sheffield: Sheffield Academic Press, 1999.

4. Cederman, Lars-Erik (ed.), *Constructing Europe's Identity*: *The External Dimension*, Boulder: Lynne Rienner, 2000.

5. *Challenges of Globalisation*, London/New York: Macmillan/St. Martin's, 1999.

6. Charlotte Bretherton and John Vogler, *The European Union as a Global Actor*, Second edition published by Routledge, 2006.

7. Christopher Hill, "European Foreign Policy: Power Bloc, Civilian Model-or Flop?" in Rummel, R. (ed.), *The Evolution of an International Actor*: *Western Europe's New Assertiveness*, Boulder, Westview Press, 1990.

8. Christopher Hill and Michael Smith, *International Relations and the European Union* New York: Oxford University Press, 2005.

9. Crawford, Beverly, and Peter W. Schulze (eds.), *The New Europe Asserts Itself*: *A Changing Role in International Relations*, Berkeley: University of California Press, 1990.

10. Dannreuther, Roland (ed.), *European Union Foreign and Security Policy*: *Towards a Neighbourhood Strategy*, New York: Routledge, 2004.

11. Dauderstadt, Michael, Wade, Robert, *Towards a prosperous wider Europe*: *macroeconomic policies for a growing neighborhood*, Bonn: Friedrich Ebert Stiftung, 2005.

12. Debra Johnson and Paul Robinson (eds.), *Perspectives on EU-Russia Relations*, London: Routledge, 2005.

13. Dunsire, Andrew, "Modes of Governance," in JanKooiman (ed.), *Modern Governance: New Government-Society Interactions*, London: Sage, 1993.

14. Eising, Rainer and Beate Kohler-Koch, "Introduction: Network Governance in the European Union," in Beate Kohler-Koch and Rainer Eising (eds.), *The Transformation of Governance in the European Union*, New York: Routledge, 1999.

15. *EU's neighborhood policy*, Copenhagen, Denmark, Danish Institute for International Studies, 2005.

16. Featherstone, Kevin and Claudio M. Radaelli (eds.), *The Politics of Europeanization*, Oxford: Oxford University Press, 2003.

17. *Frontiers and horizons of the EU: the new neighbors Ukraine*, Belarus and Moldova: October 15th - 17th, 2004, Lviv. [Hamburg: Korber-Stiftung], 2005.

18. Galtung, J, *The European Communty: A Superpower in the Making*, London: Allen & Unwin, 1973.

19. General Affairs and External Relations Council, *Council Conclusions*, Luxembourg, 16 June, 10370/03 Press 167, 2003.

20. Ginsberg, Roy H, *Foreign Policy Actions of the European Community: The Politics of Scale*, Boulder: Lynne Rienner, 1989.

21. Ginsberg, Roy H, *The European Union in International Politics: Baptism by Fire*, Lanham, MD: Rowman & Littlefield, 2001.

22. G. P. E, Walzenbach Introduction: The Ambiguity of Multi-level Governance in G. P. E. Walzenbach (ed.), *European Governance: Policy Making between Politicization and Control.*, Ashgate Publishing Limited, 2006.

23. Gstoehl, Sieglinde, "Patchwork Europe? Towards a Continent of Variable Cooperation," *European Community Studies Association*, Charleston, S. C. 1995.

24. Hans Heinrich Gerth and C. Wright Mills, *From Max Weber: Essays in Sociology*, New York, Oxford University Press, 1958.

25. Hans J. Morgenthau, and Kenneth Thompson, *Politics Among Nations*, 6th edition, New York: McGraw-Hill, 1985.

26. Hans J. Morgenthau, *Politics Among Nations: The Struggle for Power and Peace*, Brief Edition, Beijing: Peking University Press, 2004.

27. Hill, Christopher (ed.), *The Actors in Europe's Foreign Policy*, London: Routledge, 1996.

28. Hoffman, Stanley, "Europe's Identity Crisis: Between the Past and America," in *The European Sisyphus: Essays on Europe*, 1964 – 1994, ed. Stanley Hoffman. Boulder, CO: Westview Press, 1995.

29. Holland, Martin, *European Union Foreign Policy: From EPC to CFSP Joint Action and South Africa*, Basingstoke: Macmillan, 1995.

30. James Wesley Scott (eds.), *EU Enlargement, Region Building and Shifting Borders of Inclusion and Exclusion*, Published by Ashgate Publishing Limited, USA, 2006.

31. Jeremy Rifkin, *The European Dream: How Europe Vision of the Future is Quietly Eclipsing the American Dream*, Tarcher/Penguin, 2004.

32. Joenniemi, Pertti and Sergounin, Alexander, *Russia and the European Union's Northern Dimension. Encounter or Clash of Civilisations?* Nizhny Novgorod State Linguistic University Press, 2003.

33. Johansson-Nogues, Elisabeth, "Network Governance and EU's Near Neighborhood," Mannheimer Zentrum fuer Europaeische Sozialforschung, 2003.

34. Joseph S. Nye, Jr., *The Paradox of American Power*, Oxford, U. K.: Oxford University Press, 2002.

35. Joseph S. Nye, Jr., *Soft Power: The Means to Success in World Politics*, New York: Public Affairs, 2002.

36. Keohane, Robert, *After Hegemony: Cooperation and Discord in the*

World Political Economy, Princeton: Princeton University Press, 1984.

37. Keohane, Robert, *International Institutions and State Power*, Boulder: Westview Press, 1989.

38. Keohane, Robert O., and Joseph S. Nye, *Power and Interdependence*, Boston: Little, Brown., 1977.

39. Kooiman, Jan (ed.), *Modern Governance: New Government-Society Interactions*, London: Sage, 1993.

40. Kucharczyk, Jacek-Mesežnikov, Grigorij (eds.): *Diverging Voices, Converging Policies: The Visegrad States' Reactions to the Russia-Ukraine Conflict*, Heinrich Böll Stiftung, Warsaw 2005.

41. Kurt R. Spillmann, Andreas Wenger and Derek Muller (eds.), *Between Russia and the West: foreign and security policy of independent Ukraine*, Bern: Peter Lang, 1999.

42. Lejins, Atis, *An enlarged Europe and its neighbourhood policy: the Eastern dimension*, research project Riga: Latvian Institute of International Affairs, 2004.

43. Liulevicius, *V. War Land on the Eastern Front: Culture, National Identity, and German Occupation in World War I*, Cambridge, Cambridge University Press, 2000.

44. Lutz Hoffmann and Mollers Felicitas (eds.), *Ukraine on the road to Europe*, Heidelberg: Physica-Verlag, 2001.

45. Marks, Gary, Liesbet Hooghe, and Kermit Blank, "European Integration From the 1980s: State-Centric v. Multi-Level Governance," in Brent Nelsen and Alexander Stubb (eds.), *The European Union: Readings on the Theory and Practice of European Integration*, Boulder: Lynne Rienner, 1998.

46. Mayhew, Alan, *Recreating Europe: The European Union's Policy Towards Central and Eastern Europe*, Cambridge: Cambridge University Press, 1998.

47. Medvedev, *Sergei Russia's Futures: Implications for the EU, the North and the Baltic Region*, Helsinki, Ulkopoliittinen instituutti and Institut für Europäische Politik, 2000.

48. Michael Merlingen and Rasa Ostrauskaite, *European Union Peace-building and Policing-Governance and the European Security and Defence Policy*, Routledge, 2006.

49. Moroff, Holger (ed.), *European Soft Security Policies: The Northern Dimension*, Helsinki and Berlin: Finnish Institute or International Affairs and Institut für Europäische Politik, 2002.

50. Nuttall, Simon J, *European Foreign Policy*, Oxford: Oxford University Press, 2001.

51. Ole Elgstrom and Michael (eds.), *The European Union's Roles in International Politics*, London and New York: Routledge, 2006.

52. Peter A. Poole, *Europe Unites: the EU's eastern enlargement*, Praeger Publishers, 2003.

53. Peter Herrmann and Arno Tausch (eds.), *Towards a Wider Europe*, New York: Nova Science Publishers, 2006.

54. Preston, Christopher, *Enlargement and Integration in the European Union* London and New York: Routledge, 1997.

55. Richard G. Whitman, *From Civilian Power to Superpower? The International Identity of the European Union*, Houndmills: Macmillan Press, 1998.

56. Ricardo Gomez, *Negotiating the Euro-Mediterranean Partnership, Strategic Action in EU Foreign Policy?* Hampshire, Burlington: Ashgate, 2003.

57. Robert Kagan, *Of Paradise and Power: America and Europe in the New World Orde*, Published by Alfred A. Knopf . New York 2004.

58. R. Rosecrance, "The European Union: A New Type of International Actor. In J. Zielonka (ed.)," *Paradoxes of European Foreign Policy*, The

Hague: Kluwer Law International, 1998.

59. Rosenau, James M. , and Ernst-Otto Cziel (eds.), *Governance Without Government: Order and Change in World Politics*, New York: Cambridge University Press, 1992.

60. Schimmelfennig, Frank, *The EU, NATO and the Integration of Europe: Rules and Rhetoric*, Cambridge: Cambridge University Press, 2003.

61. Smith, Hazel, *European Foreign Policy and Central America*, New York: St. Martin's Press. , 1995.

62. Smith, Karen, *The Making of EU Foreign Policy: The Case of Eastern Europe*, New York: St. Martin's Press, 1998.

63. Smith, Karen E, *European Union Foreign Policy in a Changing World*, Cambridge: Polity Press, 2003.

64. Smith, Michael E, *Europe's Foreign and Security Policy: The Institutionalization of Cooperation*, Cambridge: Cambridge University Press, 2003.

65. Sweet, Alec Stone, and Wayne Sandholtz (eds.), *Supranational Governance: The Institutionalization of the European Union*, Oxford: Oxford University Press, 1998.

66. Szymanski, Marcela, and Michael E. Smith, "Coherence and Conditionality in European Foreign Policy: Negotiating the EU-Mexico Global Agreement," Typescript, Georgia State University. 2004.

67. Thomas Diez and Ian Manners Reflecting on normative power Europe in Felix Berenskoetter and M. J. Williams, *Power in World Politics* eds. 2007 by Routledge.

68. Twitchett, K (ed.), *Europe and the world: The External Relations of the Common Market* New York: St . Martin's Press, 1976.

69. Walt, Stephen M, *The Origins of Alliances*, Ithaca: Cornell University Press, 1988.

70. Weber, Katja, *Hierarchy Amidst Anarchy: Transaction Costs and*

Institutional Choice, New York: SUNY Press, 2000.

71. Weber, Katja, Michael E. Smith, and Michael Baun (eds.), *Governing Europe's New Neighborhood: Partners or Periphery?* Manchester: Manchester University Press, 2008.

72. Whitman. R, *From Civilian Power to Superpower? The International Identity of the European Union*, Basingstoke: Macmillan, 1998.

73. Youngs, Richard, *The European Union and the Promotion of Democracy: Europe's Mediterranean and Asian Policies*, Oxford: Oxford University Press, 2002.

74. Zielonka, Jan, *Explaining Euro-Paralysis: Why Europe is Unable to Act in International Politic*, New York: St. Martin's, 1998.

（二）英文论文

1. Abbott, Kenneth and Duncan Snidal, "Hard and Soft Law in International Governance," *International Organization* 54: 2000.

2. Albioni, Roberto, "The Geopolitical Implications of the European Neighbourhood Policy," *European Foreign Affairs Review* 10 (1), 2005.

3. Archer, Clive, "The Northern Dimension as a Soft-Soft Option for the Baltic States' Security," in Hanna Ojanen (ed.), *The Northern Dimension: Fuel for the EU?* Helsinki & Berlin: Finnish Institute of International Affairs & Institute for European Politics, 2001.

4. Averre, Derek, "Russia and the European Union: Convergence or Divergence?" *European Security* 14 (2), 2005.

5. Axelrod, Robert, "An Evolutionary Approach to Norms," *American Political Science Review* 80: 1986.

6. Berg, Eiki and Ehin, Piret, "What Kind of Border Regime is in the Making? Towards a Differentiated and Uneven Border Strategy," *Cooperation and Conflict*, 41/1, 2006.

7. Botcheva, Liliana, and Lisa Martin, "Institutional Effects on State Behavior: Convergence and Divergence," *International Studies Quarterly* 45:

2001.

8. Browning, Christopher S, "Westphalian, Imperial, Neomedieval: The Geopolitics of Europe and the Role of the North," in Christopher S. Browning (ed.), *Remaking Europe in the Margins: Northern Europe after the Enlargements*, Aldershot: Ashgate, 2005.

9. Browning, Christopher S, "The Internal/External Security Paradox and the Reconstruction of Boundaries in the Baltic: The Case of Kaliningrad," *Alternatives* 28/5, 2003.

10. Browning, Christopher S, "The Region-Building Approach Revisited: The Continued Othering of Russia in Discourses of Region-Building in the European North," *Geopolitics* 8/1, 2003.

11. Browning, Christopher S. and Joenniemi, Pertti, "Regionality Beyond Security? The Baltic Sea Region after Enlargement," *Cooperation and Conflict* 39 (3) 2004.

12. Browning, Christopher S. and Joenniemi, Pertti, "The European Union'sTwo Dimensions: The Eastern and the Northern," *Security Dialogue* 34 (4) 2003.

13. Bulmer, Simon J, "The Governance of the European Union: A New Institutionalist Approach," *Journal of Public Policy* 13: 1994.

14. Catellani, Nicola, "The Multilevel Implementation of the Northern Dimension," in Hanna Ojanen (ed.), *The Northern Dimension: Fuel for the EU?* Helsinki: Ulkopoliittinen instituutti and Institut für Europäische Politik, 2001.

15. Christensen, Thomas J., and Jack Snyder, "Chain Gangs and Passed Bucks: Predicting Alliance Patterns in Multipolarity," *International Organization* 44: 1990.

16. Christiansen, Thomas, "Constitutionalising the European Union, Constructing EU Borders," in Christopher S. Browning (ed.), *Remaking Europe in the Margins: Northern Europe after the Enlargements*, Aldershot:

Ashgate, 2005.

17. Christiansen, Thomas, "Between 'Ins' and 'Outs': EU Integration and Regional Policy-Making in North-Eastern Europe," in Lars Hedegaard and Bjarne Lindström (eds.), *NEBI Yearbook: North European and Baltic Sea Integration*, Berlin: Springer Verlag, 1999.

18. Christiansen, Thomas and Joenniemi, Pertti, "Politics at the Edge: On the Restructuring of Borders in the North of Europe," in Heikki Eskelinen Ilkka Liikanen and Jukka Oksa (eds.), *Curtains of Iron and Gold. Reconstructing Borders and Scales of Interaction*, Aldershot: Ashgate, 1999.

19. Commission of the European Communities (2004). Communication from the Commission, *European Neighbourhood Policy: Strategy Paper*, Brussels, 12 May, 2004.

20. Cortell, Andrew P., and Jr. James W. Davis, "How Do International Institutions Matter? The Domestic Impact of Rules and Norms," *International Studies Quarterly* 40: 1996.

21. Council of the European Union, Action Plan for the Northern Dimension with external and cross-border policies for the European Union 2000 – 2003, 14 June 2000.

22. Del Sarto, Rafaella A. and Schumacher, Tobias, "From to ENP: What's at Stake with the European Neighbourhood Policy towards the Southern Mediterranean?" *European Foreign Affairs Review* 10 (1), 2005.

23. European Commission (2003a). "Wider Europe-Neighborhood: A New Framework for Relations with our Eastern and Southern Neighbors." Commission Communication COM (2003) 104 final, 11 March 2003.

24. European Commission (2003b). "Paving the Way for a New Neighborhood Instrument." Commission Communication COM (2003) 393 final (1 July 2003).

25. EuropeanCommission, "CARDS," 2006a, [http: //ec. europa.

eu/enlargement/financial_ assistance/statistics2000 – 2006_ en. htm］.

26. EuropeanCommission, "PHARE," 2006d, ［http: //ec. europa. eu/enlargement/financial_ assistance/phare/index_ en. htm］.

27. EuropeanCommission, "RelationswithTurkey," 2006e, ［http: //ec. europa. eu. /enlargement/turkey/index_ en. htm］.

28. European Commission, "The EU's Relations with Moldova," October 2005c ［http: //ec. europa. eu/comm/external _ relations/moldova/intro/index. htm］.

29. European Commission, 2004 Report on PHARE, Pre-Accession and Transition Instruments. Brussels, Belgium: Commission of the European Communities, 2005c.

30. European Commission, Annexes to 2004 Report on Phare Country Section and Additional Information. Brussels, Belgium: Commission of the European Communities, 2005a.

31. European Commission, Enlargement, Two Years After-An Economic Success. Brussels, Belgium: Commission of the European Communities, 2006b.

32. European Commission, The EU's Relations with Russia. European Union, May 2006c ［http: //ec. europa. eu/comm/external_ relations/russia/intro/index. htm］.

33. European Commission, The Western Balkans on the Road to the EU: Consolidating Stability and Raising Prosperity. Brussels, Belgium: European Commission, 2006f, 1 – 16.

34. European Commission, Wider Europe—Neighbourhood: A New Framework for Relations with Our Eastern and Southern Neighbours. Brussels, Belgium: European Union, 2003.

35. Filtenborg, Mette; Ganzle, Stefan and Johansson, Elisabeth, "An Alternative Theoretical Approach to EU Foreign Policy: 'Network Governance' and the Case of the Northern Dimension Initiative," *Cooperation and*

Conflict 37 （4） 2002.

36. Florini, Ann, "The Evolution of International Norms," *International Studies Quarterly* 40: 1996.

37. Gordon, Philip H, "Europe's Uncommon Foreign Policy," *International Security* 22: 1997/98.

38. Grabbe, Heather, "The Sharp Edges of Europe: Extending Schengen Eastwards," *International Affairs* 76 （3）, 2000.

39. Haukkala, Hiski, "A Rocky Ride for the EU and its European Neighbourhood Policy," *OSCE Review* 13 （2） 2005.

40. Hooghe, Liesbet and Gary Marks, "Unraveling the Central State, But How? Types of Multi-level Governance," *American Political Science Review* 97: 2003.

41. Joenniemi, Pertti, "Changing Politics along Finland's Borders: From Norden to the Northern Dimension," in Pirkkoliisa Ahponen and Pirjo Jukarainen （eds.）, *Tearing Down the Curtain*, Opening the Gates: Northern Boundaries in Change （Jyväskylä, SoPhi） 2000.

42. Kelley, Judith, "New Wine in Old Wineskins: Policy Learning and Adaptation in the New European Neighborhood Policy," *Terry Sanford Institute of Public Policy Working Paper* SAN05 – 01 （Duke University: January）. 2005.

43. Ke, Iris and Wim van Meurs, "Toward a Multi-layered Europe: Prospects and Risks Beyond EU Enlargement," *CAP Working Paper* （November）. 2002.

44. Kobzova, Jana: Easing the EU's Eastern Partnership fatigue, *European Council on Foreign Relations*, 2017. November 16.

45. Malmvig, Helle, "Caught between cooperation and democratization: the Barcelona Process and the EU's double-discursive approach," *Journal of International Relations and Development* 9 （4）, 2006.

46. Manners, Ian, "Normative Power Europe: A Contradiction in

Terms?" *Journal of Common Market Studies* 40: 2002.

47. Marks, Gary, Liesbet Hooghe, and Kermit Blank, "European Integration from the 1980s: State-Centric Versus Multi-level Governance," *Journal of Common Market Studies* 34: 1996.

48. Medvedev, Sergei, "The Blank Space: Glenn Gould, Russia, Finland and the North," *International Politics* 38 (1), 2001.

49. Nadelmann, Ethan A, "Global Prohibition Regimes: The Evolution of Norms in International Society," *International Organization* 44: 1990.

50. Neumann, Iver B, "A Region-Building Approach to Northern Europe," *Review of International Studies* 20 (1), 1994.

51. Neumann, Iver B, "European Identity, EU Expansion and the Integration/Exclusion Nexus," *Alternatives* 23 (3), 1998.

52. Pardo, Sharon, "Europe of Many Circles: European Neighbourhood Policy," *Geopolitics*, 9 (3) 2004.

53. Pardo, Sharon and Zemer, Lior, "Towards a New Euro-Mediterranean Neighbourhood Space," *European Foreign Affairs Review* 10 (1), 2005.

54. Parker, Noel, "Integrated Europe and its 'Margins': Action and Reaction," in Noel Parker and Bill Armstrong (eds.), *Margins in European Integration*, Houndmills, Macmillan Press, 2000.

55. Pierson, Paul, "When Effect Becomes Cause: Policy Feedback and Political Change," *World Politics* 45: 1993.

56. Ruggie, John Gerard, "Territoriality and Beyond: Problematising Modernity in International Relations," *International Organization*, Vol. 47 (1), 1993.

57. Saarikoski, Vesa, "Introduction: The Europe Between," in Vesa Saarikoski (ed.), *And Never Shall They Meet? European Space and Thought Between East and West*, Turku: Department of Political History, University of Turku, Publications 6, 1997.

58. Schimmelfennig, Frank, Stefan Engert, and Heiko Knobel, "Costs, Commitments, and Compliance: The Impact of EU Democratic Conditionality on Latvia, Smith, Karen E. 'The Outsiders: The European Neighbourhood Policy?" *International Affairs* 81 (4), 2005.

59. Scott, James, "The EU and 'Wider Europe': Towards an Alternative Geopolitics of Regional Cooperation?" *Geopolitics*, 10/3, 2005.

60. Slovakia, and Turkey, *Journal of Common Market Studies* 41 (3): 2003.

61. Smith, Michael E, "Diplomacy by Decree: The Legalization of EU Foreign Policy," *Journal of Common Market Studies* 39 (1): 2001.

62. Snidal, Duncan, "Relative Gains and the Pattern of International Cooperation," *American Political Science Review* 85: 1991.

63. Stålvant, Carl-Einar, "Transnational Forces, States and International Institutions: Three Perspectives on Change in Baltic Sea Affairs," in Christopher S. Browning (ed.), *Remaking Europe in the Margins: Northern Europe after the Enlargements*, Aldershot: Ashgate, 2005.

64. Sweet, Alec Stone, and Thomas L. Brunell, "Constructing a Supranational Constitution: Dispute Resolution and Governance in the European Community," *American Political Science Review* 92, 1998.

65. Vahl, Marius, "Lessons from the North for the EU's 'Near Abroad',' ' in Christopher S. Browning (ed.), *Remaking Europe in the Margins: Northern Europe after the Enlargements* Aldershot: Ashgate, 2005.

66. Walters, William, "The Frontiers of the European Union: A Geostrategic Perspective," *Geopolitics*, 9/3, 2004.

67. Waver, Ole, "Imperial Metaphors: Emerging European Analogies to Pre-Nation-State Imperial Systems," in Ola Tunander, Pavel Baev and Victoria Ingrid Einagel (eds.), *Geopolitics in Post-Wall Europe: Security, Territory and Identity*, London: Sage, 1997.

68. Weber, Katja, "Hierarchy Amidst Anarchy: A Transaction Costs

Approach to International Security Cooperation," *International Studies Quarterly* 41: 1997.

69. Weber, Katja and Mark Hallerberg, "Explaining Variation in Institutional Integration in the European Union: Why Firms May Prefer European Solutions?" *Journal of European Public Policy* 8/2: 2001.

70. Zielonka, Jan, "How New Enlarged Borders will Reshape the European Union," *Journal of Common Market Studies*, Vol. 39 (3), 2001.

71. Ganzle, Stefan, "EU Governance and the European Neighborhood Policy: A Framework for Analysis," *Europe-Asia Studies*, Vol. 61, No. 10, 2009.

72. Gilligan, Emma, "Smart Sanctions Against Russia: Human Rights, Magnitsky and the Ukrainian Crisis," Demokratizatsiya, Vol. 24, Issue 2, 2016.

73. Howard, Marc Morjé, "The weakness of postcommunist civil society," Journal of Democracy, Vol. 13, No. 1, 2002.

74. Kochenov, Dimitry, "New developments in the European Neighbourhood Policy: Ignoring the Problems," *Comparative European Politics*, 2011.

75. Leshchenko, Serhiy, "Sunset and/or Sunrise of the Ukrainian Oligarchs after the Maidan?" in: Andrew Wilson (ed.): What does Ukraine think?, *European Council on Foreign Relations* 2015.

76. Linkevicius, Linas, "The European Neighbourhood Policy Towards Ukraine," *Lithuanian Foreign Policy Review*, 2008.

77. Longhurst, Kerry, "Appraising the European Neighbourhood Policy: Background, Implementation and Recommendations," Romanian Journal of European Affairs, Vol. 11, No. 3, 2011.

78. Lundin, Lars-Erik, "The Ukraine Crisis as a Challenge to Human Security in Europe," Security & Human Rights, Vol. 25 Issue 3, 2014.

79. MacDonald, Paul K., "Useful Fiction or Miracle Maker: The

Competing Epistemological Foundations of Rational Choice Theory," *American Political Science Review*, Vol. 97, No. 4, 2003.

80. Maha, Andreea, and Andrei-Cristian Balasan, "Rational Choice Institutionalism and the European Neighbourhood Policy," *CES Working Papers*, Vol. 5, No. 3, 2013.

81. Matuszak, Sławomir, " How Ukrainian oligarchs view economic integration with the EU and Russia," *OSW Studies*, 14 September, 2011 .

82. Matuszak, Sławomir, "The oligarchic democracy. The influence of business groups on Ukrainian politics," *OSW Studies*, No. 42, 2012.

83. Melnykovska, Inna and Rainer Schweickert, "Bottom-up or top-down: what drives the convergence of Ukraine's institutions towards European standards?" *Southeast European and Black Sea Studies*, Vol. 8, No. 4, December 2008.

84. OKHRIMENKO, Oksana and Alexande OKHRIMENKO, "The impact of the crisis on the national brand of Ukraine", Eastern Journal of European Studies, Vol. 6 Issue 2, 2015.

85. Pleines, Heiko, "Oligarchs and Politics in Ukraine," *Demokratizatsiya: The Journal of Post-Soviet Democratization*, Vol. 24, No. 1, 2016.

86. Roth, Brad R, "The Neglected Virtues of Bright Lines: International Law in the 2014 Ukraine Crises", ILSA Journal of International & Comparative Law, Vol. 21 Issue 2, 2015.

87. Roth, Mathias, "EU-Ukraine Relations After the Orange Revolution: The Role of the New Member States," Perspectives on European Politics and Society, Vol. 8, No. 4, 2007.

88. Vsevolod Samokhvalov, "Relations in the Russia-Ukraine-EU Triangle 'Zero-sum Game or Not?'" European Union Institute for Security Studies, No. 68, September, 2007.

89. Skalamera, Morena, "The Ukraine Crisis: The Neglected Gas Factor", Orbis, Vol. 59 Issue 3, 2015.

90. Smith, Nicholas Ross, "The EU and Russia's conflicting regime preferences in Ukraine: assessing regime promotion strategies in the scope of the Ukraine crisis," *European Security*, Vol. 24, No. 4, 2015.

91. Timmermann, H., "Die EU un die 'Neuen Nachbarn' Ukraine und Belarus," *SWP Studie* 2003.

92. Wolczuk, Kataryna, "Integration without Europeanisation: Ukraine and Its Policy Towards the European Union," *EUI RSCAS Working Papers*, No. 15, 2004.

93. Wolczuk, Kataryna, "Implementation without Coordination: The impact of EU Conditionality on Ukraine under the European Neighbourhood Policy," *Europe-Asia Studies*, Vol. 61, No. 2, 2009.

三、相关的研究网站

1. Centre for European Policy Studies: A European think tank site, http://www.ceps.be.

2. Debate on Europes future, http://europa.eu/public_opinion/index.htm.

3. ECPR, http://www.essex.ac.uk/ecpr/standinggroups/eu/index.aspx.

4. EU history and institutions, http://www.uaces.org.

5. EU publications available to down load, https://ec.europa.eu/comm/publications/index_en.htm.

6. European values study, http://europeanvaluesstudy.eu.

7. European Voice, http://www.euroeanvoice.com/.

8. European parties, elections and referendums net work, http://www.sussex.ac.uk/sei/.

9. Eurotext, http://www.ulster.ac.uk.

10. Glossary of EU terms and acronyms, http://www.abdn.ac.uk/~

po1028/sources/europe. html.

11. http：//www. shop. ceps. be.

12. http：//www. lib. tku. edu. tw.

13. international Survey Center，http：//www. international-survey. org/.

14. Latest EU news updates，http：//www. euobserver. com.

15. The convention on the Future of Europe，http：//european-convention. eu. int/.

16. the MEPs project website，http：//www. MEPs. org. uk.

17. The European Access website，http：//www. europeanaccess. co. uk/addionfo/eotihome. htm.

后　　记

本书是我在2011年出版的专著《欧盟周边治理中的睦邻政策研究》基础上对欧盟周边外交的进一步思考。我在2011年出版的专著中研讨的问题是，欧盟在新一轮扩大之后，为何主要从“扩大式欧洲化”转向“睦邻式欧洲化”来处理周边外交？我的结论是欧盟希望将其规范施加于周边国家，但没有向对象国提供明确的入盟前景和强大的激励措施，因此难以在周边地区实现善治。2010年以来的中东北非地区的持续动荡说明欧盟在部分周边地区的治理失效，上述事实已经部分验证了我的观点。出于对欧盟周边外交的研究兴趣，我持续在两个维度上观察思考：一方面是经验维度，在欧洲睦邻政策框架下，欧盟如何继续对东部周边对象国开展外部治理；另一方面是理论维度，欧盟这个特殊的国际行为体在周边地区如何推进欧盟规范。基于上述思考，带着对2015年以来欧盟睦邻政策的务实性调整的疑问，我也先后前往欧盟东部伙伴关系对象国乌克兰、亚美尼亚和摩尔多瓦进行实地调研，和当地学者和民众交流，从一位中国学人的视角对欧盟外部治理的成效进行观察。在本书中，我要回答的研究问题是，欧盟在周边外交全面转向务实主义的态势下是否放弃了对外推广欧盟规范？

2020年初宅家期间我终于完成了这项写作计划。在本书即将付梓之前，我的心头不禁有如释重负的喜悦，也有学问不达的惶恐，更有对于帮助过我的师长、朋友和家人的无尽感激。

首先要感谢中国欧洲学界研究大家伍贻康老师的关心和指引，先生谆谆教诲，诲人不倦。2009年伍老师担任我博士论文答辩的主席，对我研究“欧盟的睦邻政策”给予高度肯定，2010年承蒙伍老师推荐，我的博士论文受2011年上海市学术著作出版基金博士文库系列资助出版。时隔近10年，我对该研究问题陆陆续续跟进，有了一些新的思考。因为伍老师对我从事该研究的持续关注和大力支持，我斗胆诚邀伍老师为我这部专著作序，伍老师百忙中欣然答应，不吝笔墨，让这部著作增色不少。

在此，我要感谢我的博士生导师复旦大学的陈志敏教授和硕士生导师南京大学的洪邮生教授，正是在两位先生的启蒙和引导下，我从接触欧洲一体化研究课程到对欧洲研究产生了浓厚兴趣，继而有志于从事欧洲研究的相关科研与教学工作。

我还要感谢国内外欧洲学界各位同仁的宝贵意见和真诚帮助。正是通过不断阅读学习各位的学术佳作，在一次次的学术研讨会上，与各位学人观点的相互碰撞让我受益颇多，激励我对欧盟周边外交这个议题的持续关注。

家人的爱是我前进的最大动力，没有父母的理解和支持，我不可能在这样一条“生也有涯，知也无涯”的学术道路上坚持下来。感谢我的丈夫和女儿，始终给我前行的动力。仅以此书纪念我人生又一个新的开始。

宋黎磊

2020年7月写于同济大学

图书在版编目（CIP）数据

欧盟外部治理中的东部伙伴关系研究/宋黎磊著．—北京：时事出版社，2021.1

ISBN 978－7－5195－0411－3

Ⅰ.①欧…　Ⅱ.①宋…　Ⅲ.①欧洲国家联盟—国际关系—研究　Ⅳ.①D85

中国版本图书馆CIP数据核字（2020）第261120号

出版发行：时事出版社
地　　址：北京市海淀区万寿寺甲2号
邮　　编：100081
发行热线：（010）88547590　88547591
读者服务部：（010）88547595
传　　真：（010）88547592
电子邮箱：shishichubanshe@sina.com
网　　址：www.shishishe.com
印　　刷：北京朝阳印刷厂有限责任公司

开本：787×1092　1/16　印张：17.25　字数：245千字
2021年1月第1版　2021年1月第1次印刷
定价：98.00元